JN065044

基礎から分かる

二訂版(補訂)

交通事故捜査と過失の認定

互 敦史 著

東京法令出版

二訂版（補訂）の発行にあたって

　今回，二訂版（補訂）を発行するにあたっては，二訂版4刷の発行後に出た最新の裁判例及びそれより前に出た裁判例で私自身が把握していなかったもののうち捜査の参考になると判断したものを盛り込んだほか，読者の皆さんからご指摘を受けた箇所について，適宜，訂正・加筆をしました。なお，今般，道路交通法の一部が改正され（令和4年4月27日法律第32号），特定自動運行に係る許可制度の創設，特定小型原動機付自転車（電動キックボード等）及び遠隔操作型小型車（自動配送ロボット等）の交通方法等に関する規定の整備などが行われ，未来の交通手段に向けた法改正の第一歩として期待が膨らみますが，本書の主題である「過失の認定」との関係では，現状では具体的な事故案件の集積がないことから，今回は，車両の定義等につき若干の加筆・修正を行ったほかは，特に言及していません。

　令和5年3月

公証人（東京法務局所属）　互　　敦史

二訂版の発行にあたって

　私が拙書を出してから約2年が経過しました。発刊後，自分自身で改めて読んでみて，分かりにくい部分がいくつかあること，ほかにも触れておいたほうがいい事故態様があることに思い至り，これらを補正・追加したいと思いましたし，その間，いくつかの新しい裁判例が出ましたので，これらについても追加したいと考えていました。

　また，初版本では，本書が「交通事故捜査と過失の認定」に関するものであることを重視し，故意犯である危険運転致死傷罪に関する解説は，運転中止義務違反の過失に関連して，自動車の運転により人を死傷させる行為等の処罰に関する法律（以下「自動車運転死傷処罰法」といいます。）の規定するアルコール又は薬物の影響による危険運転致死傷罪（同法2条1号，3条1項）及び病気の影響による危険運転致死傷罪（同法3条2項）についてのみ，ごく簡単に説明を加えるにとどめましたが，過失を認定する上では，危険運転致死傷罪の知識を前提として過失犯と故意犯の分水嶺を知ることが有意義であると思い直しました。

　そこで，今回の二訂版では，初版本の補正や新裁判例の追加に加え，アルコール又は薬物，病気の影響による危険運転致死傷罪についての解説を充実させたほか，高速度走行型，通行妨害型及び赤色信号殊更無視型の危険運転致死傷罪（自動車運転死傷処罰法2条2号，4号，5号）に関する解説を追加することにしました。なお，未熟運転型及び通行禁止道路進行型の危険運転致死傷罪（同法2条3号，6号）については，本書が主題としている「過失」の認定という観点から故意犯と過失犯を区別するタイプの犯罪類型ではないことから，二訂版においても解説を加えていません。この点，ご了承ください。

　危険運転致死傷罪に関する解説においても，私自身が交通事件の決裁官時代に出会った数多くの実際の事故に関する経験を基に，できる

だけ具体的に説明するよう心掛けたつもりです。なお，本書中，意見にわたる部分は，あくまで私見であることをお含み置きください。

この二訂版が，交通事故捜査に関わる皆さんの職務の一助になれば，望外の幸せです。

本書の出版に当たっても，その改訂作業について東京法令出版の皆さんには大変お世話になりました。特に西田悠希子さんには，本書をより分かりやすくするための全体の構成や挿絵の挿入等に関し，専門的なご助言を数多くいただきました。この場を借りて厚く御礼申し上げます。

平成29年3月

千葉地方検察庁次席検事　互　敦史

増刷にあたって

今回，二訂版4刷を発行するにあたり，自動車運転死傷処罰法の一部改正（令和2年法律第47号）が行われ，通行妨害型危険運転致死傷罪に2つの新しい類型が付け加わり，令和2年7月2日に施行されたのを受けて，これに関する解説を追記しました。

もっとも，拙書は，あくまで「過失の認定」の解説を主題とするものですので，これまでも故意犯である危険運転致死傷罪は，過失犯との相違を明確にする範囲で解説するにとどめており，今回の法改正による通行妨害型危険運転致死傷罪の新類型についても，新設されたばかりであって裁判例の集積がありませんので，概要のみを解説しました。

今後，過失犯との限界が争われるような裁判例がいくつか出た際に，追加解説をしたいと考えています。

令和3年3月

公証人（東京法務局所属）　互　敦史

は じ め に

　皆さんが，日夜，従事している交通事故の捜査の中心は，過失運転致死傷罪（自動車の運転により人を死傷させる行為等の処罰に関する法律第5条）の成否の判断に向けたものでしょうから，日々，「過失の認定」（正確にいえば，「過失の有無及びその内容の認定」）に苦労しているのではないかと思います。

　かく言う私も，平成3年4月に検事任官して以降，交通事故の捜査を行うに当たって，過失の認定には本当に苦労しました。そこで，交通事故捜査に関するいろいろな出版物を買ったり借りたりして読んでみましたが，どの本も，過失の認定に関する基本的な考え方や各種態様の事故における捜査の仕方について，いろいろ書かれているものの，「これは」という本には，なかなか出会えませんでした。ある本は難しすぎてよく分からず，ある本は分かりやすく書いてはあるのですが，抽象的な話が中心で，「じゃあ，実際に事故が起きたとき，どうすればいいのか」について，具体的なことにはあまり触れられていないという印象を持ちました。いずれも諸先輩が執筆された名著であり，それもこれも，私があまり賢くなく，かつ，交通事故の捜査経験が未熟だったことが原因であり，きちんと読み込めば役に立つ本も，私にとっては「豚に真珠」だったのだとは思いますが，「初心者にも分かるような実践本があればなぁ。」と長い間思っていました。

　その後，時は流れ，私は，名古屋地検，東京地検及び横浜地検において，3年間というまとまった期間，交通部の決裁官として，数多くの交通事件に関する記録を読み，部下検察官を指導する仕事に従事させていただく機会に恵まれました。おかげで，あまり賢くない私でも，数千件という交通事件の決裁業務に従事することによって，「交通事

故における過失とは何か」、「過失の有無及び内容を検討するためには、どのような視点で事故を見る必要があるか」、「過失の認定の基礎となる事実は、どのような捜査によって収集すべきか」といったことに関し、それなりのことが言えるだけの経験を積むことができました。

　そんなとき、東京法令出版の編集者から、「主として交通事故捜査の経験の浅い警察官向けに、過失の認定についての実践本を書いたらどうか。」というご提案をいただき、3年間の交通部勤務の成果を本に残して、日頃、交通事故の捜査に従事している現場の警察官の皆さん、さらには、経験の浅い検察官やその他交通事件に関わる方々のお役に立つことが少しでもできれば、という思いから、お言葉に甘えて筆を執ることにしました（本文中、「警察官」に対する呼び掛けの形式で記述した部分が何か所かありますが、それは、元々のご提案の趣旨に沿って、そのような言い回しをしたにすぎず、もちろん、本書の読者を警察官に限定する趣旨では決してありません。）。

　もとより、諸先輩の執筆された多くの名著に及ぶべくもありませんが、これまであまり書かれていなかった視点から、「過失の認定」についてお話しすることができたかな、というちょっとした自負もあります。

　この本の内容が、全て正しいか、というと、そこまでの自信はなく、あるいは間違っている部分もあるかもしれませんので、この本を読んだ方でお気付きになった方がいらっしゃれば、是非、ご教示ください。

　また、必要に応じて、平成26年5月20日に施行された自動車の運転により人を死傷させる行為等の処罰に関する法律（平成25年法律第86号。以下「自動車運転死傷処罰法」といいます。）で新設された危険運転致死傷罪の類型についても付言しましたが、なにせ施行後間もない時点での執筆ですので、あるいは、今後の裁判例等の蓄積によって、若干、解釈や運用が変わる可能性もあるかもしれません。

いずれにせよ，本書では，分かっていそうで，実は分かっていないことが多い「過失」について，私なりに分かりやすく解説したつもりです。交通事故の捜査に関わる多くの方々にとって，執務の一助になれば，望外の喜びです。

　なお，本書中，意見にわたる部分は，あくまで私見であることをあらかじめお含み置きください。

　最後に，本書の出版に当たって，東京地検交通部時代の上司である千田恵介交通部長（現佐賀地検検事正）をはじめとする当時の交通部幹部の皆さん，交通事件のスペシャリストである鈴木裕治検事（現横浜地検横須賀支部長），横浜地検交通部長時代に私を支えてくれた同部所属の検察官の皆さん，そして，東京法令出版の皆さんには，きめ細やかなご助言とご指導をいただきました。この場を借りて，厚く御礼を申し上げます。

　　平成27年1月

　　　　　　　　　　千葉地方検察庁公判部長　　互　　敦史

凡　　例

【法令等】

道路交通法………………………道路交通法（昭和35年法律第105号）

道路交通法施行令……………道路交通法施行令（昭和35年政令第270号）

自動車運転死傷処罰法………自動車の運転により人を死傷させる行為等の処罰
　　　　　　　　　　　　　　に関する法律（平成25年法律第86号）

【文献・雑誌等】

判タ………………………………『判例タイムズ』判例タイムズ社

判時………………………………『判例時報』判例時報社

『最高裁判所判例解説刑事
篇○○年度』…………………『最高裁判所判例解説刑事篇○○年度』法曹会

『刑法解説』（法曹時報）　…井上宏ほか『刑法の一部を改正する法律の解説』
　　　　　　　　　　　　　　法曹時報54巻4号

『道交法解説』………………『執務資料道路交通法解説16訂版』東京法令出版

『図解交通資料集』…………牧野隆『図解交通資料集第3版』立花書房

目　　次

第1講

総　論

1　過失とは何か ……………………………………………… 2

　1　定　義 ……………………………………………………… 2

　2　結果予見可能性を前提とした結果予見義務とは？ ………… 3

　3　結果回避可能性を前提とした結果回避義務とは？ ………… 5

　　(1)　結果回避可能性 ………………………………………… 5

　　(2)　結果回避可能限界地点 ……………………………………11

　4　結果予見義務と結果回避義務の関係 ………………………13

2　信頼の原則 ………………………………………………16

　1　定　義 ………………………………………………………16

　2　信頼の原則の適用事例（信号交差点における事故）………16

　　(1)　理論上の結果回避義務 ……………………………………16

　　(2)　信頼の原則による結果回避義務の免除 …………………17

　3　信頼の原則の限界 …………………………………………18

3　直近過失説と過失併存説 ……………………………22

4　過失認定の手順 ………………………………………25

　1　過失運転致死傷罪成立の機序 ………………………………25

　2　帰納法的発想が大切 ………………………………………27

　3　認定された過失 ……………………………………………32

第2講

信号看過による事故

信号看過による事故 ……………………………………………36

　1　信号表示に留意し，これに従って進行すべき注意義
　　務とは？…………………………………………………………36
　　⑴　信号交差点における注意義務の内容と信頼の原
　　　　則……………………………………………………………36
　　⑵　対人事故の場合の留意点……………………………………39
　2　信号看過の過失…………………………………………………41
　　⑴　信号看過の過失に関する2つの考え方……………………41
　　⑵　私　　見………………………………………………………42
　3　信号交差点における事故の捜査上の留意点について………46
　　⑴　客観証拠の収集と分析………………………………………47
　　⑵　目撃者の確保と目撃供述の信用性の吟味…………………47
　　⑶　同乗者の供述の信用性の吟味………………………………48
　　⑷　運転者の供述の信用性の吟味………………………………49
　4　過失の認定………………………………………………………50
　5　いわゆる長大交差点における特例について…………………54
　6　赤色信号殊更無視型の危険運転致死傷罪について…………58
　　⑴　赤色信号殊更無視型の危険運転致死傷罪の成立
　　　　要件……………………………………………………………58
　　⑵　単なる赤色信号無視と殊更無視の違いについて…………68
　　⑶　危険運転致死傷罪の成否を判断するための捜査
　　　　事項について…………………………………………………71
　　⑷　証拠収集方法について………………………………………79

第3講

見通しの悪い非信号交差点における事故

見通しの悪い非信号交差点における過失の認定 ……………84

　1　一時停止の道路標識が設置されていない交差点にお
　　ける事故について……………………………………………84
　　⑴　徐行義務………………………………………………84
　　⑵　見通し見分を実施する際の留意点………………85
　　⑶　過失の認定……………………………………………89
　2　一時停止の道路標識が設置されている交差点におけ
　　る事故について………………………………………………92
　　⑴　一時停止義務とは……………………………………92
　　⑵　過失の認定……………………………………………93
　　⑶　見通し見分……………………………………………94
　3　赤色点滅と黄色点滅信号機が設置されている交差点
　　における事故について……………………………………94
　　⑴　黄色点滅と赤色点滅信号の意味……………………94
　　⑵　判例による道路交通法43条の準用…………………95
　4　見通しの悪い交差点と信頼の原則…………………………96
　　⑴　信頼の原則の適用……………………………………96
　　⑵　参考判例………………………………………………97
　　⑶　2つの最高裁判例の違い ……………………………100

第4講

直進車と右折車の衝突事故

　1　右直事故の過失 ……………………………………………104

　1　右直事故の過失を問われるのは，右折車？それとも
　直進車？ ……………………………………………………104
　　⑴　原則は右折車に過失 ………………………………104
　　⑵　優先通行権と進行妨害 ……………………………105

2　事前に直進車を認めていた場合 ………………………**108**

　1　右折車の動静注視義務違反の有無 ………………………108
　　⑴　直進車の動静の判断 ………………………………108
　　⑵　右折車の行動の判断時期 …………………………109
　2　直進車の高速度が右折車の判断ミスを誘引した場合 ………111
　　⑴　判断ミスの原因の検討 ……………………………111
　　⑵　詳細な検討方法 ……………………………………112
　　⑶　簡易な検討方法 ……………………………………115

3　事前に直進車を認めていなかった場合 ………………**119**

　1　原則は右折車に前方注視義務違反の過失 ………………119
　2　直進車の優先通行権が否定される場合 …………………119
　　⑴　優先通行権を否定した2つの判例 ………………119
　　⑵　過失の認定の検討 …………………………………122

第5講

交差点の右左折時における後続車巻き込み事故

1　右左折時における右左折方法及び合図の出し方 ………126

2　後続直進車との優劣関係 ……………………………………128

3　右左折時における注意義務に関する最高裁判例 ………130

　1　「適切な右左折準備態勢に入った後」の注意義務 …………130

  ⑴ 信頼の原則による結果回避義務の免除 ……………130

  ⑵ 信頼の原則の適否の判断基準 ………………132

  ⑶ 周到な後方安全確認義務 ………………………133

  ⑷ 適切な右左折準備行為 …………………………136

  ⑸ 信頼の原則の適用外 ……………………………137

 2 「適切な右左折準備態勢に入る前」の注意義務 ……139

 3 「適切な右左折の準備態勢を行っていない場合」の
  注意義務 …………………………………………………140

**4 過失認定のための捜査事項及び過失の有無に関
する判断** ………………………………………………**143**

 1 適切な方法で右左折の準備態勢に入ったか否かにつ
  いて ………………………………………………………143

 2 後続車が右左折車の右左方を追い抜くことの適否に
  ついて ……………………………………………………144

 3 過失の有無に関する判断について ………………147

  ⑴ 右左折車が適切な方法で右左折の準備態勢に入
   った後で，かつ，後続車の追抜きが違法な場合 …………147

  ⑵ 右左折車が適切な方法で右左折の準備態勢に入
   った後であるが，後続車の追抜きが適法な場合 …………150

  ⑶ 右左折車が適切な方法で右左折の準備態勢に入
   らなかった場合 …………………………………………152

第6講

路外施設に出入りする際の事故

1 路外施設から道路への進出時における事故 ……………**158**

 1 事故態様と道路交通法の規定について ………………158

  ⑴ 代表的な事故態様 ………………………………158

　⑵　道路交通法上の義務 ……………………………………158

　⑶　「交通を妨害する」,「通行を妨げ（る）」とは？…………159

　2　左右道路の見通しが良好であったにもかかわらず発
　　　生した事故について ……………………………………159

　3　停止車両のため左右道路の見通しが悪かった場合の
　　　事故について ……………………………………………160

　⑴　事故の類型 ………………………………………………160

　⑵　捜査の要点 ………………………………………………163

　⑶　過失の認定 ………………………………………………167

　⑷　過失が否定される場合 …………………………………171

　4　左右の見通しの悪い路外施設から進出した際に発生
　　　した事故について ………………………………………173

2　路外施設への進入時における事故 …………………175

3　歩道上の歩行者・自転車との事故 ………………177

　1　対歩行者事故 …………………………………………177

　2　対自転車事故 …………………………………………178

第7講

車道上における車両対歩行者事故　―横断歩道上―

横断歩道上における車両対歩行者事故 …………………184

　1　道路交通法38条について ………………………………184

　⑴　同条の規定 ………………………………………………184

　⑵　速度調節義務に関する裁判例 …………………………186

　⑶　1項の留意点　歩行者に対する信頼の原則 …………189

　⑷　2項の規定による一時停止義務違反の2つの捉
　　　え方 ………………………………………………………190

　　2　個別の検討 ……………………………………………192

　　　⑴　直進時の事故について ………………………………192

　　　⑵　右左折時の事故について ……………………………194

　　3　対自転車事故について ………………………………201

　　　⑴　道路交通法38条について ……………………………201

　　　⑵　自動車運転死傷処罰法上の過失の認定 ……………203

　　　⑶　過失が否定された事例 ………………………………204

　　　⑷　道路交通法38条1項前段の速度調節義務につい
　　　　　て ………………………………………………………206

第8講

車道上における車両対歩行者事故　―横断歩道以外―

1　夜間の事故について ……………………………………212

　　1　見通し見分 ……………………………………………212

　　2　過失の認定 ……………………………………………217

　　3　横臥者のれき過事故 …………………………………222

　　　⑴　注意義務の内容 ………………………………………222

　　　⑵　見通し見分の方法 ……………………………………224

　　　⑶　2段階注意義務検討の方法 …………………………230

2　直前横断と過失の認定 …………………………………235

　　1　前方不注視による未発見（発見遅滞）事故について ………235

　　2　動静注視義務違反による事故について ……………240

3　渋滞車両間等からの横断 ………………………………243

第9講

二重れき過事故・追突事故

1　二重れき過事故 ……………………………………………252

　1　被害者が傷害を負った場合 ……………………………252

　2　被害者が死亡した場合 …………………………………254

2　追突事故 ……………………………………………………261

　1　追突事故の過失の内容 …………………………………261

　2　多重衝突事故 ……………………………………………262

第10講

運転中止義務違反の過失による事故

運転中止義務違反による過失の認定 ……………………………266

　1　事故の類型 ………………………………………………266

　2　運転中止義務とは何か …………………………………267

　3　解明すべき事実及び捜査方法 …………………………268

　⑴　解明すべき事実 ………………………………………268

　⑵　捜査方法 ………………………………………………270

　4　過失の認定 ………………………………………………270

最終講

その他の事故

1　追抜き・追越し時の事故 …………………………………276

　1　対自動車事故 ……………………………………………277

　　⑴　追抜き時の事故 ……………………………………277

　　⑵　追越し時の事故 ……………………………………278

　　⑶　追越し時に対向車と起こす事故 …………………279

　　2　対自転車事故 …………………………………………281

　　⑴　対自転車事故の特徴 ………………………………282

　　⑵　結果予見可能性の有無 ……………………………282

　　⑶　被害者の年齢による結果予見可能性の有無 ………283

　　3　通行妨害型危険運転致死傷罪について …………284

2　開扉事故 …………………………………………………**291**

　　1　運転者による開扉事故 ………………………………291

　　2　同乗者による開扉事故 ………………………………293

3　げん惑による事故 ……………………………………**295**

4　悪路等における事故 …………………………………**298**

5　高速度走行型危険運転致死傷罪について ………**302**

　　1　「その進行を制御することが困難な高速度で自動車
　　　を走行させる行為」とは？ …………………………302

　　2　具体的事故態様と捜査事項 …………………………303

　　⑴　カーブにおける事故 ………………………………303

　　⑵　中央が隆起した道路における事故 ………………306

　　⑶　その他の事故 ………………………………………307

特別講

アルコール又は薬物，病気に起因する危険運転致死傷罪について

1 アルコール又は薬物に起因する交通事故について ……320

1　2条危険運転致死傷罪の成立要件 ……………………320

2　3条危険運転致死傷罪の成立要件 ……………………322

3　2条危険運転致死傷罪と3条危険運転致死傷罪の相違点 ………………………………………323

4　最高裁判例の検討 ……………………………………323

5　「正常運転困難状態」で自動車を走行させたか否かを判断するための捜査事項 …………………330

　(1)　事故態様 ……………………………………………331

　(2)　飲酒状況，運転開始前の状況等（飲酒運転の場合） ……………………………………332

　(3)　服薬状況，薬効の発現状況等（薬物運転の場合） ……332

　(4)　事故前の運転状況 ……………………………334

　(5)　事故後の状況 ……………………………………336

　(6)　飲酒検知結果 ……………………………………337

　(7)　事故回避行動の有無及び程度 ……………………338

　(8)　主観的認識の有無 ………………………………339

6　運転者において自己が「正常運転支障状態」で自動車を走行させたと認識していたかを判断するための捜査事項 ………………………………343

7　2条危険運転致死傷罪と3条危険運転致死傷罪の成否 …………………………………………345

　(1)　2条危険運転致死傷罪 ……………………………345

　(2)　3条危険運転致死傷罪 ……………………………346

　(3)　過失運転致死傷罪 ……………………………………346

　8　飲酒による居眠り運転と危険運転致死傷罪について ………347

2　病気に起因する交通事故について ………………………350

　1　成立要件 ………………………………………………350

　2　捜査事項 ………………………………………………353

　3　問題点 …………………………………………………355

コラム

車両等とは？…………………………………………………10

自動車の停止距離について…………………………………14

「幅員が明らかに広い」とは………………………………85

環状交差点における交通規制について……………………91

「進路」とは …………………………………………………110

ブレーキ操作による回避とハンドル操作による回避 ………232

被疑車両の速度を推認するための実験式 …………………236

大阪南港事件（最決平2.11.20）…………………………260

判例索引 ………………………………………………359

第 1 講
総　論

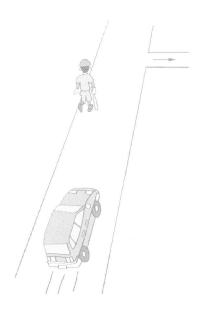

　この講は，「過失の認定」について総論をお話しし，次講以降，各論をお話しします。「総論」と聞いただけで「抽象的で小難しい話」を想像してしまう人もいるかもしれませんが，できるだけ具体的事例を題材にしてお話ししますので，そう毛嫌いせずに読んでください。

1　過失とは何か

1　定　義

　刑法の理論書によれば，過失は，「犯罪事実の認識又は認容がないまま，不注意によって一定の作為・不作為を行うこと」と定義されており，「不注意」とは，「注意義務を怠ること」だと書かれています。

　そして，「注意義務」とは，「結果予見可能性を前提にした結果予見義務と結果回避可能性を前提とした結果回避義務とからなる」などと書かれています。

　つまり，過失とは，このような注意義務を怠って一定の作為・不作為を行うことをいい，かかる作為・不作為が，「過失行為」（過失の実行行為）なのです。

　なお，「実行行為」とは，特定の犯罪が成立するために法律が要求している行為のことです。

　とはいえ，こんな定義だけを聞いても，何のことだろうと思うでしょう。心配しないでください。かく言う私も，最初聞いた時には何のことやらさっぱり分かりませんでした。以下，一つひとつかみ砕いてお話しします。

```
過失：犯罪事実の認識又は認容がないまま
　　　不注意によって一定の作為・不作為を行うこと
　　　└─注意義務を怠ること
　　　　　　├ 結果予見可能性を前提とした結果予見義務
　　　　　　└ 結果回避可能性を前提とした結果回避義務
```

2　結果予見可能性を前提とした結果予見義務とは？

それでは，分かりやすい例として，次の二つの事例を考えてみましょう。

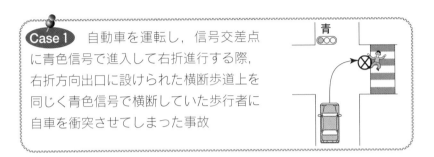

Case 1　自動車を運転し，信号交差点に青色信号で進入して右折進行する際，右折方向出口に設けられた横断歩道上を同じく青色信号で横断していた歩行者に自車を衝突させてしまった事故

　一般的に見て，このような運転者にとって，進行方向に歩行者がいる可能性を予見（予測と同じ意味です。）することは容易です。

　そして，このような歩行者の有無及びその安全を確認しながら右折進行しないと，自車を歩行者に衝突させ，その歩行者を死傷させてしまう交通事故が発生する（つまり，これが「結果」です。）おそれがあり，このことも誰にでも予見できます。

　誰にでも予見できるが，本件被疑者（運転者）に限って予見できなかったなどという特段の事情は通常ないでしょうから，**この運転者には，このような結果を予見する可能性があり，よって，このような結果を予見すべき義務が課される**のです。

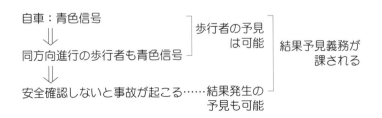

　結果予見義務が結果予見可能性を前提とするのは、「法は、行為者に不可能を強いない」（できないことをやれとは言わない）からです。

　ところで、この予見可能性は、「一般通常人であれば認識可能な事情及び行為者が特に認識した事情を基礎として判断する。」とされています（大判昭4.9.3等）。刑法の理論書には、「構成要件が違法類型であるとともに責任類型でもあることからの帰結である。」などと小難しく書いてありますが、要するに、一般人には予見が困難な場合であっても、本件被疑者（運転者）において予見可能な場合には、結果予見義務を課すことができる場合があるということです。

　次のケースで、具体的に考えてみましょう。

Case 2　制限速度で自動車を運転中、進路前方道路の左側端を野球のユニフォームを着て手にバットを持った小学生が自車と同一方向に歩いていた。

　この小学生が突然自車の進路前方を左方から右方に向かって横断してきたので、急ブレーキをかけたが間に合わずに衝突してしまった（制限速度未満で走っていれば回避可能）。

　本件被疑者は、この道路を通り慣れており、この小学生が歩いている先の道路右側から入る路地の奥まったところに少年野球のグラウンドがあり、しかも、この日、そのグラウンドで少年野球の試合があることも知っていたという事故

　早く試合をしたいなー

　この先にグラウンド

　今日は、この先で野球の試合があるんだっけ。

　この場合，一般の運転者にとって，この小学生が，そのグラウンドに行くため，路地の手前辺りで道路を横断する可能性があることを予見するのは極めて困難ですが，本件被疑者（運転者）にとっては十分に予見可能です。

　そして，相手は小学生ですから，横断前に右後方の安全を確認せずに横断を開始するかもしれないということも予見可能でしょう。

　よって，一般の運転者に対しては，この小学生が進路前方を横断することを予見して制限速度未満に減速して進行すべき注意義務を課すことができない場合であっても，当該被疑者に対しては，かかる義務を負わせられる場合があるのです。ですから，交通事故の捜査では，

> **Check Point**　被疑者に結果予見義務を課すことができるかどうかを判断する前提として，被疑者の取調べなどを通じて「一般人であれば認識可能な事情」はもとより「行為者が特に認識していた事情」を探り出すこと

が必要になってくるのです。

　　　　　　　　　　　　　┌─ 一般人であれば認識可能な事情
　　結果予見義務の発生 ─┤
　　　　　　　　　　　　　└─ 被疑者において特に認識していた事情

3　結果回避可能性を前提とした結果回避義務とは？

⑴　結果回避可能性

　交通事故は，結局は，この結果回避義務を怠った行為により発生しますので，その前提となる結果回避可能性の有無の判断が一番重要になります。

　「前提」とするのは，結果予見義務と同様，「法は，人に不可能を強いない」からです。

　ところで，結果回避可能性とは，何かといいますと，①客観的に事故を回避するための適切な処置がとれたこと，②主観的に運転者がその適切な回避措置を選択する正常な判断力を有していたことの二つを意味します（宮成正典『交通事故捜査の手法（第2版）』立花書房・320頁）。つまり**客観的に回避可能であっただけでなく，主観的にも回避可能だったことが必要**なのです。

　例えば，次のケースでは過失をどう捉えるべきでしょうか。

Case 3　日中，見通しの良い直線道路で自動車を運転中，進路前方で信号待ちのため停止している自動車があり，きちんと前を見て運転していれば（前方注視義務を尽くしていれば）かなり遠方で同車を発見でき，余裕をもって同車の後方に停止できたにもかかわらず，過労と睡眠不足のため強い眠気を感じたまま運転を継続したことで，事故地点の手前で仮睡状態に陥り，ふと目が覚めた瞬間，目の前に停止車両が迫っていることに気付き，慌てて急ブレーキをかけたが間に合わずに衝突してしまった事故

　この場合，事故の発生直前において，客観的な結果回避可能性はありましたが，主観的な結果回避可能性はなかったといわざるを得ないので，過失の内容は，事故の発生直前における前方注視義務違反ではなく，もっと前の段階，すなわち，仮睡状態に陥る前（主観的な結果回避可能性があった段階）における運転中止義務（眠気を感じた時点で運転を中止すべき義務）違反や運転避止義務（そもそも運転を開始してはいけない義務）違反になります（⇨第10講）。

```
              ┌ 客観的に事故を回避可能
結果回避義務の発生┤        かつ
              └ 主観的に事故を回避する判断力を運転者が有する
```

　結果回避可能性の主観的要件に関し，別の例を二つお話ししましょう。これらは実際にあった事故ないし実際にあった事故を少しアレンジしたものです。

　いずれの事案についても，被疑者の過失行為が何か，私の解説を読む前に少し自分の頭で考えてみてください。

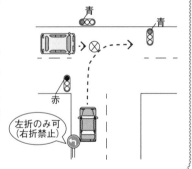

Case 4　信号機により交通整理の行われている丁字路交差点の手前で信号待ちしていた被疑車両が，信号表示が青色に変わったことを確認した上で発進し，左折外進行禁止の標識があるにもかかわらず右折進行したところ，左方道路から進行してきた自動車に衝突し，同車の運転者が傷害を負った事故

　この事故の特殊性は，被疑車両が進行してきた道路は，交差点手前に左折のみ可（右折禁止）の道路標識が設置されており，この交差点を右折することはできませんでした。その関係で，信号サイクルは，被疑車両の対面信号機が青色表示に変わる際，右方道路から進行してくる車両の対面信号機は赤色表示なのですが，左方道路から進行してくる車両の対面信号機は，被疑車両の対面信号機と同時に青色表示に変わるのです（被疑車両の進行方向からは左折しかで

8

きませんので，これでまったく問題ありません。）。ところが，被疑
者は，左折のみ可（右折禁止）の道路標識を見落とし，右折進行し
てしまった結果，信号に従い左方道路から進行してきた自動車に気
付かず，衝突してしまったのです。

　この事故で警察署から検察庁に事件が送致された時点における過
失の内容は，道路標識看過の過
失と左方道路の安全不確認とい
う二つの過失でした。確かに，
道路標識を見落としたとしても，
左方道路の安全確認をしながら
右折進行していれば本件事故は
回避できた可能性が十分にあり
ます。しかし，この被疑者に，
左方道路の安全を確認せよとい
う注意義務（結果回避義務）を

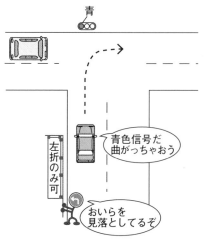

課すことができるでしょうか。結論は，「否」です。被疑者は，左
折のみ可（右折禁止）の道路標識を見落とした結果，自車の対面信
号機が青色表示の時，右方道路はもちろん左方道路から進行してく
る車両の対面信号機も赤色表示だと勘違いしています。そのため左
方道路から進行してくる車両は，当然信号に従って交差点手前で停
止するだろうと思い込んでおり，左方の安全確認をする「動機」を
欠いてしまっているのです。道路標識を見落とすという重大な落ち
度のある被疑者には信頼の原則（⇒本講２）は適用されませんので，
事故を起こさないよう気を付けるという結果回避義務自体が免除さ
れることはありませんが，このような被疑者に対し，左方道路の安
全を確認しながら右折進行せよという内容の結果回避義務を問うこ
とはできません。つまり，結果回避義務の前提となる結果回避可能

性の主観的要件を欠いているのです（左方道路の安全確認をして事故を回避するという措置を選択できない。）。そして，その根本的な原因は，被疑者が，左折のみ可（右折禁止）の道路標識を見落としたことにあり，よって，本件被疑者に課すことができる結果回避義務の内容は，道路標識を早期に発見し，これに従って進行せよということであり，本件事故の過失は，道路標識を見落として右折進行した過失のみということになるのです。

　それでは，少し応用編を見てみましょう。

> **Case 5**　自動車を運転して交差点を左折しようとした被疑者が，左折時のブレーキ・ハンドル操作を誤って軌道が外側に膨らんでしまい（①），左折先道路の右側端に止まっていた自転車に衝突した。当時，無免許であった被疑者は，とっさに現場から逃走しようと決意し，一旦後退してから発進し，ハンドルを左に切ったが，事故を起こしたことと急いで逃げなければならないという気持ちでパニックになり，ハンドルを左に切りすぎて自車を左方に逸走させ（②），道路左側端のガードレールに衝突させた。更に慌ててしまった被疑者は，再度後退して右にハンドルを切りながら発進したが，今度はハンドルを右に切りすぎて自車を右方に逸走させ（③），対向車線に停止していたバイクに衝突し，自転車及びバイクの各運転者並びに自車の同乗者に傷害を負わせたという事故

　一見すると，被疑者の運転行為は独立して３つあり（①〜③），過失行為が３つあるようにも見えますが，実際の過失行為は，①のみとすべきです。②と③の時点では，被疑者は，最初の事故を起こしたことで狼狽し，適切な回避措置（ハンドル操作）を選択する正

常な判断力を欠いた状態になっていますので，主観的結果回避可能性がなく，よって，②と③の行為に対して結果回避義務違反の過失を認定することはできません。そして，その原因は，①の過失行為によって事故を起こしたことに求められますから，この過失行為と②，③の各ハンドル操作ミスとの間には因果関係が認められ，よって，被疑者は，①の過失行為によって被害者3名に傷害を負わせたことについて，過失運転致傷罪の罪責を負うことになるのです。どうです，分かりましたか？

コラム　車両等とは？

　道路交通法を見ると，「車両等」と記載された条文が結構出てきますが，「車両等」の「車両」って何だろう，「等」って何だろう，などと考えたことはありませんか？

　知っていそうで知らない人もいるかもしれませんので，簡単に説明しますと，「車両」とは，自動車（同法2条1項9号），原動機付自転車（同項10号），軽車両（同項11号，11号の2）及びトロリーバス（同項12号）の総称であり（同項8号），「等」とは，路面電車（同項13号）のことです（同項17号）。

　自動車には，乗用車やトラックなどの四輪車はもちろん，オートバイ等の自動二輪車も含まれ，今般の道路交通法の一部改正（令和4年4月27日法律第32号）で，「特定自動運行を行う車」が追加されましたが，上記のとおり，原動機付自転車は含まれません。この点，自動車運転死傷処罰法の規定する「自動車」には，原動機付自転車も含まれ（同法1条1項），道路交通法の定義と異なりますので，注意してください。軽車両の代表は，自転車です。トロリーバスというのは，電力で走るが電車のようにレールの上を走らない車であり，私が子供の頃には，あちこちで走っていたのですが，現在では，立山黒部アルペンルートにしか残っていないそうです。路面電車というのは，レール上を動く車のことであり，昔に比べるとずいぶん減ってしまいましたが，現在でも，まだあちこちで走っており，東京都内でいえば，都電荒川線がそうです。

　また，自動車運転死傷処罰法5条が規定する過失運転致死傷罪の主体は，同法の規定する「自動車」ですので，軽車両である自転車が主体となった事故には適用がなく，自転車事故の場合は，刑法上の過失致死傷罪や重過失致死傷罪（同法209条1項，210条，211条後段）の成否を検討することになります。ちなみに，本書において，私は，「車両」という言葉を比較的多く使用していますが，この場合の「車両」とは，自動車運転死傷処罰法上の「自動車」を指しています。

⑵　結果回避可能限界地点

　結果回避可能性を考える場合，もう一つ重要になるのは，「結果回避可能限界地点」の特定です。

　あまり聞き慣れない言葉かもしれませんが，要するに，進行する自動車が，その地点に至るまでに結果回避措置を講じれば結果（つまり衝突と人損の発生）を回避できるが，その地点を越えてしまうと，結果回避措置を講じたとしても結果を回避できなくなってしまう限界地点のことです。一番分かりやすい例が追突事故ですので，Case 6 を見てみましょう。

Case 6　自動車を運転中，前方の交差点で信号待ちのため停止していた車両の発見が遅れ，急ブレーキをかけたが間に合わずに追突してしまった事故

　被疑車両の事故前の速度における停止距離が仮に15メートルだったとすると，前方の停止車両を発見した際，同車後部と自車前部との距離が15メートルより離れていれば停止可能ですが，15メートル以下の場合は衝突不可避ということになりますので，前車の15メートル手前の地点が，「結果回避可能限界地点」になります（実際に

は個人差等により停止距離は多少前後しますので，限界地点の特定の際は少し余裕を持たせるのが一般です。)。

　つまり，この事故で，運転者が，18メートル手前で前車に気付いたが，ブレーキと間違えてアクセルペダルを踏んだため追突した場合には，過失は，「ブレーキ操作ミス」ですが，12メートル手前で気付いた場合，同じく間違えてアクセルペダルを踏み込んで追突させても，過失は，「ブレーキ操作ミス」ではなく「前方不注視」になります。ブレーキの操作ミスがなくても事故を避けられないからです（なお，両方の過失が競合して事故が発生したと評価すべき場合もありますが，この点は後でお話しします（⇨22頁）。）。

　ちなみに，別の例で，見通しの悪い交差点における出会い頭事故の場合，被害車両の発見可能地点よりも結果回避可能限界地点のほうが衝突地点に近ければ前方注視義務違反の過失を問えますが，遠かった場合には，発見可能地点で発見しても結果回避ができませんので，過失の内容は，「徐行義務違反」になります（⇨第3講）。

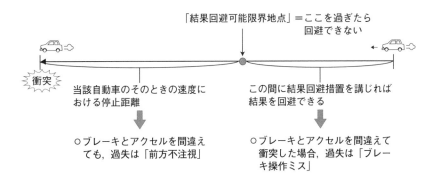

　類似の裁判例として，前方不注視により一時停止の道路標識に気付くのが遅れ，制動措置を講じぬまま交差点内に進入して交差道路を進行してきた車両に自車を衝突させた事故に関し，被告人が実際

に一時停止の標識に気付いた時点では，仮に急制動の措置を講じたとしても同標識の手前で停止することができず，衝突も回避できなかったとして，一時停止義務違反の過失を認定した原審の判断を覆し，前方注視義務違反による一時停止標識の発見遅滞の過失を認定したものがあります（東京高判平23.12.22）。

　以上のように，結果回避可能性の有無を検討するに当たっては，結果回避可能限界地点の特定が必要になります。それによって過失の内容（どのような結果回避義務に違反したのか）が変わってしまうことがあるからです。

4　結果予見義務と結果回避義務の関係

　最後に結果予見義務と結果回避義務の関係についてお話ししますと，結果回避義務は，結果予見義務の存在が前提となります。

　つまり，結果予見義務を問えない運転者に対し，結果回避義務を果たしなさいとはいえないということです。

　先ほどのCase 1の場合，信号交差点を右折する車両の運転者が，右折方向出口に設けられた横断歩道を横断する歩行者が存在する可能性を予見できないなどということは通常あり得ないでしょうから，結果予見義務を問えないなどといったことはありません。

　ですから，この運転者は，そのような横断歩行者に自車を衝突させる交通事故を起こさないよう，前方左右を注視し，この横断歩道を横断する歩行者がいるかいないかを早期に見極め（歩行者の早期発見に努め），歩行者がいた場合，横断歩道手前で一時停止し，その歩行者が自車の前方を安全に通り過ぎるのを待ってから発進して右折進行することになります。これが本件における結果回避措置であり，このような措置を講じることは容易ですので（結果回避可能性あり），この運転者にこのような措置を講じなさいという義務（結果回避義務）を

課すことができます。よって，この運転者がこの結果回避義務を尽くさなかったため（例えば，脇見をしていてよく見ていなかったため），歩行者の発見が遅れ，直前で発見して慌てて急ブレーキをかけたが間に合わずに自車を衝突させてその歩行者を死傷させてしまった場合，この運転者は，結果回避義務を果たさなかったこと（結果回避義務違反）の責任を問われ，過失運転致死傷罪が成立することになるのです。

　他方，先ほどのCase 2 の場合，事例にある運転者の場合は，同じ考え方に基づき，進路前方道路の左側を歩行中の小学生が自車の前方を横断することを予見した上（結果予見義務の履行），あらかじめ減速する措置を講じなさいという義務（結果回避義務）を課すことができますが，一般の運転者に対し，この小学生の横断を予見しなさいという義務（結果予見義務）を問うことは難しく，これを前提にした減速義務（結果回避義務）を果たしなさいということもできないのです。よって，減速することなくこの小学生に接近した段階で，この小学生が突然横断を開始したため，ブレーキをかけるいとまもなくぶつかり，死傷させてしまったような場合であっても，最終的にはその運転者に過失運転致死傷罪の責任を問えないことが多いと思います。

コラム　自動車の停止距離について

　皆さん，ご存じのように，自動車の停止距離は，空走距離と制動距離の合計で求めることができ，空走距離は，空走時間と走行速度によって求められますが，さらに，空走時間は，反応時間（危険を察知し，ブレーキを踏むため足をアクセルペダルから離すまでに要する時間），踏替時間（足をブレーキペダルに乗せるまでに要する時間）及び踏込時間（ブレーキペダルを踏み込んでブレーキが実際に効き始めるまでに要する時間）からなっています（牧野隆『捜査官のための交通事故解析（第２版）』立花書房・45頁）。ちなみに，一般人の平均的な空走時間は0.75秒だとされていますが，これをこの三段階の時間に区分し

ますと，反応時間0.4秒，踏替時間0.25秒，踏込時間0.1秒ということ
になるようです。ただし，運転者の年齢や体調，運動神経等によって
ばらつきがありますので，あまり厳格に考えすぎないようにしてくだ
さい。そして，制動距離は，制動が効き始めたときの速度とタイヤと
路面との摩擦係数で決まりますが（道路に勾配がある場合は，この点
も考慮に入れます。），例えば普通乗用自動車の場合，乾燥アスファル
ト道路における摩擦係数は0.7～0.8だとされています。停止距離の計
算については，いろいろな文献に計算式や速度ごとの一覧表が載って
いますし，停止距離を簡単に計算できる事故解析ソフトも出回ってい
ますので，それらを活用するのがよいでしょう。

2 信頼の原則

1 定 義

　信頼の原則は，許された危険の法理の一つで，もともと，モータリゼーション（自動車の大衆化）に伴って登場してきた原則であり，自動車事故における運転者の過失の有無を検討する過程において，いろいろな場面で登場してきますので，正確な理解をしておくことが必要です。

　信頼の原則とは，「他人が予期された適切な行為に出るであろうことを信頼するのが相当な場合には，たとえその他人の不適切な行動と自己の行動とが相まって法益侵害の結果を発生させたとしても，これに対しては過失責任を問われない」とする法理であり，信頼の原則の適用があると，結果予見可能性があったとしても結果回避義務が免除されます（以下『刑法総論講義案（四訂版）』司法協会・160～167頁）。

　なお，信頼の原則を予見可能性の問題として捉える見解などもありますが，本書では，前記のとおりの見解によることにします。

2 信頼の原則の適用事例（信号交差点における事故）

(1) 理論上の結果回避義務

　対面信号機の青色信号に従って交差点内に進入したA車と，その交差道路から対面信号機の赤色信号に従わずに交差点内に進入してきたB車とが衝突し，B車の運転者が死傷した場合，A車の運転者において，全ての車両の運転者が青色信号を守るとは限らず，赤色

信号を無視して，あるいは赤色信号を見落として交差点内に進入してくる車両もあり得ることは予想できますから，青色信号に従って交差点内に進入した場合であっても，交差道路から信号に従わずに進入してきた車両と衝突する人身事故が発生するおそれがあることは予見可能であり（結果予見可能性），このような衝突事故を避けるためには，対面信号機が青色信号の場合であっても，交差点手前で適宜減速徐行し，場合によっては交差点手前で一時停止して，左右道路から信号を無視（あるいは看過）して交差点内に進入してくる車両の有無を確認する必要があり，このような措置を講じることは一般的に可能ですから（結果回避可能性），よって，A車の運転者に対し，このような措置を講ずべき義務（結果回避義務）を課すことは，理論上は可能です。

⑵ 信頼の原則による結果回避義務の免除

しかし，交差点を青色信号で通過しようとする車両の運転者が，いちいちこんなことをしていたら，道路が渋滞してしまいます。というか，信号交差点は，このようなことがないように信号サイクルを調整して交互通行を行うことにしているのであり，よって，青色信号で進行するA車の運転者は，交差道路を進行してくる車両は，その対面信号機の赤色表示に従って交差点手前で停止してくれると信頼すれば足り，交差道路を赤色信号に従わずに進行してくる車両があり得るとしても（結果予見可能性あり），同車との衝突を回避するための措置を講ずることなく交差点に進入してよく（結果回避義務免除），その結果，赤色信号無視のB車と衝突してB車の運転者を死傷させたとしても，A車の

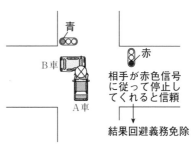

運転者が過失運転致死傷罪の罪責を負うことはありません。

　すなわち，交通事故が発生した場合に，両当事者間で，適正に危険を分配するという考え方であり，これが，「信頼の原則」です。ちょっと当たり前すぎる例だったでしょうか。

3　信頼の原則の限界

　この原則は，決して「手抜き」を許容する法理ではありませんので，自動車運転上，①最も基本的な注意義務である前方注視義務や車間距離保持義務等まで免除されるわけではなく（前方注視義務に関し，東京高判昭51.4.8等），また，信頼の原則を適用するためには，②相手方の適切な行為を信頼することに相当性があることが必要ですから，被疑者側に重大な過失や道路交通法違反がある場合には，信頼の原則は適用されません。これは，いわゆる「クリーンハンドの法理」と呼ばれるものです。

　まず，①についてですが，前述 Case 6 の交差点事故のような車両同士の事故の場合，車両双方の速度が速く，交差道路から信号を無視して進行してくる車両を遅滞なく発見したとしても，その時点で急ブレーキをかけても，通常，衝突回避は著しく困難か不可能です。しかし，次のような場合はどうでしょうか。

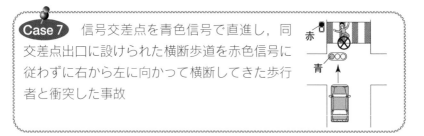

Case 7　信号交差点を青色信号で直進し，同交差点出口に設けられた横断歩道を赤色信号に従わずに右から左に向かって横断してきた歩行者と衝突した事故

　このような事故の場合は，前方左右をよく見て運転していれば，早期に歩行者を発見し，横断歩道手前で停止することにより衝突を回避できる可能性が十分ありますから，運転者が前方左右をよく見ていなかったために被害者の発見が遅れ，直近でようやく発見して急ブレーキをかけたが間に合わずに衝突してしまった場合，直進車の運転者に前方不注視の過失を問うことができます（詳細は，189頁以降で解説します。）。

　また，例えば，被疑車両が先行車両との車間距離を十分とらずに進行していたため，先行車両が交差点内で急制動の措置を講じたことに対応できずに追突したようなケースで，被疑者が，「先行車両が交差点内で急ブレーキをかけることはないと信頼していた。」と弁解したとしても，信頼の原則の適用はなく，同じく，被疑者の過失は否定されません（最決昭57.12.16）。

　次に，②についてですが，例えば，被疑車両が見通しの悪い交差点を徐行することなく時速約50ないし60キロメートルで直進しようとした際、左方道路から一時停止の標識を無視して交差点に進入してきた車両と衝突した事故の場合，被疑車両の運転者において，被害車両は一時停止の標識に従って停止してくれると信頼していたとしても，徐行義務違反の過失は否定されません（⇒第3講4「見通しの悪い交差点と信頼の原則」）。自らの手がきれい（クリーンハンド）ではないのに，人の手の汚れを非難することは許されないということです。ただし，被疑者に過失や道路交通法違反があった場合であっても，その過失の程度や違反の程度が重大とまではいえない場合，信頼の原則が適用されることがありますし（最判昭45.11.17等）（⇒判例①，20頁），他方，相手が車両ではなく歩行者であった場合，さらに，その歩行者が子供や高齢者，酩酊者であった場合には，信頼の原則が適用されないことがありますので（東京高判昭42.9.21等）（⇒判例②，21頁），

個別の検討が必要になります。運転免許を取得する過程で道路交通法等の交通ルールを学んでいるはずの自動車運転者に比べ，歩行者の場合はそうとは限らないこと，もともと交通弱者である歩行者には，車両の運転者よりも大きな保護を与える必要があること，特に子供や高齢者などは，一般的に注意力が低く，運転者側で用心する必要性が高い（信頼の基礎を欠く。）ことなどがその理由です。

判例①　　　　　　　　　　　　　　　　　　　**最判昭45.11.17**

＜事案の概要＞

　被告人は，普通貨物自動車を運転し，見通し良好な交通整理の行われていない交差点を直進しようとして同交差点に向かって**道路右側部分を進行中**，右方交差道路から同交差点に向かって進行してくる被害車両（自動二輪車）を発見したが，自車進行道路の方が幅員が明らかに広かったことから，被害車両において，自車の進行を妨害しないよう，徐行ないし一時停止してくれるものと考えて減速等することなく進行を継続したところ，被害車両がそのまま交差点に進入してきたため，自車を被害車両に衝突させて被害者を死亡させたという事故。

＜要　旨＞

　道路交通法上，非整理交差点においては，明らかに幅員の広い道路を進行する車両に優先通行権があり，幅員の狭い道路から進行してくる車両は，交差点手前で徐行し，かつ，幅員の広い道路から進行してくる車両の進行妨害をしてはならないことになっているのであるから（⇒84頁），本件被告人のように，交差する道路の幅員より明らかに広い幅員の道路から，交通整理の行なわれていない交差点に入ろうとする自動車運転者としては，その時点において，**道路交通法に違反して道路右側部分を通行していたとしても**，被害車両が交差点の入口で徐行し，かつ，自車の進行を妨げないように一時停止するなどの措置に出るであろうことを信頼して交差点に入れば足り，あえて交通法規に違反して交差点に進入してくる車両のあり得ることまで予想して，減速徐行するなどする注意義務はないものと解するのが相当である。

判例②　　　　　　　　　　　　　　　　　　　　東京高判昭42.9.21

＜事案の概要＞

　被告人は，普通乗用自動車を運転して，本件事故現場付近道路を時速約40キロメートルで進行中，前方約60メートル地点の左側で，被害者（当時7歳）が自車に背を向けて遊んでいるのを見かけ，同児童の右側を通過しようとした際，被害者が自車の接近に気付いていない可能性を認識したにもかかわらず，警音器を吹鳴してこれに注意を与えるなり，同人の不測の行動に備えて，いつでも停止あるいは避譲できる程度に減速徐行するなどせず，時速約25キロメートルに減速したのみで進行したところ，約5メートルの至近距離に迫って，いきなり被害者が右斜め前方に駆け出したのを認め，右ハンドルを切るとともにブレーキを踏んだが間に合わず，自車を被害者に衝突させた事故。

＜要　旨＞

　いわゆる「信頼の原則」が適用されるためには，その前提として，行為者たる被告人にとって，他の交通関係者の危険回避措置を期待し得る状況がなければならず，無心に路上ないしその付近で遊ぶ幼児に対する事案においては，もともとこれを適用し難い要素が存する。「子どもを見たら赤色信号と思え。」と言われているように，本件被害者が道路の交通秩序を守り，自動車の交通による危険の有無をよく理解して行動する能力があり，本件事故回避の措置に出ると期待することはできなかった。本件では，既に約60メートル手前から被害者が遊んでいるのを認めた被告人において，自車に背を向けていた被害者が自車の接近に全く気付かないまま不測の行動に出ることが予想できたにもかかわらず，警音器を吹鳴する等の注意義務を怠ったことが主因となって発生した事故と認められるのであって，「信頼の原則」を適用すべき余地は全く存しないことは明らかである。

3 直近過失説と過失併存説

　あまり聞き慣れない言葉かもしれませんが,「直近過失説」とは,結果に直結する最後の過失だけが過失犯を構成する過失であるとする見解であり,それ以前の段階の過失は,動機(理由)か背景事情にすぎないとします。他方,「過失併存説」とは,結果と因果関係のある過失は,いずれもが併存的に過失犯を構成する過失になり得るとの見解です。

　具体例で説明しますと,Case 6 の追突事故の場合,結果回避可能限界地点を通過した後に相手車両を発見し,急ブレーキをかけたが間に合わずに衝突したのだとすると,過失の内容は,「前方不注視による停止車両の発見遅滞」であり,これが直近で,かつ,唯一の過失ですから,両説で違いはありません。しかし,前方注視が不十分であったため,停止車両の発見が遅れたものの,いまだ結果回避可能限界地点よりも手前であったため,発見直後に急ブレーキをかければ何とか衝突せずに止まれたのに,慌ててブレーキと間違えてアクセルを踏んでしまったために追突してしまったような事故の場合,直近の過失はアクセル・ブレーキの操作ミスですが,この運転者がこのような操作ミスをしてしまった原因が,前方注視不十分で停止車両の発見が遅れて慌ててしまったことにあると認められる場合,前方不注視の点を過失として評価しないと不自然です(なお,アクセル・ブレーキの操作ミスをしてしまうことがやむを得ないほど切迫した状況に陥っていた場合,結果回避可能性の主観的要件を欠き,過失は前方不注視のみになることもあります(⇨5頁)。)。

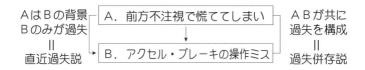

　また，同じく追突事故で，前方注視が不十分であったため，停止車両に気付くのが遅かった上，制限速度を大きく上回る高速度で走行していたため，発見直後に急ブレーキをかけたがまったく間に合わずに衝突してしまったような場合，前方不注視の過失と速度超過の過失が密接不可分に絡み合って結果が発生したと評価すべきでしょう。

　別の例でお話ししましょう。下記のCase 8は，実際にあった事故です。

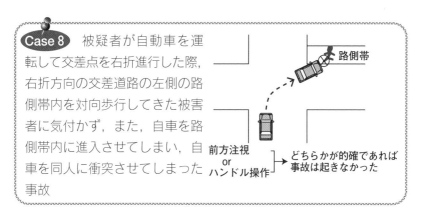

Case 8　被疑者が自動車を運転して交差点を右折進行した際，右折方向の交差道路の左側の路側帯内を対向歩行してきた被害者に気付かず，また，自車を路側帯内に進入させてしまい，自車を同人に衝突させてしまった事故

路側帯

前方注視
or
ハンドル操作

どちらかが的確であれば
事故は起きなかった

　このケースでは，被疑者が前方注視義務を履行し，早期に被害者を発見していれば，自車を停止させることで衝突を回避できましたが，仮に前方不注視により被害者を発見できなかったとしても，ハンドル操作を的確にし，自車を道路左側の路側帯内にはみ出させたりしなければ，同じく事故を回避することができました。つまり，**この事故における前方不注視の過失とハンドル操作の誤りの過失とは，「択一関**

係」（片方の注意義務さえ尽くしていれば，もう片方の注意義務を怠っても事故が回避できた）に立ち，同じく一つの直近過失では構成できないのです。

このようなことから，現在の実務は，過失併存説を採用しており，結果と因果関係のある過失は起訴状記載の公訴事実中に入れますが，直近過失説の趣旨も尊重し，単なる動機（理由）や背景事情にすぎないような軽微な過失は公訴事実から除外するようにしています。例えば，運転開始前に酒を飲んでいたため，注意散漫となって事故を起こしてしまったような場合，飲酒量がそれほど多くなく，道路交通法違反の酒気帯び運転罪にも該当せず，飲酒は前方不注視の一因になったにすぎないような場合，過失の内容としては前方不注視のみとし，飲酒の事実は情状としてのみ考慮することにしています。

> **Check Point** 事故の原因である過失が何かを考えるに当たっては，直近過失のみに目を奪われるのではなく，その直近過失を誘発した動機（理由）や背景事情にも目を配ることが必要です。

例えば，Case 6 のような追突事故の捜査で，過失をアクセル・ブレーキの操作ミスだと思い込んでいたが，実は，その時点では結果回避可能性の主観的要件がなく，前方不注視による発見遅滞が過失だったといったこともあるので注意が必要です。

4 過失認定の手順

1 過失運転致死傷罪成立の機序

　それでは，これまで説明してきた結果予見義務と結果回避義務の履行を怠ることによって実際に交通事故が起きてしまった場合，私たち捜査官は，どのような手順で事故発生に至る機序（仕組み）を解析することになるのか，また，どのような思考過程を採れば，より確実に適切な過失を認定できるのかについて，お話しします。

　過失認定に至る機序は次のようになります。

　まず，事故が発生することの結果予見可能性及び結果回避可能性があったと認定できれば，それらを前提に，運転者に結果予見義務及び結果回避義務，つまり注意義務が課されます。

　そして，注意義務の懈怠（怠ること）による過失行為により事故が発生して被害者が死傷します。

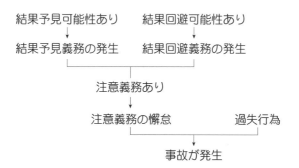

　抽象的な話では分かりにくいと思いますので，具体的なケースを基に説明しましょう。

26

> **Case 9** 見通しの良い片側1車線の直線道路で自動車を運転中，脇見運転をしたため，進路前方道路を横断中の歩行者に気付かず衝突してしまった事故
>
> 〈犯罪事実〉
>
> 　被疑者は，令和〇年〇月〇日午後1時20分頃，普通乗用自動車を運転し，〇県〇市〇丁目〇番地先道路をA方面からB方面に向かい時速約40キロメートルで進行するに当たり，前方左右を注視し，進路の安全を確認しながら進行すべき自動車運転上の注意義務があるのにこれを怠り，右方の建物に脇見をし，前方左右を注視せず，進路の安全を確認しないまま漫然前記速度で進行した過失により，折から進路前方を左方から右方に向かい横断歩行中のV（当時〇〇歳）に気付かず，自車前部を同人に衝突させて同人を路上に転倒させ，よって，同人に加療約1か月間を要する左腓骨骨折の傷害を負わせたものである。

　例えば，この事故の場合，過失運転致傷罪の犯罪事実（公訴事実）の中の，「……すべき自動車運転上の注意義務があるのにこれを怠り」の部分は，注意義務の存在とその懈怠（主観的事情）を記載したものであり，これに続く「……した過失により」の部分は，過失行為（客観的事情）を記載したものです。この主観面と客観面が合わさったものが過失犯の実行行為です。なお，ここに記載のある注意義務は，結果回避義務であり，その前提となる結果予見義務は省略されています。過失運転致死傷罪の犯罪事実を記載する場合，特殊な過失形態の場合を除き，結果予見義務の記載を省略するのが慣例となっています。仮に書くとすれば，「進行するに当たり」と「前方左右を注視し」の間に，「進路前方道路を横断しようとする歩行者のいることが予見されたのであるから」という文章を入れることになるでしょう。

　さらに，これに続く，「横断歩行中のV（当時〇〇歳）に気付かず，

自車前部を同人に衝突させて同人を路上に転倒させ」の部分は，衝突という事態が発生したことを記載するとともに，それが被疑者の過失行為により発生した（因果関係の存在）ことを記載したものであり，最後の，「よって，同人（被害者）に加療約１か月間を要する左腓骨骨折の傷害を負わせた」という部分は，傷害結果の発生とそれが本件衝突に基づくものである（因果関係の存在）ことを記載したものということになります。

　これら全てがそろって，はじめて過失運転致傷罪が成立するのです。

　以上説明したところから明らかなように，主観的な注意義務の懈怠が客観的行為として現れたのが過失行為ですので，「○○すべき自動車運転上の注意義務があるのに」の「○○」（注意義務の内容）と，「●●した過失により」の「●●」（過失行為）とは，反意語的に一致することになります。つまり，ＮＯＴ「○○」＝「●●」という関係に立つのです。このことは，Case 9 の「前方左右を注視し，進路の安全を確認しながら進行」と「前方左右を注視せず，進路の安全を確認しないまま進行」という記載を見ていただければよく分かると思います。

　ところが，時々，警察から送られてきた送致書記載の犯罪事実や，主任検察官から決裁に上がってきた起訴状（案）記載の公訴事実に，注意義務の内容と過失行為が反意語的に一致していないものを目にします。ですから，皆さんも犯罪事実や公訴事実を起案する際は，この点をよく注意するようにしてください。私の経験上，両者が一致していない場合，捜査官の認定した過失の内容が間違っていることが多いです。

2　帰納法的発想が大切

　言うは易し，行うは難し。「理屈では分かっていても，実際の交通

事故で過失の有無及び内容を判断するのは結構難しい」ということは，私も経験上，よく分かります。

　では，どのような思考過程を経れば，より確実に適切な過失の認定を行うことができるのでしょうか。

　ここで登場するのが，「帰納法的発想」です。

　帰納法というのは，演繹法の逆の概念であり，簡単に言えば，結果から時間を遡って原因を解明するという考え方であり，全ての交通事故は，過去に起こった出来事ですので，未来にいる我々は，このような視点で事故を見直すことができます。

　過失により交通事故を起こした運転者の多くは，事故後，「あの時，ああしておけばよかった。そうすれば事故は起きなかったのに。」，「ちょっと待てよ。実際問題，そんなことできただろうか。相手が悪いんじゃないのか。」，「いや，やっぱりできたな。悪いのはこっちだ。」などと事故当時のことを色々考え，自己弁護が可能かどうかに思いをはせつつ，最後には，責任を認めざるを得ないと知って後悔するのではないでしょうか。つまり，時間を事故直前まで遡らせ，あの時「すべき」だったことを心の中に思い描き，もう一度同じ場面に時間を戻せたら，それが「できた」かどうかを考えるのです。これが，まさに帰納法的発想であり，事故を起こした運転者は，無意識のうちに帰納法的発想によって事故当時のことを思い返すのです。よって，事故を捜査する皆さんも，運転者と同じ目線で事故が発生するまでの状況をトレースすることが極めて有意義だといえます。

〈帰納法的発想〉

現在

① なぜ事故が起きたのか
（事故原因の解明）
↓

② 事故を防ぐためにはどうすべきだったか
（結果回避義務の認定）
↓

そのような回避措置を講じることはできたか
（結果回避可能性の解明）
↓

③ 事故当時，運転者が結果発生を予見すべきであったか
（結果予見義務の認定）
↓

事故当時，運転者が結果発生を予見できたか
（結果予見可能性の解明）

過去

　それでは，先ほどのCase 9 の事故を題材にして，過失の内容を帰納法的発想で考えてみましょう。

① なぜ事故が起きたのか（事故原因の解明）

　被害者の負った傷害結果に因果関係がある被疑者の行為は，と言えば，もちろん，進路前方を横断する歩行者がいるのに，脇見をして前をよく見ていなかったために被害者を発見できず，減速や一時停止をすることなく被害者に向かって時速約40キロメートルで自動車を進行させ続けたことです。つまり，これが事故原因です。

② 事故を防ぐためにはどう「すべき」だったか（結果回避義務の認定），その前提として，そのような回避措置を講じることが「できた」か（結果回避可能性の解明）

　これも簡単ですよね。脇見などせずに前方左右をよく見て運転し，自車の進路前方を横断歩行している被害者を早期に発見してブレーキをかけ，状況に応じて減速するかあるいは一時停止をして被害者が自車の前方を無事通過できるようにすれば，この事故を避けるこ

とができたのですから，そのようなことをすべきだったのであり（結果回避義務の認定），事故が起きたのは，午後１時20分頃という昼間の時間帯ですから周囲は明るく，前をよく見ていれば進路前方を歩いて横断している被害者を早期に発見でき，また，回避行為は，ブレーキを踏むという単純な作業のみですから，当然，結果回避可能性もあるでしょう（被害者が物陰から急に飛び出してきたような場合は，避けきれないこともあるでしょうが，ここでは，前方の視界は良好であり，被害者もゆっくり歩いていたとします。）。

③　結果回避措置を講じる前提として，そもそも事故当時，運転者が結果発生を予見「すべき」だったか（結果予見義務の認定），その前提として予見「できた」か（結果予見可能性の解明）

　本件では，事故現場は片側１車線の一般道であり，被害者が横断していた道路の反対側には，開店中のスーパーマーケットがあり，被疑者は，日頃よくこの道路を利用するため，その場所にスーパーマーケットがあることを知っていたとします。

　そうしますと，被疑者は，そのスーパーマーケットに行くため，進路前方を横断しようとする歩行者があり得ること，よって，前をよく見て運転しないと，そのような歩行者に気付かず，あるいは発見が遅れて自車を衝突させてしまう交通事故が起きてしまいかねないことを予見することができたでしょうから，結果予見可能性があったといえ，よって，そのような事故が起きることを予見すべきであった（結果予見義務の認定）といえます。

　もちろん，横断歩行者がいる蓋然性は，ここまで高い必要はなく，例えば，住宅街の道路であれば，仮に夜間であっても横断歩行者の存在は予見すべきでしょうし，逆に，高速道路等の自動車専用道路においては，通常，横断歩行者の存在を予見するのは困難でしょう。よって，例えば，高速道路を時速100キロメートルで走行中の被疑

車両の運転者が，進路前方を横断する歩行者を発見して急ブレーキ
をかけたが間に合わずに衝突したといった事故が発生した場合，現
場近くに故障車両とおぼしき車両が停止しており，かつ，被疑者に
おいてこのことを早期に認識可能であったといった特段の事情がな
い限り，この被疑者に対し，横断歩行者のいることを予見し，低速
度で走行せよとの注意義務を課すことはできません。

　ただし，次の Case10 や Case11 のように事案によっては，結果回
避可能性の判断の前提として結果予見義務が発生する時点（地点）
の特定が重要なケースもあります。

Case10　片側数車線ある幹線道路で，ある程度幅のある中央分
離帯（植木が植えられているようなことが多い）が設けられた道
路を進行中，歩行者が反対車線上を右方から左方に向かって歩い
ているのを発見したがそのまま進行したため衝突した事故

　このような場合，運転者としては，その歩行者が中央分離帯で一
旦立ち止まり，自車の通過を待ってくれると期待することがそれほ
ど不合理とはいえませんので，この運転者に対し，その歩行者が自
車の進路上に進出してくる可能性を予見しなさいといえるようにな
る，つまり結果予見義務が発生するのは，歩行者が中央分離帯で立
ち止まることなく，まさに自車進路上に進出しようとした時点であ
ると認定せざるを得ないことが多いでしょう。

　ですから，その時に被疑車両が走行していた地点及び走行速度を
特定し，その地点で急制動の措置を講じた場合に衝突を回避できた
か，という観点で結果回避可能性の有無を判断することとなり，そ
の地点ではもはや衝突を回避できないような位置関係であった場合，

被疑者の過失が否定されることもあるのです。つまり，一旦結果予見可能性の解明まで時間を戻した上，もう一度結果回避可能性の有無を検討するというイレギュラーな流れになります。

　なお，これは教壇事例であり，具体的事案によっては，反対車線上の被害者を発見した時点で注意義務が発生する場合もありますので，その点ご留意ください。

　次のケースがこれにあたります。

> **Case11**　中央分離帯の幅がそれほどない道路を進行中，前方左側のバス停に停止中の路線バスに向かって進路前方の反対車線を右方から左方に斜めに小走りで横断している歩行者を発見したがそのまま進行したため衝突した事故

　このような場合，被害者がそのバスに乗り遅れないようにすることに注意を奪われて被疑車両に気付かず，中央分離帯付近で立ち止まらずに進路前方に進出してくることを予見すべき場合があるでしょう（⇨238頁）。

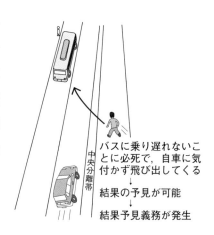

バスに乗り遅れないことに必死で，自車に気付かず飛び出してくる
↓
結果の予見が可能
↓
結果予見義務が発生

3　認定された過失

Case 9 の事例では，先ほど行った帰納法的発想により，被疑者に対し，「どうしたらこの事故が避けられたと思いますか。」という質問を行えば，被疑者は，「あの場所は，時々，スーパーの買い物客が道

路を横断することがあるんだった。脇見なんかしないで前をよく見て運転していればよかった。そうすればこんなことにはならなかった。」と供述するはずであり，捜査の結果，この供述が的を射ていることが裏付けられれば，脇見による前方不注視の過失が認定できるのです。

最後に

　以上，過失運転致死傷罪における「過失の認定」の仕方について，総論的なお話をしましたが，特に皆さんに申し上げておきたいのは，適切な過失を認定するためには，実況見分の実施等により当該事故態様を解明するとともに，注意義務の前提となる結果予見可能性及び結果回避可能性の存在を基礎付ける具体的事実を解明すること，そのための証拠を収集することが必要不可欠だということです。

　交通事故の捜査経験を積み，数多くの事故の捜査に従事していると，知らず知らずのうちに思考がパターン化し，「本件は，単路を進行中の対歩行者事故だな。こういう事故の過失はこうだ」みたいな先入観で捜査しがちですが，一見似たような事故であっても，それぞれの事故ごとに個別の事情がある場合が多いので，今申し上げたことを忘れないでください。

　皆さんが作成する被疑者の供述調書の中には，「この事故の原因は，○○したことです。」といった文章が必ずあります。当然，取調べにおいて被疑者に聞いているのだと思いますが，逆に，「どうしたらこの事故を避けられましたか」と聴いていますか？何度も申し上げますが，この質問こそが「帰納法的発想」です。

　もっとも，例えば，先ほどのCase10の事例で，皆さんの質問に対し，仮に被疑者が，「この事故の原因は，被害者が反対車線上を右方から左方に向かって歩いているのを発見したのに，すぐにブレーキをかけなかったことです。発見してすぐにブレーキをかけていれば，この事故は避けられました。」と答えたとしても，

それで安心してはいけません。少し考え込んだ被疑者が、「おまわりさん。ちょっと待ってください。こんなに幅のある中央分離帯の向こう側を歩いている人を見たって、普通はブレーキなんかかけないんじゃないですか。」と言ってきたら、あるいはこのようなことを言ってこなかったとしても、皆さんは、この点をきちんと確認してください。被疑者の最初の発言だけを鵜呑みにすると、結果予見可能性を前提にしないで結果予見義務を認定し、それを基に結果回避義務違反の過失を認定してしまうことになるからです。

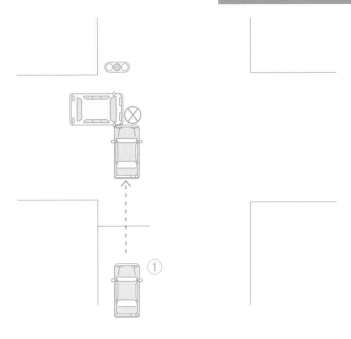

第 2 講
信号看過による事故

　第2講からは，各論に入ります。この講では，代表的な事故態様のうち，交差点における信号看過による事故について，過失の認定の仕方をお話しします。

信号看過による事故

1　信号表示に留意し，これに従って進行すべき注意義務とは？

⑴　信号交差点における注意義務の内容と信頼の原則

　信号交差点の場合，赤→青→黄→赤という信号サイクルの組み合わせによって交互通行を可能にし，交差道路から進行してくる車両同士が衝突するのを防止しているのですが，これを「結果予見義務」と「結果回避義務」で説明する（⇨第1講1「過失とは何か」）と，次のようになります。

　信号交差点を進行する際，赤色信号で交差点に進入した場合，
①　青色信号に従って交差道路から進行してくる車両と衝突する事故が発生することが十分に予見できる（結果予見可能性）
②　信号表示に留意して進行し，その信号表示に従って交差点手前で停止して交差点に進入しないようにすれば，衝突事故を回避できる（結果回避可能性）
わけですから，運転者に対し，このような事故が起きることを予見し（結果予見義務），事故が起きないよう対面信号機の信号表示に留意し，これに従って進行すべき注意義務（結果回避義務）を課することができる
というわけです。

　他方，信号交差点を通行する場合，お互いに信号を守って進行するであろうことを信頼してよいわけですから（⇨第1講2「信頼の原則」），信号表示に従う義務以上に，信号無視をする車両の存在を予見して速度を調節したり一時停止したりすべき注意義務を課すこ

とはできません。

　この点，参考になる裁判例として，制限速度を時速30キロメートル超過して交差点に進入した車両が，交差道路から赤色信号に従わずに進行してきた車両に衝突した事故に関し，速度超過の過失を認定した原審の判断を覆し，過失を否定した名古屋高裁の判決があります。

判例③　　　　　　　　　　　　　　　　　　　　　名古屋高判平23．5．16

＜事案の概要＞

　大型貨物自動車（トレーラーを牽引したトラクタ）が，制限速度時速40キロメートルの湿潤道路を時速約70キロメートルで走行中，信号交差点の入口停止線の約33.2メートル手前の地点で対面信号機が青色から黄色に変わったことを確認したが，急制動の措置を講じても停止線の直前で停止することができないと考え，同速度で直進したところ，同停止線の手前

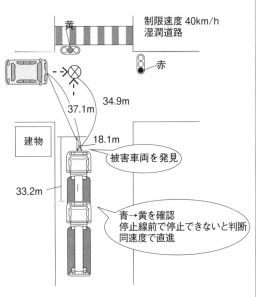

制限速度 40km/h
湿潤道路

黄

赤

34.9m

37.1m

18.1m

建物

被害車両を発見

33.2m

青→黄を確認
停止線前で停止できないと判断
同速度で直進

約18.1メートルの地点において，建物が障害となって見通しの良くない左方交差道路から対面信号機の赤色信号に従わないで同交差点に低速で進入する被害者車両を左前方約37.1メートルの地点に認め，直ちに急制動の措置を講じたが間に合わず，約34.9メートル進行した地点で被告人車両の前部を被害者車両の右側部に衝突させたという事故であり，前記制限速度を遵守していれば，停止線手前で停止可能であり，また，被害者車両を発見して直ちに急制動の措置を講じれば衝突回避可能だったこ

とから，原審は，速度超過の過失を認定。

＜要　旨＞

　被告人は制限速度を上回る時速約70キロメートルで進行しており，その走行態様が道路交通法に違反するものであったことは否定できない。しかし，仮に被告人が同速度のまま本件交差点を直進していたとすれば，同信号機の表示が黄色に変わってから4秒弱（全赤に変わってから1秒弱）で被告人車両の最後尾が交差点直進方向出口に設けられた横断歩道を通過していたのであるから，被告人車両の走行態様は，交差道路の信号に従った車両の通行を妨げるものではなく，また，交差道路の車両が信号に従わない通行をすることを誘発するものでもない。そうすると，被告人が被害者車両を認めた際，被告人の対面信号機が黄色であり，被告人車両が時速約70キロメートルで走行していたことは，同信号機が青色であり，被告人車両が制限速度以下で走行していた場合と比べて，交差道路を通行する車両との衝突の危険を一層増大させるものとまでは認めがたく，また，本件交差点は前記のとおり見通しが悪かったから，交差道路を進行する車両が，被告人車両が進行してくる道路の対面信号機が黄色に変わったのを認め，自車の対面信号機が間もなく青色に変わることを見込んで信号に従わずに交差点に進入するといった無謀運転を行うことは想定できず，被告人車両の対面信号機が黄色に変わったからといって，そのような車両の存在に対する予見可能性の程度が高まるとはいえない。よって，**被告人としては，『特別な事情』のない限り，交差道路を通行する車両が信号に従わずに交差点に進入することはないであろうことを信頼して交差点に接近すれば足り，被害者車両のように，信号に従わずに交差点に入る車両のあることまでも予想して，そのような車両との衝突を避けるべく制限速度を遵守して進行すべき自動車運転上の注意義務はないものと解するのが相当である。**そして，①本件交差点が住宅街に位置すること，②路面が湿潤したそれほど幅員の広くない道路を，大型貨物自動車を運転して制限速度を時速約30キロメートルも超える高速度で進行し，本件交差点に進入しようとすること自体の危険性，③被告人が制限速度を遵守していれば，対面信号機の表示が青色から黄色に変わったのを認めた際，制動措置を講じていれば停止線の手前で停止可能であったこと，④被告人が制限速度を遵守していれば，被害者車両を発見した際に制動措置を講じることにより，本件事故を回避することが十分に可能であったこと等を総合しても，上記の『特別な事情』とはならない。

　これは事例判決ですので，常に同じ結論になるわけではなく，この種の事故で被疑者の過失の有無を検討する場合，この裁判例が依拠した基準を前提にすると，次のような捜査，すなわち，「交差道路を通行する車両が信号に従わずに交差点に進入することはないであろうことを信頼」してはならない「特別な事情」の存否を解明するための捜査が必要になると思います。具体的には，信号サイクルと交差点の大きさ（当該速度では，全赤状態のうちにある程度の余裕をもって交差点を通過することができず，交差道路の対面信号機が青色に変わるギリギリのタイミングになってしまう場合，青色に変わる前に見込運転で交差点に進入してくる車両の存在の予見可能性の程度が高まります。），現場の状況（例えば，深夜，交通が極めて閑散な住宅街の生活道路の交差点の場合，同様に見込運転車両の存在の予見可能性が高まります。），交差道路の見通し状況（見通しが良好であれば，被疑車両を認めても，その高速度走行を認識しないまま先に交差点を通過できると誤信する見込運転車両の存在の予見可能性の程度が高まります。）を捜査することになります。なお，被疑車両が交差点手前の停止線を越えて交差点に進入した際，いまだその対面信号機が青色であった場合，通常，「特別の事情」は認められないでしょうから，速度超過さえなければ回避可能な事故であったとしても，速度超過の過失を問うことは困難だと思います。

⑵　対人事故の場合の留意点

　他方，第1講で説明したように，相手が歩行者や自転車だった場合，速度が遅いので，被疑車両の速度が多少速くても衝突を回避できる場合があり，よって，被疑車両の対面信号機が青色だったとしても，前方注視義務違反の過失を問うことができる場合がありますが，このような事故を捜査する場合，現場の見通し状況を確認するとともに，「結果予見義務発生地点」（⇨31頁）がどこかをしっかり

見極める必要があります。

典型的な例として，Case12を見てみましょう。

Case12 広い中央分離帯が設置された道路に設けられた横断歩道を赤色信号で渡ってきた歩行者や自転車との衝突事故で，それらの歩行者等が，いまだ反対車線上や中央分離帯上を横断している時点で発見したとしても，中央分離帯から自車進路上に進出する前に停止して自車の通過を待ってくれると期待することが不合理とはいえないような事故

この場合，**結果予見義務が発生するのは，それらの歩行者等が中央分離帯を越えて自車の進路前方に進出しようとした時点**，ということになりますから，その時に被疑車両が走行していた地点及び速度から，結果回避可能性の有無を検討する必要があることに注意してください。

Check Point 上記のような事故の場合，結果回避可能性を検討するためには，被害者である歩行者や自転車の速度を特定する必要があります。通常は，「ゆっくり」，「普通」，「速い」といったおおざっぱな区分けをし，歩行者の「ゆっくり」は秒速1メートル，「普通」は秒速1.2メートル，「速い」は秒速2メートルとした上で，結果回避可能性の有無を検討することが多いですが，微妙な事案では，実際に被害者に歩いてもらったり，目撃者がいる場合には，仮想被害者に複数の異なる速度で歩いてもらうなどして，歩行速度を解明する必要があるケースもあります。自転車の場合，スポーツタイプのものですと自動車並みの速度が出る場合もありますから，更に注意が必要です。被害者等の取調べを行う場合は，こういったことに注意を払い，歩行者等の速度について丁寧に事情聴取するようにしてください。

2　信号看過の過失

⑴　信号看過の過失に関する 2 つの考え方

　信号看過の過失に関しては，以下のような 2 つの考え方があります。

　　①　その 1 つは，信号交差点における注意義務は，「信号表示に従って進行すべき注意義務」であり，よって，過失も，「信号表示に従わずに進行した過失」であって，赤色信号に従うべき注意義務（過失）と黄色信号に従うべき注意義務（過失）を区別せず，結果的に，車両が交差点手前の停止線を越える時点において，その対面信号機が赤色表示の時は，赤色信号看過による事故と評価し，黄色信号の時は，黄色信号看過による事故と評価するという考え方です。なお，黄色信号の場合，停止線の近くで青色から黄色に変わった場合は，停止義務が免除されていますので（道路交通法施行令 2 条），その場合には，原則として，黄色信号看過による過失は問われません（もっとも，道路交通法違反と自動車運転死傷処罰法上の過失が常に一致するとは限らず，停止線手前で止まれないような場合であっても，停止義務が免除されないとした裁判例（東京高判平5.4.22）がありますので，個別の検討が必要です。この裁判例については，後ほど説明します（⇒53頁））。

　　②　もう 1 つは，赤色信号に従うべき注意義務（過失）と黄色信号に従うべき注意義務（過失）を区別し，信号看過をした運転者が，仮に対面信号機が黄色信号から赤色信号に変わった時点でそのことに気付き，直ちに制動措置を講じたとして，停止線手前（あるいは交差点入口の安全な場所）で停止できた場合には，赤色信号看過の過失が成立するが，停止できない場合には，

　黄色看過の過失が成立するにとどまるという考え方です。

　後者の考え方は，その理由として，客観的に黄色から赤色に変わった時点で気付いても，交差点手前等で止まれないような場合，運転者には，「赤信号に従って停止すべきであるといっても，もはやこれを期待することが不可能であるから」だとしています（「研修」750号57頁）。

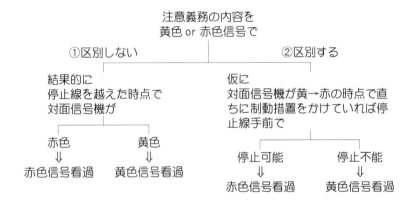

(2)　私　見

　この点，私は，①の考え方が妥当だと考えています。一番の理由は，道路交通法上，赤色信号も黄色信号も，「停止位置を越えて進行してはならない」という同じ規制であり（同法施行令2条。黄色信号の場合，前記のとおりの免除事由がありますが，これは，赤色信号では止まれないようなタイミングの場面では，適用される余地はありません。），赤色信号に従う注意義務（過失）と黄色信号に従う注意義務（過失）を区別する根拠が希薄だからです。警察官の皆さんは，交通取締りにおいては，道路交通法の規定に従い，停止線を越えた時点における対面信号機の表示に従って検挙活動を行っているはずです。先ほど，道路交通法違反と自動車運転死傷処罰法上

の過失とは常に一致するとは限らないと申し上げましたが，原則的には一致しており，また，一致している方が望ましいといえます。道路交通法と自動車運転死傷処罰法とは別個の法律ですが，道路交通法は信号無視に関し罰則を設けており，理論上は，道路交通法違反と過失運転致死傷の双方を併せて処罰することも可能ですから（観念的競合〔最決昭49.10.14〕），あえて別の基準とすることのほうが問題だと思います。

　そもそも，②の考え方は，停止線手前等で止まれない場合に赤色看過ではなく黄色看過にする理由について，「赤色信号に従って停止すべきであるといっても，もはやこれを期待することが不可能であるから」としていますが，過失とは，結果予見可能性を前提とした結果予見義務と結果回避可能性を前提とした結果回避義務の存在とこれらの注意義務の懈怠行為（過失の実行行為）によって構成されるところ，前記理由付けが，停止線手前等で停止できないことをもって「結果回避可能性がない」という意味に考えているのであれば，「結果」とは，いうまでもなく「交通事故の発生」であり，「停止線手前等で停止できないこと」は結果ではありませんから誤っていますし，他方，違う意味で考えているのであれば，前記した過失の構成要件において「期待することが不可能」がどのような位置付けになるのか不明です。

　黄色信号に変わった地点で制動をかければ停止線手前で止まれ，かつ，赤色信号に変わった地点でも同様に止まれる場合（以下「Ⅰ事例」という。），その注意義務違反の内容がどうなるかというと，黄色看過ではなく赤色看過であるという点で異論はないでしょう。仮に黄色に変わった時点で何もしなくても，赤色に変わった時点で制動をかければ停止線手前で止まれるのですから，その時点での赤色看過を検討すれば足りるからです。他方，黄色信号に変わった時

44

点で制動をかければ停止線手前で止まれるが，赤色信号に変わった
時点では止まれない場合（以下「Ⅱ事例」という。），停止線の手前
で止まるためには，黄色に変わった時点で制動をかける必要があり
ます。

　運転中，常に前方左右を注視し，対面信号機の表示に留意してい
れば，その信号表示が，青色→黄色→赤色という順番で変わってい
くのを確認できるはずですので，Ⅰ事例とⅡ事例の違いは，信号表
示の変化のタイミングの違いにすぎず，Ⅰ事例における赤色に変わっ
た時点で課される注意義務とⅡ事例における黄色に変わった地点で
課される注意義務とは，注意義務としての程度は同じということに
なり，行為自体の違法性の程度（刑法理論上は，「行為無価値」と
いいます。）も同じですから，あえて注意義務の内容を変える実益
がありません。

　すなわち，赤色信号と黄色信号は，一体となって交差点における
交通事故を防ぐ役割を担っているのであり，その禁止規範の存在
（交通ルール）が，自動車運転死傷処罰法上の注意義務（結果予見
義務と結果回避義務）の前提となっているのであって，両者の間に
は，時間的先後関係を除き，何ら差異がないのです。

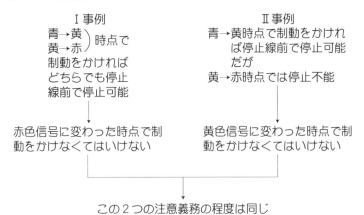

　なお，①の考え方でも，停止線を越えた時点の信号表示について赤色と黄色を区別しますが，それは，当然のことながら，結果（事故）が発生する危険性の度合いが，赤色で停止線を越えて交差点内に進入した場合の方が黄色で越えて交差点内に進入した場合に比べて高く，よって，行為の結果の違法性の程度（刑法理論上は，「結果無価値」といいます。）が赤色看過の方が重いからです。

　前述したとおり，私は，①の考え方が妥当だと考えていますが，現時点における実務は，全国的に統一した見解で運用されているわけではありませんので，担当検察官と相談の上，地域の実情にあわせた捜査が必要です。

【赤色信号看過の犯罪事実の書き方】

＜赤色信号に従うべき注意義務（過失）と黄色信号に従うべき注意義務（過失）を区別しない考え方に基づく犯罪事実＞

　被疑者は，令和○年○月○日午後○時○分頃，普通乗用自動車を運転し，○県○市○丁目○番地先の信号機により交通整理の行われている交差点をA方面からB方面に向かい時速約○キロメートルで直進するに当たり，同交差点に設置された対面信号機の信号表示に留意し，これに従って進行すべき自動車運転上の注意義務があるのにこれを怠り，同信号機の信号表示に留意することなく漫然前記速度で進行した過失により，同信号機が赤色の灯火信号を表示しているのを看過して同交差点に進入し，折から左方道路から信号に従い進行してきたV（当時○○歳）運転の普通貨物自動車右側部に自車前部を衝突させ，よって，同人に加療約○○週間を要する○○の傷害を負わせたものである。

46

＜赤色信号に従うべき注意義務（過失）と黄色信号に従うべき注意義務（過失）を区別する考え方に基づく犯罪事実＞

被疑者は，令和○年○月○日午後○時○分頃，普通乗用自動車を運転し，○県○市○丁目○番地先の信号機により交通整理の行われている交差点をA方面からB方面に向かい時速約○キロメートルで直進するに当たり，同交差点に設置された対面信号機の信号表示に留意し，これに従って進行すべき自動車運転上の注意義務があるのにこれを怠り，同信号機の信号表示に留意せず，同信号機が赤色の灯火信号を表示しているのを看過したまま漫然前記速度で同交差点に進入した過失により，折から左方道路から信号に従い進行してきたV（当時○○歳）運転の普通貨物自動車右側部に自車前部を衝突させ，よって，同人に加療約○○週間を要する○○の傷害を負わせたものである。

> **Check Point** ①の考え方の場合，交差点進入時の対面信号機の表示が赤色か黄色か（どちらの色の信号表示を看過したのか）は，過失の内容ではなく，「信号表示に留意して進行しなかった過失」の結果（因果の流れ）にすぎないことになりますので，「同信号機が赤色の灯火信号を表示しているのを看過し」は「過失により」の後ろに入れますが，②の考え方の場合，「赤色信号に従って進行すべき過失」と「黄色信号に従って進行すべき過失」を区別しますので，「同信号機が赤色の灯火信号を表示しているのを看過し」は過失の内容となり，よって，「過失により」の前に入ることになります（ただし，実務上，2つ目の書き方が従来型の書き方として定着し，考え方の違いとは関係なくこの書き方を使用している地域もあるようです。）。

3　信号交差点における事故の捜査上の留意点について

この種の事故における捜査において，もっとも重要なのは，言うまでもなく被疑車両と被害車両（被害者）のそれぞれの対面信号機の信号表示の特定です。

そこで，かかる捜査を行う上での留意点を解説します。

(1)　客観証拠の収集と分析

　ドライブレコーダーや周辺のコンビニ等に設置された防犯カメラ，ターㇺㇲ^{（※）}の記録画像に信号機が撮影されていれば，これだけで決定的な証拠になりますので，こういった証拠があるか否かを確認することが不可欠です。

　また，あいにく防犯カメラの画像に信号機が映っていない場合であっても，交差点内を通行する車両や歩行者の様子が撮影されている場合，これらを基に信号表示を推測することができる場合があります。車両や人が移動している方向の道路の対面信号機が青色である可能性が高いからです。

　実際にあった事故で，当該事故時だけではなく，その前後における車両等の動きを当該信号機のサイクル数回分にわたって詳細に分析する捜査を行った結果，双方の対面信号機の表示を認定することができた事案がありました。

> ※　ターㇺㇲ（TAAMS）とは，「Traffic Accident Auto Memory System」（交通事故自動記録装置）のことであり，交差点に設置したカメラで交差点内の状況を常時撮影し，交通事故発生時の衝突音やスリップ音に反応して，衝突の前後 4 秒間（合計 8 秒間）の映像を自動的に記録する装置です。最近では，常時記録するタイプの交差点カメラも徐々に普及しているようです。

(2)　目撃者の確保と目撃供述の信用性の吟味

　上記のような客観証拠がなくても，事故時の信号表示を目撃している第三者がいる場合，その人は，事故当事者とは利害関係がないのが普通でしょうから，その信用性は類型的に高いといえます。

　そして，同じ目撃者でも，自分の進行方向とは関係のない信号機を何となく見たという人と，自分の進行方向の対面信号機を意識的に見ていた人とでは，後者の方が信用性が高いことは言うまでもあ

りません。

　なお，事故直後の信号表示は見たが，事故時の信号表示を見ていない人から話を聞く場合，時間感覚に関する供述を丁寧に聞き出すことが大切です。例えば，「スマホの画面を見ながら歩いていたら，『ドーン』という音が聞こえたので，何だろうと思い，スマホをポケットに入れてから振り返ったところ，後方の交差点で事故が起きており，ふと見上げると，東西に走る道路の対面信号機が青色だった。」といったような供述の場合，衝突音を聞いてから信号表示を見るまでの間に，どのくらいのタイムラグがあったかを明らかにする必要があることはお分かりでしょう。

⑶　同乗者の供述の信用性の吟味

　同乗者の場合，通常は，運転者と利害関係がありますので，その供述の信用性を判断する上で慎重な吟味が必要ですが，タクシーの乗客の場合は利害関係がありませんので，そのような配慮は不要です。

　利害関係のある同乗者の場合，信号表示を見たか見ていないかといった結論部分のみを聞くのではなく，なぜそのとき信号機を見ていたのか，どういう意識で見ていたのかを確認する必要があります。例えば，「後部座席でウトウトしていて，ふと目を覚まして前を見ると信号が青であり，その直後に事故が起きた。」という目撃供述と，「私の妻は免許取り立てでしたので，助手席に座った私は，妻が信号を見落としたりしないよう自分で運転しているつもりで前方左右を注意深く見ながら同乗していました。すると，赤色信号で止まっていた時，対面信号機が青色に変わったので，妻に対し，『青になったから行っていいよ。』と声を掛け，妻が車を発進させたところ，右の道路から進行してきた自動車とぶつかりました。」という目撃供述とでは，信用性の程度に雲泥の差があることは説明する

までもないでしょう。

(4) 運転者の供述の信用性の吟味

　運転者の供述を吟味する場合，それが他の目撃供述や客観証拠と整合しているかを検討することが不可欠であることは言うまでもありませんが，その検討手段の一つとして，信号サイクルとの整合性を見る方法があります。すなわち，被疑者や被害者等が，事故前の対面信号機の表示の変化を認識した複数の地点とその変化の内容を供述しているという場合，それが当該車両の速度に照らし信号サイクルと整合しているかを検証するのです。例えば，ある被疑者が，事故後に現場で行った実況見分の際の指示説明に基づいて作成された現場見取図を見ながら，「時速30キロメートルで進行中，①の地点で前方交差点の信号機が青色から黄色に変わるのを見ました。停止線まで距離がなかったため，そのまま交差点を通過しようと思い，同じ速度で交差点に進入したところ，左方道路から進行してきた自動車とぶつかりました。ぶつかった直後，対面信号機が目に入りましたが，まだ黄色でした。ですから，この事故の原因は，相手車両が赤色信号を無視して交差点に入ってきたことであり，私には落ち度はありません。」と供述したとして，①地点から衝突地点までの距離が20メートル，被疑者の対面信号機の信号サイクル上，黄色信号が表示される時間は2秒間だったとすると，時速30キロメートル（秒速8.3メートル）で20メートル進行するのに要する時間は，2.4

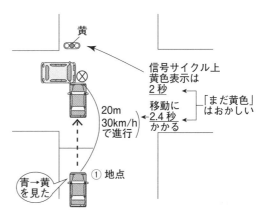

秒（20÷8.3＝2.4）ですから，衝突直後の対面信号機は既に赤色に変わっているはずであって，「まだ黄色だった」という被疑者の供述は信号サイクルに合わず，信用できないということが分かります。その他，その交差点の信号機が，その手前のいくつかの交差点の信号機と連動している場合（いわゆる地域制御）で，被疑者が，例えば，「事故の起きた交差点の2つ手前の交差点で先頭で信号待ちし，青色に変わった後，普通に発進し，時速約50キロメートルまで加速して進行したところ，次の交差点とその次の交差点をいずれも青色で通過できた。」といった供述をした場合，各交差点間の距離を測り，その間を進行するのにかかる時間を計算した上で，それが各連動信号機の各サイクルとの関係で矛盾しないかを確認（いわゆる「スルーバンド」による確認）する方法もあります。ただし，各連動信号機の現在時刻のずれや一方の信号機のみに備えられている高齢者等感応機能が作動した場合によるずれなどが生じることもありますので，ずれの有無及び程度に関する確認を必ず行うようにしてください（大津地裁彦根支判平28．3．8（「研修」817号81頁））。

4　過失の認定

(1)　信号交差点における事故については，被疑者が赤色看過や黄色看過を認めている場合はもちろん，いわゆる「青々主張」（双方の運転者が，交差点進入時，いずれも自車の対面信号機は青色表示だったと主張する事案）の場合，前述のような捜査を尽くし，双方車両の対面信号機の表示を解明する必要があり，その結果，被疑車両と被害車両が交差点に進入した時点における各対面信号機の表示により，次のような組合わせで過失の有無が認められることになります。すなわち，被疑車両の対面信号機が赤色だった場合，被害車両の対面信号機は，①青色の場合，②黄色の場合，

③赤色（いわゆる全赤）の場合がありますが、いずれの場合も被疑者に赤色信号看過の過失が認められます。ただし、②及び③の場合は、被害者側の落ち度が情状に反映されることになります。次に被疑車両の対面信号機が黄色だった場合、被害車両の対面信号機は赤色ですが、黄色信号に変わったタイミング等によって被疑者に黄色看過の過失を問える場合と問えない場合が出てきます。詳細は(3)で後述します。他方、被疑車両の対面信号機が青色だった場合、事故発生の主因は赤色信号に従わずに交差点に進入した被害者側の落ち度にありますから、被疑者の過失を問うことはできません。

(2)　なお、2−(1)で述べた信号看過の過失の考え方のうち、対面信号機の表示が客観的に黄色から赤色表示に変わった時点で被疑者がこれに気付き、直ちに急制動の措置を講じた場合に停止線の手前ないし交差点入口の安全な場所に停止できる場合にのみ赤色看過の過失を認めるという考え方に立つ場合（⇨41頁の②）は、前記時点における被疑車両の走行地点と速度を特定し、その停止距離に照らして停止線手前等で停止できない場合は、赤色看過の過失ではなく黄色看過の過失が成立することになります。この点、被疑者自身は、信号の変化を見落としているわけですから、被疑者供述から前記地点を特定するのは不可能であり、ドライブレコーダー映像等の客観証拠がある場合は、これによって特定し、客観証拠がない場合は、目撃供述や被害者の供述によって特定する必要があります。この場合、目撃者が被疑車両の対面信号機を見ていた場合は比較的容易に特定できるのですが、そうでない場合（目撃者がいない場合を含む。）、被害者は、通常、自己の対面信号機の表示しか見ていませんので、同人立会いによる実況見分を実施し、同人の対面信号機が赤色から青色に変わった時点におけ

る被害車両の走行地点と走行速度，衝突地点までの距離を特定した上で，これに被疑車両の走行速度と当該交差点の事故当時の信号サイクルとを照らし合わせて，被疑車両の対面信号機が黄色から赤色に変わった時点における被疑車両の走行地点を特定することになります。

　私が，この考え方に疑問を覚えるのは，この考え方に立つ場合，以上のような捜査が別途必要になる上，捜査を尽くしても被疑車両の対面信号機が黄色から赤色に変わった地点を特定できなかった場合，立証責任を負担する検察官の認定としては，黄色看過の過失にとどまらざるを得なくなり，妥当性を欠くのではないかとの思いもあるからです。なお，停止線を越えた時点における信号表示によって赤色看過と黄色看過を区別する考え方に立った場合（⇨41頁の①）も，被疑者の対面信号機が黄色から赤色に変わった時点における被疑車両の走行地点が，停止線に極めて近い場所であり，停止線を越えた時点ではいまだ黄色だった可能性を排除できない場合は，前述の原則に従い，黄色看過による事故と認定せざるを得ない場合があることに注意してください。

(3)　そして，被害車両の対面信号機が青色から黄色表示になった時点における被疑車両の走行地点が，交差点手前の停止線に接近しており，「安全に停止することができない場合」は，道路交通法施行令上，「停止位置を越えて進行してはならない」という禁止規定が免除されていますので（同令2条1項），原則として黄色看過にもなりません。なお，「安全に停止することができない場合」とは，急ブレーキをかけないと停止できない場合や急ブレーキをかけても停止できない場合を意味します。ただし，道路交通法上の規定と自動車運転死傷処罰法上の注意義務が常に一致するとは限らず，このような場合であっても，急制動の措置を講じる

義務があることを認めた次のような東京高裁の裁判例があります。

判例④　　　　　　　　　　　　　　　　　　　　　　東京高判平５．４.22

＜事案の概要＞

　最大積載量の３倍近い過積載の状態の大型貨物自動車（ダンプカー）を運転していた被告人が，事故交差点に向かい時速約40キロメートルで進行中，自車の対面信号機が青色から黄色表示に変化したのを交差点手前の停止線手前約30ないし20メートルの地点に認め，急制動の措置を講じても停止線を越えてしまうと判断してそのまま進行した結果，同交差点直進方向出口に設けられた横断歩道上をその対面信号機が赤色から青色に変わる直前に横断を開始したことがうかがわれる歩行者（当時６歳）と同信号機が青色に変わった後に衝突して同人を死亡させた。

＜要　旨＞

　道路交通法施行令２条１項の規定は，黄色の灯火信号が表示された時点において，当該停止位置に近接しているためそこで安全に停止することができない場合に，停止位置を越えて進行しても道路交通法違反（黄色灯火信号無視等）にはならないと定めているに過ぎないのであって，規定の文言上も明らかなように，停止位置を越えた場合そのまま進行して交差点を通過することができる旨定めたものではない。交通の現状においては，黄色信号の場合，全赤色信号となった時間内に通過できるのであれば，そのまま交差点を進行することが許されるという態度で自動車を運転をする者も稀ではないが，全ての場合に当然にこのような態度で交差点の通過が許されるものではない。しかも，被告人車が，全赤色信号の表示中に本件交差点を通過し終えることができなかったことは前記認定のとおりであるから，そのような理由で被告人が制動措置を講じなかったことを合理化することはできない。道路交通法上の義務はさておき，事故の発生を未然に防止しなければならない自動車運転者の業務上の注意義務という観点から考えると，被告人が対面信号機の黄色表示を認めながら，急制動の措置を講じることなく，停止線を越えて進行する場合には，交差道路側の車両用及び横断歩行者用の各信号表示に従って動き始める歩行者，自転車又は自動車が被告人の進路前方に立ち入る危険が十分に予想されるばかりか，交差道路側の各信号が変わる直前においても，被告人側の対面信号が赤色の表示をしているのを見て，交差

道路から車道交差部分に進入してくる車両や横断を開始する歩行者等もないとはいえないのが実情である。しかも，被告人は，停止線の約30メートル手前において，すでに前記横断歩道の北東側歩道上に，横断しようとして信号待ちをしているとみられる被害児童らの姿を認めていたのであるから，同児らを含め横断歩道等を横断する可能性のある歩行者等又は車道交差部分に進入してくる可能性のある車両との衝突を避けるためには，黄色信号を認めた時点で，急制動の措置を講じても停止するまでに停止線を越えてしまう状況にあったと認められる本件においても，被告人としては直ちに急制動の措置を講じ，できるだけ速やかに停止すべき注意義務があったというべきである（なお，実際にその結果，停止線を越えて横断歩道上，自転車横断帯あるいは車道交差部分において停止し，横断歩行者や車両の通行の妨げになる事態が生じたときは，その事態に対応してさらに交通状況に注意しながら自車を前進又は後退させてそれらの通行の妨げとならないようにすべきことはいうまでもない。）。そうすると，これに反して，黄色信号を認めながら急制動の措置を講じることなく，漫然と本件交差点を通過しようとした結果本件事故を惹起した被告人には，過失があるといわざるをえない。

　事例判決ですので，常に同じ結果になるとは限りませんが，この種の事案においては，この裁判例が摘示したような具体的な事情を丁寧に解明する捜査が必要になることに留意してください。

5　いわゆる長大交差点における特例について

　信号交差点を直進しようとして，対面信号機が赤色を表示しているのを看過して進行した結果，交差道路から信号に従って交差点に進入してきた車両に衝突する交通事故を起こした場合，信号看過の過失が認定できることに異論はなく，他方で，通常，交差道路から進行してくる車両に気付いた時点では，既に衝突回避は不可能でしょうから，被害車両に対する前方注視義務違反の過失を問うことはできません。

　これに対し，交差点の入口から出口までの距離が長い，いわゆる長大交差点の場合で，かつ，同交差点の出口に設けられた横断歩道を信

号に従って横断中の歩行者の発見が遅れ，同人に衝突する交通事故を起こした場合はどうでしょうか。つまり，赤色信号を見落として交差点に進入してしまったとしても，前方をよく見て運転していれば，停止距離よりも手前の地点でこの歩行者を発見できたような場合です。

　この態様の事故に関する裁判例がありますので，見てみましょう。

判例⑤　　　　　　　　　　　　　　　　　　**名古屋高判平17.1.11**

＜事案の概要＞

　被告人は，普通乗用自動車を時速約30キロメートルで運転して進行中，前方の信号交差点を直進しようとして赤色信号表示を看過して同交差点内に進入し，その直後に同信号表示に気付いたものの，同交差点を走り抜けようとして同速度で進行したところ，同交差点出口に設けられた横断歩道を横断中の歩行者（被害者）を直前で発見し，急制動の措置を講じたものの間に合わず，自車を同人に衝突させて傷害を負わせた事故。本件交差点入口手前の停止線から衝突地点までは，約33.6メートルの距離があり，前方注視義務を怠らなければ，被害者を早期に発見して急制動の措置を講じることで事故を回避できた。

＜裁判所が認定した罪となるべき事実＞

　被告人は，平成○○年○月○日午後○時○分頃，業務として普通乗用自動車を運転し，○○先の信号機により交通整理が行われている交差点を直進中，交差点進入後すぐに対面信号機が赤色表示であることに気付き，同交差点を走り抜けようとした際，同交差点出口には横断歩道が設けられていたのであるから，横断歩行者の有無及びその安全を確認して進行すべき業務上の注意義務があるのにこれを怠り，同横断歩道上の横断歩行者の有無及びその安全を十分確認しないまま漫然時速約30キロメートルで同交差点を走り抜けようとした過失により，折から同横断歩道上を信号表示に従い右方から左方に向かい横断歩行中の被害者を右前方約11.7メートルの地点で初めて発見し，急制動の措置を講じたが間に合わず，自車右前角部を同人に衝突させて同人を路上に転倒させ，よって，同人に全治約○日間を要する○○の傷害を負わせた（筆者注：交通事故が「業務上過失致死傷罪」として処理されていた頃のものです。）。

56

<要　旨>
　検察官は，当審において訴因を予備的に追加し，対面信号機の信号表示に対する注視義務違反に加えて，横断歩道上の歩行者の有無及びその安全確認義務違反を主張するに至ったが，対面信号機の信号表示を看過した点は，本件事故の過失ではなく，その前段階の事情にすぎないというべきである。

　いかがでしょうか。平坦乾燥路面における時速30キロメートルの停止距離は，空走時間を0.75秒，摩擦係数を0.7とすると，約11.3メートルですので，本件は，赤色信号を見落とし停止線を越えて交差点内に進入してしまっても，早期に歩行者に気付けば，比較的容易に衝突事故を回避できた事案です。よって，通説である過失併存説を採ったとしても，名古屋高裁の認定した過失内容で誤りはないと思います。赤色信号看過は，結果発生との関係でそれほど強い背景事情とまでは言えないからです。
　しかし，この種の事故では，常に同じ結果になるかというと，そうではありません。仮に，この判決の道路の制限速度が時速50キロメートルであり，被告人車両が同速度で進行していたとすると，同速度の停止距離は，先ほどと同じ条件で約25メートルですので，距離的余裕は約8.6メートルしかなく，同速度では約0.6秒で進行してしまいます。すなわち，たったこれだけ歩行者の発見が遅れただけで衝突を回避できなくなってしまうのです。そして，信号を見落とすような運転者に，零コンマ単位で歩行者を早期に発見せよと要求すること自体無理がありますよね。つまり，この場合，やはり過失は，信号看過であると考えるべきです。
　いずれにせよ，この種の事故の場合は，過失の認定はケースバイケースであり，大切なのは，歩行者の発見遅滞が認定できることを前提に，赤色信号看過が，その「前段階の事情に過ぎないのか」，それとも

「事故の主因と評価すべきなのか」ということをきちんと見極めるということなのです。よって，被疑者から見た横断歩道上の視認状況，被害者の発見可能地点（特に夜間の事故の場合），被疑車両の速度等に関する捜査が必要になってきます。

　なお，これに関連して，皆さんの中には，信号看過の過失と前方不注視の過失が重なって，信号交差点の入口に設けられた横断歩道上の歩行者を跳ねてしまった交通事故の場合，同じ問題が生じるのではないか，つまり信号を見落としたとしても歩行者を早期に発見できれば避けられた事故も結構あるが，そういう場合どうしたらいいのかといった疑問を持たれた方もいるかもしれませんが，このような事故の場合は，常に信号看過の過失を認定すべきであって，歩行者に対する前方不注視の過失は認定すべきではありません。正確にいえば，後者の過失も併存するが，前者の過失に吸収されてしまい，独立して評価されないということです。

　もう少し分かりやすく説明しますと，信号看過の過失も広い意味では前方注視義務違反の過失です。前方左右をよく見て運転していれば，信号表示も歩行者も両方目に入りますよね。そして，車両の運転者は，仮に歩行者がいなくても対面信号機が赤色なら停止線手前で止まらなければなりませんし，かつ，信号表示を守ることで，確実に，歩行者はもちろん交差道路から進行してくる他の車両との交通事故も回避できることになります。つまり，信号遵守義務は，自動車を運転する場合は前をよく見て運転しなさいという広い意味での一般的な前方注視義務の中で，特に信号があるときはその表示に注意して運転しなさいという特別な前方注視義務だと考えることができるのです。よって，信号遵守義務と歩行者に対する前方注視義務が同時並行的に課せられる場合，特別な注意義務に違反したという信号遵守義務違反の過失のみを認定すれば必要にして十分ということになるのです。この点が，

たとえ赤色信号を見落とした後でも（この意味で同時並行的ではなく段階的です），歩行者に対する前方注視義務を尽くせば事故を回避できた可能性のある交差点出口の横断歩道上の歩行者との事故との違いだということができます（後者のような過失構造を段階的過失と呼ぶこともあります。）。

6　赤色信号殊更無視型の危険運転致死傷罪について

　本書は，過失の認定に関する解説書ですが，赤色信号を無視して交通事故を起こした場合，常に故意犯である赤色信号殊更無視型の危険運転致死傷罪（同法2条7号）が成立するわけではなく，赤色信号を「殊更ではなく」無視した過失運転致死傷罪（同法5条）にとどまる場合もあります。よって，両者の違いを知っておくことは，後者の過失の認定を行う上で有意義ですので，ここで解説しておくことにします。

⑴　赤色信号殊更無視型の危険運転致死傷罪の成立要件

　　ア　赤色信号又はこれに相当する信号を殊更に無視すること

　　　　「これに相当する信号」とは，赤色信号と同様の効力を有する信号を意味し，具体的には，道路交通法が定める「警察官の手信号その他の信号」（同法6条1項，同法施行令4条，5条）のことです（『刑法解説』（法曹時報）73頁）。

　　　　大事なのは，もちろんその後の，「殊更に無視する」であり，これは，故意に赤色信号に従わない行為のうち，およそ赤色信号に従う意思のないもの，すなわち，赤色信号であることについての確定的な認識があり，停止位置で停止することが十分可能であるにもかかわらず，これを無視して進行する行為や，信号の規制自体を無視し，およそ赤色信号であるか否かについては，一切意に介することなく，赤色信号の規制に違反して進行

する行為を意味します（前同）。

　㋐　赤色信号であることについて確定的な認識がある場合

　　「確定的な認識がある」とは，前方の対面信号機が赤色信号を表示していることを「はっきり分かっている」という意味です。

　　その次の，「停止位置で停止することが十分可能」とは，「赤色信号を認識した時点で急ブレーキをかければ，停止位置で停止することが十分可能である」という意味であり，停止位置とは，停止線が設けられているときはその直前，停止線が設けられていないときは交差点や横断歩道の直前のことですが（道路交通法施行令 2 条），この部分を反対解釈すると，赤色信号を認識した時点で急ブレーキをかけても停止位置で停止できない場合は，停止しなくても殊更無視にはならないようにも読めます。しかし，必ずしもそうではなく，この点に関し，次のような裁判例があります。

判例⑥　　　　　　　　　　　　　　　　　　　　　**高松高判平18.10.24**

＜事案の概要＞

　被告人は，自動車を運転し，時速約60キロメートルで走行中，本件信号交差点手前の停止線の約31.4メートル手前に差し掛かった際，同交差点に設置された対面信号機が既に赤色灯火を表示していることに気付き，その時点で急ブレーキをかければ，停止線の手前，あるいは，せいぜい停止線をタイヤ 1 個分越えた位置で停止できるだろうと考えたものの，見た範囲では，交差道路を進行する車両や横断者等の姿がなかったことから，先を急ぐあまり，前記速度のまま本件交差点に進入し，右方から左方に向かって道路を横断していた被害者運転の自転車に衝突させた事故

＜要　旨＞

　（旧）刑法208条の 2 第 2 項後段にいう赤色信号を殊更に無視したとは，

故意に赤色信号に従わない行為のうち，およそ赤色信号に従う意思のないものをいうものと解され，典型的には，(1)赤色信号であることについての確定的な認識があり，停止位置で停止することが十分可能であるにもかかわらず，これを無視して進行する行為や，(2)信号の規制自体を無視し，およそ赤色信号であるか否かについて一切意に介することなく，赤色信号規制に反して進行する行為が，これに該当する。そして，本件は，上記(1)の事例に近似しているが，被告人の認識としては，対面する赤色信号を発見してから急ブレーキをかけて，ようやく停止線ぎりぎりか，あるいは，それをやや越えた辺りで停止できると考えていたのであり，また，実際にも，被告人運転車両が停止位置で停止できなかった可能性があったのであるから（筆者注：裁判所の認定によれば，停止線を約5.5メートル越えた交差点入口に設けられた横断歩道上で停止可能），厳密には(1)の典型例には当たらない。しかしながら，道路交通法施行令2条は，車両に関する赤色信号の意味について，「停止線を越えて進行してはならないこと」と規定しているところ，同法条の趣旨に照らすと，少なくとも，**被告人運転車両のような直進車両に対する赤色信号の意味は，停止線を越えた後も，なお，その進行を禁ずるものであると解するのが相当である**。したがって，本件赤色信号に気付いて急ブレーキをかけることにより停止可能な位置を越えて自動車を進行させた被告人の行為は，故意に赤色信号に従わずに自動車を運転したものと評価することができる。被告人は，直ちに急ブレーキをかければ，前述のとおりに停止できるであろうと考えており，したがって，また，停止することにより他の交通を阻害したり，他の車両等との接触事故を起こすような事態を招きかねないとも考えていなかったのであるから，赤色信号に従うことにつき心理的な障害となるべきものはなかった。しかるに，被告人は，止まるのが面倒だった，あるいは，早く目的地に到着したかったという動機から，本件赤色信号を無視したが，このような動機は，信号による交通規制の観点からは，およそ許容し難いものである。しかも，被告人は，見た範囲では交差道路側の交通がなかったので，危険はないと思った旨供述しているが，現実には，本件交差点を通過する際，更にその先の交差点に設置された信号に気をとられていたため，実際には左方道路に停止していた車両の存在に気付かず，さらには，被告人運転車両が赤色信号に従って停止するものと考え，道路を横断していた本件被害者にも，衝突直前まで気付かなかったのであるから，赤色信号に従わないこ

とによりもたらされる他者への危険について，配慮を全く欠いた態様で，自動車を運転したと認められる。このように，信号による交通規制の観点からいえば，被告人は，赤色信号を守るべき必要性の高い状況を認識しながら，およそ許容し得ない動機に基づき，赤色信号規制が実現しようとする道路上の安全の確保に対する配慮を全く欠いた態様で自動車を運転したと認められ，このような被告人の行為は，およそ赤色信号に従う意思のないものに当たると解するのが相当である。

　この事案では，停止線を越えて進行する距離は，約5.5メートルと比較的短いですが，類似の事案で，東京高判平26．3．26は，信号交差点の出口に設けられた横断歩道上の歩行者2名に自車を衝突させて死傷させた交通事故に関し，被告人が同信号機に設置された対面信号機が黄色から赤色表示に変わるのを認めた時点で急ブレーキをかけても，本件交差点入口の停止線を大きく越えて本件交差点内に進入してしまう可能性が高かったが，同交差点出口に設けられた本件横断歩道の手前では安全に停止できたとの認定を前提に，被告人に危険運転致死傷罪が成立するとしています。この東京高判事案の特殊性は，本件交差点が進行方向右側のみに交差道路が接続する丁字路交差点であり，かつ，横断歩道は交差点出口にのみ設けられており，入口には設けられていないという点であり，停止線を越えて交差点内に大きく進入しても，右方道路からの進行車両の通行を妨げるおそれがなく，唯一の危険は，交差点出口に設けられた本件横断歩道上の横断歩行者等との衝突事故であったということです。これに，被告人が，本件信号機が黄色信号を表示しているのを認識した時点で一旦アクセルペダルから足を離して排気ブレーキを作動させたが，その後すぐに赤色表示に変わったことから止まれないと判断

してアクセルペダルに足を乗せて排気ブレーキを解除し，減速しないまま時速約60キロメートルで本件交差点内に進入して本件事故を惹起したという運転態度を加味した上で，被告人には，およそ赤色信号に従う意思がなく，赤色信号を殊更に無視したと評価すべきとしました。

　道路交通法施行令2条の解釈に関しては，「停止位置で停止できず，それを越えて進行する車両に対し，赤色信号が何も規制しないということではなく，停止位置を越えて進行することを禁じる赤色信号の意味は，単に停止位置を越えることを禁じるのみならず，停止位置を越えた場合にもなお進行を禁じ，その停止を義務付けるものである。黄色信号が同じように停止位置を越えて進行してはならないものとされながら，当該停止位置に近接しているため安全に停止することができない場合を除く旨の例外が定められているのに対し，赤色信号についてそのような例外の定めがないことはそれを示している。そうすると，『殊更無視』の解釈に当たり，本件停止線で停止可能か否かが決定的な意味を持つものではなく，本件停止線で停止できないことから直ちに赤色信号の『殊更無視』が否定されるものではない。」と前記高松高判と同じ判断を示しています（併せて，交差点内であっても危険防止のための一時停止は禁止されていないとして（道路交通法44条1項1号），道路交通法違反にも当たらない旨判示しています。）。

　そして，赤色信号の規制が，「単に停止位置を越えることを禁じるのみならず，停止位置を越えた場合にもなお進行を禁じ，その停止を義務付けるもの」であるとの解釈は，一旦は赤色信号に従って停止線を越えた位置で停止した上で，再

度，赤色信号のまま発進して人身事故を起こしたような場合
に，危険運転致死傷罪が成立することに異論がないこととも
整合することになります（『最高裁判所判例解説刑事篇平成
20年度』676頁）。

　以上のとおり，赤色信号であることについて確定的認識が
ある場合，「直ちに急ブレーキをかければ，停止位置で停止
できる場合」だけではなく，「停止位置で停止することがで
きなくても，交差点内の安全な場所で停止することができる
場合」には，「およそ赤色信号に従う意思のないもの。」とい
え，「赤色信号を殊更に無視し」の要件を充たすことになり
ます（前同）。

(イ)　赤色信号であることについて確定的な認識がない場合

　先ほど58頁でご紹介した「赤色信号を殊更に無視し」の定
義の後段である「信号の規制自体を無視し，およそ赤色信号
であるか否かについては，一切意に介することなく，赤色信
号の規制に違反して進行する行為」について，最高裁判所は，
「赤色信号であることの確定的な認識がない場合であっても，
信号の規制自体に従うつもりがないため，その表示を意に介
することなく，たとえ赤色信号であったとしてもこれを無視
する意思で進行する行為も，これに含まれる。」と判示しま
した（最決平20.10.16）。

　要するに，およそ信号に従うつもりがない者にとって，前
方にある対面信号機の信号表示を確認することには何の意味
もなく（仮に，確認した結果，信号が赤色表示であったとし
てもこれに従って停止するつもりがないということです。），
よって，まったく信号を見ないか，視界に入ったとしてもお
ざなりにしか見ないため，同信号機が赤色を表示していたこ

とを確定的に認識しないことがままあると思いますが，このような運転態度は，確定的認識がありながらあえて無視する態度と同じくらい危険です。ですから，赤色信号であることの確定的な認識の有無で「殊更無視」かどうかを区別するのは相当ではないということであり，言われてみれば当然の話でしょう。

㋑　まとめ

　　以上をまとめますと，「赤色信号を殊更に無視し」とは，およそ赤色信号に従う意思のないものをいい，具体的には，

①　赤色信号であることについての確定的な認識があり，停止位置ないし交差点内の安全な場所で停止することが十分可能であるにもかかわらず，これを無視して進行する行為

②　赤色信号であることの確定的な認識はないが，信号の規制自体に従うつもりがないため，その表示を意に介することなく，たとえ赤色信号であったとしてもこれを無視する意思で進行する行為

をいうことになります。

　　なお，信号機は，交差点だけではなく，単路に設置されている場所もありますが（信号機付きの横断歩道です。），その場合もこの2類型は同じです。突破するのが横断歩道であり，被害者がもっぱら横断歩行者や横断自転車だという点が違うだけです。もっとも，このような場所では，停止位置のすぐ先に横断歩道が設けられているのが普通でしょうから，停止位置を越えた安全な場所というのは想定しがたく，よって，停止位置に接近した段階で赤色信号に気付いた場合，危険運転致死傷罪に問うのは事実上困難だと思います。

イ　重大な交通の危険を生じさせる速度で自動車を運転すること

　「重大な交通の危険を生じさせる速度」とは，自車が相手方と衝突すれば大きな事故を生じさせると一般的に認められる速度，あるいは，相手方の動作に即応するなどしてそのような大きな事故になることを回避することが困難であると一般的に認められる速度を意味し，赤色信号を殊更に無視する場合であっても，運転者において，交差道路等を通行する人や車を発見したときに重大な事故となるような衝突を回避することが可能な速度まで減速して進行する場合は，その行為自体において，重大な事故を生じさせる危険性の高い行為であるとは認められないため，要件としたものです（『刑法解説』（法曹時報）72，74頁）。

　具体的には，通常，時速20〜30キロメートルの速度で走行していれば，重大な交通の危険を生じさせる速度に当たる場合が多いとされ，最決平18.3.14は，普通乗用自動車を運転していた被告人が，信号交差点の手前で赤色の対面信号表示に従って停止していた先行車両の後方から対向車線に進出し，時速約20キロメートルで同交差点に進入しようとしたため，右方道路から信号に従って左折進行してきた車両に自車を衝突させたという事故に関し，赤色信号を殊更に無視した危険運転致傷罪が成立すると判示しており，実務上，時速20キロメートル以上の速度であれば，この要件を充足するとされています。

ウ　前記最高裁判例（最決平18.3.14）について

　なお，この判例は，これ以外にも，次の2点について判示していますので，やや横道に逸れますが，解説しておくことにします。

　1点目は，因果関係についてであり，立法過程における説明によれば，自動車の直前への飛び出しなど，仮に的確な運転行

為を行ったとしても事故の発生を回避できなかったような場合は，当該運転行為の危険性とは別の原因による死傷結果の発生であるとして因果関係が否定されるが，そうでない限り，危険運転行為との間の因果関係は肯定されるとしています（『刑法解説』（法曹時報）60頁）。最高裁は，この考え方を前提に，「本件事故原因は被告人が対向車線に進出したことにあり，信号無視との間には因果関係がない。」旨の弁護人の主張を排斥し，「被告人が対面信号機の赤色表示に構わず，対向車線に進出して本件交差点に進入しようとしたことが，それ自体赤色信号を殊更に無視した危険運転行為にほかならないのであり，このような危険運転行為により被害者らの傷害の結果が発生したものである以上，他の交通法規違反又は注意義務違反があっても，因果関係が否定されるいわれはないというべきである。」旨判示しました。類似の事案で参考になると思います。

　2点目は，道路交通法違反の成否と危険運転致死傷罪の成否との関係についてです。この事故における衝突地点は，対向車線上であった上，本来被告人車両が進行すべき車線上に設けられた交差点入口手前の停止線に相当する位置（同停止線を反対車線側に延長した位置）付近でした。つまり，被告人車両は，停止線相当位置を越えて進行していないのです。先ほどから申し上げているように，赤色信号の規制内容は，「停止位置を越えて進行してはならない」であり，対向車線に進出した被告人に対しても対面信号表示の拘束力は及ぶと解されていますから，停止線相当位置を越えて進行すれば道路交通法7条違反の罪が成立しますが，本件の場合，被告人車両はこの位置を越えていませんので，道路交通法上の赤色信号無視の罪は成立しません。そこで，このような場合であっても赤色信号殊更無視型の危険

運転致死傷罪が成立するのかという点が問題となったのですが，最高裁は，判決の中で明言はしていませんが，本件について危険運転致傷罪が成立すると判断しているということは，この問題についても肯定的判断をしていることになります。この判断の射程範囲については，なお慎重な検討が必要だとされていますが，危険運転行為が，あくまで交通取締法規違反それ自体ではなく，人の死傷の結果を発生させる実質的危険性を有するものとして類型化されたものであることを直視すれば，道路交通法違反の成否が危険運転致死傷罪の成否を決定付ける必然性はないと解されるでしょう（『最高裁判所判例解説刑事篇平成18年度』216頁）。

　そして，私は，この判例は，過失運転致死傷罪の場合も射程に入れていいのではないかと考えています。例えば，停止線手前で赤色信号表示に従って停止していた車両に被疑車両が追突し，停止車両の運転者等が頸椎捻挫等の傷害を負った場合，通常，信号看過の過失ではなく，停止車両に対する前方不注視か動静不注視の過失で処理していますが（信号交差点以外の場所で渋滞車両に衝突したような事故と，その危険性において変わりがなく，同じ注意義務で処理するのが相当だからです。），追突の衝撃で停止車両が前方に押し出され，その先に設けられた横断歩道上を信号に従って横断中の歩行者に衝突して同人を死傷させる交通事故が起きたような場合，前方不注視や動静不注視の過失ではなく，信号看過の過失で構成すべきです。信号を看過した被疑車両自体が横断歩道上の歩行者に衝突した事故と実質的に何の変わりもないからです。ここで問題となるのが，被疑車両に赤色信号看過の道路交通法違反が成立しないケース，つまり，被疑車両の最終停止位置が停止線の手前であった場合

ですが，私は，横断歩道の手前に止まっている車両に追突すれ
ば，このような事故が発生する実質的危険性は高いですから，
先ほどの最高裁判例と同様に解し，道路交通法違反が成立しな
いことは，信号看過の過失による過失運転致死傷罪の成立を妨
げないと考えるのが相当だと思います。これまでも何度も申し
上げてきたように，道路交通法の規制と過失とは常に一致する
とは限らないのです。

⑵　**単なる赤色信号無視と殊更無視の違いについて**

だいぶ横道に逸れてしまいましたが，話を本筋に戻します。

これまでお話ししたように，危険運転致死傷罪の成立要件として
は，「殊更」に赤色信号を無視したことが要求されており，逆に言
えば，「殊更」ではない赤色信号無視の場合は，危険運転致死傷罪は
成立せず，過失運転致死傷罪が成立するにとどまることになります。

では，どのような場合が「殊更」ではない赤色信号無視なのでしょ
うか。結論からいえば，先ほど説明した①と②以外の場合であり，
具体的には，①との関係でいうと，赤色信号であるとの確定的な認
識はあるが，既に安全に停止することが困難な地点に至って初めて
赤色信号に気付いた場合であり，②との関係でいうと，赤色信号で
あるかもしれないという未必的認識しかなく，かつ，黄色信号から
の変わり際で赤色信号になるかもしれないし，「赤色信号になって
も仕方がない。」との思いで進行した場合だとされています（『最高
裁判所判例解説刑事篇平成20年度』673頁）。

なお、②のような「およそ信号表示を意に介さない。」意思を有
していたと認定できる場合、客観的には黄色信号からの変わり際で
あり、黄色から赤色信号に変わった直後に交差点に進入した場合も
「殊更無視」に当たることに注意してください。

①との関係で，交差点のかなり手前から赤色信号表示を認識して

いたことから，「そろそろ赤色から青色に変わるタイミングではないか。」と思い，停止線を越える時点までには青色信号表示に変わることを予想し，期待しつつ進行したところ，結果的に，停止線手前で停止できない距離まで近づいても青色に変わらなかったことから，やむを得ず赤色信号で交差点に進入して事故を起こした場合，「およそ赤色信号に従う意思のないもの」といえるかが問題となります。

　この点，旧版においては，否定的な見解を述べたのですが，その後，このような場合でも危険運転致死傷罪が成立する旨判示した裁判例があることを知るに至りました。

　1つは，宇都宮地判平16.8.3で，もう1つは，札幌地判平24.3.2です。このうち，札幌地裁判決の該当部分を引用しますと，「赤色信号に従うということは，車両の運転者が適宜制動措置を講じるなどして，当該車両が停止線を越えて進行しないよう運転することを意味し，逆に赤色信号に従わない行為とは，このような行為をしないこと，換言すれば，当該車両が進行中であれば，遅くとも停止線の少なくとも制動距離分手前の地点に至っても，制動措置を講じないことを意味することになる。……そして，このように解するとすれば，赤色信号に従わない行為の故意とは，対面信号が赤色の灯火を表示しているにもかかわらず，停止位置の制動距離分手前の地点において，制動措置を講じないことについて認識，認容していることを意味することになる。……仮に対面信号が青色の灯火を表示すると予見ないし期待したとしても，対面信号が赤色の灯火を表示している限り制動措置を講じなければならないのであって，被告人において，同措置を講じないことを認識，認容していた以上，赤色信号に従わない故意があったと認められる」旨判示しています（宇都宮地裁判決要旨は70頁。）。

　しかし，先ほどもお話ししたように，「殊更に無視する」とは，「故意に赤色信号に従わない行為のうち，およそ赤色信号に従う意思のないもの」を意味しますので，前記した札幌地裁の判示する規範が，あらゆる場面で適用になるのか，やや疑問を感じます。

　そういう観点で，この2つの判決の事案を見返してみますと，札幌地裁の事案では，被告人は，停止線の約30.7メートル地点を時速約40キロメートルで走行中，対面信号が赤色の灯火を表示しているのを認めたが，その後，交差道路の信号が黄色から赤色に変わったように認識したことから，停止線を通過する時点においては，対面信号が青色に変わると考えた旨弁解したのに対し，裁判所は，前記のとおり判示した上，被告人の弁解は信用できないとしました。つまり，本件被告人は，そもそも「青色信号に変わることを予見ないし期待していなかった」と認定したのです。また，宇都宮地裁判決は，被告人は，交差点手前の停止線の手前約433.7メートルの地点で一時停止した際，対面信号機の赤色表示を認識しながら，スリルを味わうためや同乗者に怖い思いをさせたいという意図で，交差点進入時までには青色に変わるとの特段の根拠のない思い込みもあって，自車を急発進させて湿潤路面を時速約135キロメートルの高速度で進行し，約195.1メートル手前の地点に至っても依然として赤色信号のままであり，この時点で制動措置を講じれば交差点手前で停止できることが分かりながら，先と同様の意図や対面信号が青色に変わってほしいとの自己に都合の良い安易な考えの下，一切制動措置を講じることなく前記高速度のまま交差点に進入して事故を惹起したという事案であり，裁判所は，このような被告人の運転態度を強く非難した上で，要旨，「たとえ，対面信号が青色に変わるとか変わってほしいと思っていたにせよ，所詮はまさに一か八かの類の根拠がないに等しい希望的観測に基づく期待あるいは願望に過ぎ

ず，しかも，制動措置を講ずれば停止線手前で停止可能な位置から，停止線到達まで僅か約5秒という短時間であることも鑑みれば，被告人には，本件交差点の対面信号の赤色に従う意思はなく，殊更赤信号を無視したと認めるべきは当然」と判示しています。このような危険極まりない運転態度からは，「およそ赤色信号に従う意思がない」ことは容易に推認できますし，他方，この判決内容を反対解釈すると，交差点到達時までに対面信号機が青色に変わると予測したことに合理的な根拠があれば，「殊更無視」には当たらないと考えているようにも思えます。

　この2つの判決は，いずれも地裁レベルのものであって，高裁や最高裁の判断は出ていませんから，この種事案の捜査を行う場合，この2つの判決内容を踏まえた上，「殊更無視」したといえるかどうか，慎重な検討を行う必要があると思います。

⑶　**危険運転致死傷罪の成否を判断するための捜査事項について**

　とはいっても，このような事情は，被疑者の内心の事情であり，客観的には赤色信号で交差点に進入した結果発生した事故の場合であっても，これが殊更無視による危険運転致死傷罪に該当する運転行為なのか，殊更ではない無視の過失運転致死傷罪に該当する運転行為なのか，あるいは，単なる信号看過の過失運転致死傷罪に該当する運転行為に過ぎないのかは，事故状況を外形的に見ただけでは，必ずしも判然としない場合が多く，危険運転致死傷罪の法定刑の高さから（特に，自動車運転死傷処罰法2条の危険運転致死罪は，裁判員裁判対象事件になります。），実際には殊更無視行為を行いながら，「赤色信号に気付いたのは，交差点の直前であり，やむを得ずそのまま進行した。」，「赤色信号に気付かないで交差点に入ってしまった。」といった弁解をする被疑者も少なくありません。これ以外にも，「赤色信号に気付いた時点で一瞬ブレーキをかけようと思っ

たが，ここでブレーキをかけても交差点の手前や交差点内の安全な地点で止まることはできず，交差点中央付近まで進行してしまうと思い，むしろ，このまま突破するほうが事故のリスクが少ないと思ってブレーキをかけずに進行した。」といった弁解も想定されます。

　よって，被疑車両が赤色信号で交差点に進入した結果発生した事故の場合，捜査官としては，赤色信号殊更無視型の危険運転致死傷罪が成立しないかどうかを見極めるための捜査をする必要があります。

　そして，先ほど，殊更無視か否かは，外形上必ずしも判然としない場合が多いと申し上げましたが，他方で，殊更無視の運転であることを推認させる間接事実というものもあり，これらの間接事実を集積することで，殊更無視の犯意を立証することが可能です。いわゆる情況証拠による犯意の立証という手法であり，例えば，殺人罪における犯意（殺意）の立証は，凶器の種類とその用法（殺傷能力の高い凶器を相手を殺害する危険の高い方法で使用したか否か），傷の場所と程度（生命を維持するために重要な部位（身体枢要部といいます。）にどれだけ重篤な傷を負わせたか），動機の有無（どれだけ相手を恨んでいたか等）などといった情況証拠を集積することで行うのですが，基本的にはこれと同じです。

　具体的には，

① 被疑車両が交差点に進入する何秒前に対面信号機が赤色になったのか
② 交差点進入時の速度と交差点進入前後の速度変化
③ 事故交差点の手前の信号交差点の進行状況
④ クラクションを鳴らしていないか
⑤ 交差点進入時の運転態様
⑥ 動機の有無
⑦ 飲酒等の有無
⑧ 事故交差点の規模や構造，自車の制動性能に関する認識

⑨　日頃の運転態度

といった点に関する証拠を収集することになります。

　順に説明します。

　　①　被疑車両が交差点に進入する何秒前に対面信号機が赤色に
　　　なったのか

　　　　そもそも停止位置に迫った段階で赤色信号に変わった場合，
　　　直ちに急ブレーキをかけても停止位置や交差点内の安全な位
　　　置に停止できませんし，黄色から赤色に変わった直後に進入
　　　した場合，「赤色信号になっても仕方がない。」という未必的
　　　な認識しかない場合が多いからです。他方，赤色信号に変わっ
　　　てからの時間が長ければ，このような停止が可能であった上，
　　　赤色表示が長ければ長いほどこれに気付く可能性が高く，よっ
　　　て，「看過」ではなく「無視」であることを推認させること
　　　になります。ただし，長い赤色表示は，反面，「もうすぐ青
　　　色に変わると思った。」との弁解が出た場合，この弁解とも
　　　整合しますので，この後説明する他の事情と併せて検討する
　　　必要があり，この事情だけで「殊更無視」の犯意を推認する
　　　ことは，難しいのではないかと思います（68頁。）。

　　②　交差点進入時の速度と交差点進入前後の速度変化

　　　　まず，速度については，制限速度前後の普通の速度の場合，
　　　「殊更無視」を推認する事情とするのは難しいですが，これ
　　　を著しく上回る高速度の場合，あるいは逆に，交通閑散であっ
　　　たにもかかわらず，これを大きく下回る低速度の場合，「殊
　　　更無視」を推認する事情となります。例えば，指定最高速度
　　　が時速50キロメートルの一般道を時速100キロメートルを超
　　　える高速度で走行して赤色信号で交差点に突入し，交差道路

から進入してきた車両と衝突したという事故の場合，そのような高速度で走行すれば，赤色信号に気付いても，気付いた地点によっては，停止位置等でおよそ安全に停止することができず，また，道路状況等によっては，急ブレーキをかけることで制御不能となり，自車を路外に逸走させてしまうおそれすらあり，被疑者において，そのような事態になることを認識し得ることが経験則上認められるでしょう。よって，このような運転態度から，およそ赤色信号であっても止まるつもりがなかったことが推認できるのです。

　他方で，低速度の場合，ゆっくり交差点に近づき，左右道路から進行してくる車両のないことが確認できれば，赤色信号で突破しようとの意図を持っていたのではないかということが推認できます。夜間で街灯の明かり等も乏しく暗い交差点の場合，左右の交差道路から走行してくる車両の前照灯の明かりの有無を確認することで車両自体の有無を確かめるため，自車の前照灯を消す場合もありますので，ゆっくり走りながら前照灯を消したような場合，推認が強まります。そして，この推認が格段に強く働くのが，交差点進入前後における速度変化があった場合です。次の Case13 を見てみましょう。これは実際にあった事故です。

Case13　被疑車両は，低速度のまま停止線を越えて赤色信号で交差点内に進入し，交差道路から進行してくる車両の有無が見渡せるところまで進行したところで，いきなり急加速し，交差点を突破しようとしたところ，左方道路から進行してきたバイクに衝突したという事故

　この事案では，今申し上げたような交差点進入前後の被疑車両の動きが，タームス（交通事故自動記録装置（⇨47頁））にバッチリ記録されていました。被疑者は，殊更無視の犯意を否認しましたが，もちろん危険運転致傷罪で起訴しました。

　なお，逆にいえば，交差点進入前後で加速や減速をしておらず，通常の速度で交差点に進入しているような場合，このような被疑車両の外形的な動きは，むしろ，赤色信号看過の事故であることを強くうかがわせます。赤色信号に気付いていないことから，つまり青色信号だと思って運転していることから，加速も減速も行わずに漫然と交差点に進入したのではないかと推認するのが最も自然かつ合理的だからです。ただし，深夜や早朝で交通が極めて閑散であった上，左右の交差道路の見通しが良好な交差点の場合，左右道路から信号に従って進行してくる車両がないことを確認することは比較的容易ですので，このような運転方法で赤色信号を殊更無視することも可能でしょう。よって，他の事情から被疑者の殊更無視運転が疑われるような事案においては，現場の状況や事故発生の時間帯等を確認した上で，検討する必要があります。

③　事故交差点の手前の信号交差点の進行状況

　赤色信号を殊更に無視する悪質ドライバーの場合，事故交差点の手前の信号交差点でも赤色信号や黄色信号を無視して突破していることがままあり，被疑者が，「赤色信号には気付かなかった」などと赤色信号看過の弁解をしても，手前の交差点でも赤色信号や黄色信号（もちろん，直前で黄色信号に変わった場合は除きます。）を守っていなかったことが分かれば，この弁解を排斥するための極めて効果的な事実となります。1か所の赤色信号を不注意で見落とすことはあって

も，複数の赤色信号等を連続的に見落とすなどということは，経験則上，よほどのことがない限り，あり得ないといえるからです。

④　クラクションを鳴らしていないか

　実際にあった事案で，被疑者は，事故を起こした信号交差点に接近する際，クラクションを連続的に吹鳴しながら進行しました。これは，パトカー等の緊急自動車がサイレンを鳴らし，マイクで周囲に注意を喚起しながら進行するのと似ており，「赤色信号を無視して交差点を突破するから，周囲の車両や歩行者は止まれ。」と警告するための行為であると考えるのが合理的でしょう。この事故の被疑者は，赤色信号の殊更無視ではなく赤色信号看過である旨弁解しましたが，このような状況を目撃していた目撃者の供述等をもとに，危険運転致傷罪で起訴しました。

⑤　交差点進入時の運転態様

　典型的な例は，進路前方の停止線手前で赤色信号に従って停止している車両の右横を，反対車線に進路変更して通過し，そのまま交差点に進入したような場合です（神戸地判平24.11.8参照）。

　もっとも，このような運転態様の場合，殊更無視の犯意を否認する被疑者は，それほど多くないと思います。

⑥　動機の有無

　赤色信号を殊更に無視する運転は，故意犯ですから，他の故意犯と同様に，そのようなことをあえて行う「動機」が必ずあります。先を急いでいた，深夜で交通が極めて閑散だった，同乗者に対して自己の蛮勇を誇示したかった，次の⑦で説明するように酒を飲んで，あるいは薬物を服用して気持ち

が大きくなっていた，といったものが動機となり得ます。そして，赤色信号殊更無視型の危険運転致死傷罪における最も典型的な動機は，「追跡車両からの逃走」です。具体的には，第1事故を起こして現場から逃走（道路交通法違反の不救護・不申告）しているケース，事故を目撃した車両や通報を受けたパトカーから追跡を受けているケース，無免許等で運転中に不審な運転状況を見とがめたパトカーから停止を求められて逃走するケース，交通関連以外の別の犯罪を敢行して逃走中に通報を受けたパトカーから追跡を受けているケースなどがあります。追跡車両から逃走中の被疑者は，「赤色信号で止まっていたら追いつかれてしまう。」という考えから，赤色信号であることを認識しながら，あるいは，信号表示を意に介することなく，殊更無視行為を断行するのです。よって，このような動機を解明することは，殊更無視の犯意を推認するために不可欠となります。

　なお，このような被疑者の心理としては，どうせ止まるつもりがないのであれば，信号表示を気にする必要はなく，むしろ後方からの追跡車両に気をとられながら高速度で逃走するわけですから，前方の信号表示に注意を配る余裕もありません。ということで，私の経験では，信号表示を意に介さない第2類型の殊更無視走行は，追跡車からの逃走中に行われることが多く，また，このような逃走車両は，交差点の手前で多少減速することはあっても，多くの場合，危険を承知でそのまま高速度で突っ走って交差点に突入し，事故を起こす場合が多いように思います。

⑦　飲酒等の有無

　前述のとおり，私の経験上も，殊更無視型の危険運転行為

を行う運転者は，飲酒運転中，あるいは薬物運転中に気が大きくなって信号を無視することが少なくありません。ですから，この種の事故が発生した場合は，明らかに被疑者から酒臭が感じられた場合はもちろん，そうでない場合も飲酒検知をする，車内を捜索して薬物等の発見に努める，必要に応じて尿を採取するといったことをするのがよいでしょう。

　なお，飲酒の影響で酩酊し，正常な運転が困難な状態に陥って赤色信号無視をしたようなケースでは，そもそも赤色信号をきちんと認識してそれに従って停止するという意味での「正常な運転」も困難になっていますので，客観的には赤色信号無視の事故が発生した場合であっても，アルコールの影響による危険運転致死傷罪のみが成立し，赤色信号の無視は，事故発生に至る因果の流れの中で評価することになります。

⑧　事故交差点の規模や構造，自車の制動性能に関する認識

　先ほど列挙した殊更無視の犯意を否認する弁解の一つである，「赤色信号に気付いた時点で，一瞬ブレーキをかけようと思ったが，ここでブレーキをかけても交差点手前や交差点内の安全な地点で止まることはできず，交差点中央付近まで進行してしまうと思い，そんな場所で停止するより，むしろこのまま交差点を突破するほうが事故の起きるリスクが少ないと思って，ブレーキをかけることなく進行した。」旨の弁解が出た場合に，この弁解を排斥するために必要な事情です。先ほど紹介した東京高判平26．3．26の事案において，被告人は，これと類似の弁解をしましたが，原審（原判決）は，「被告人が本件交差点の規模や構造，本件トラック（筆者注：被告人運転車両）の制動性能について十分認識・理解していたと認められることからすれば，赤色信号を認識した時点で

すぐにブレーキを踏めば，本件停止線を越えても大幅に越えることはなく，安全な位置で停止できることが分かっていたものと認められる。」とし，東京高裁も，「被告人が直ちにブレーキを踏めば本停止線を越えても安全な位置で停止できると分かっていたはずであることは，被告人の運転経験等を指摘しつつ原判決が適切に説示するとおりである。」と判示しました。よって，このような弁解が出たときは（公判段階に至って新たに弁解する可能性もあるので，捜査段階で犯意を認めている場合であっても），被疑者の取調べに当たって，事故交差点の日頃の利用頻度，自車の運転経験年数，これまでに強いブレーキをかけたことはあるか，などといった点をきちんと聞き出し，その裏付けを取っておくことが必要になります。

⑨　日頃の運転態度

　これも私の経験上，殊更無視型の危険運転を行うような被疑者は，元々交通ルールを守ろうとする意識が低く，日頃から，安易に飲酒運転や高速度運転をし，そして信号無視をする傾向が見られます。よって，被疑者の日頃の運転態度をよく知っている関係者を探し出し，彼らから事情聴取することは有意義です。交通前科がある場合は，その内容を確認することも忘らないでください。

⑷　**証拠収集方法について**

ア　客観証拠の収集

　被疑車両の対面信号機が事故時赤色表示であったこと（いつの時点で同表示に変わったのかを含む）及び事故状況（交差点突入時の被疑車両の動きや速度等）を解明するため，ドライブレコーダーや事故現場周辺の店舗等に設置された防犯カメラの

映像，タームスの映像といった客観証拠を収集することは不可欠です。そして，ドライブレコーダーについていえば，被疑車両や被害車両に搭載されたドライブレコーダーだけではなく，事故当時，近くを走っていた車両に搭載されたドライブレコーダーの有無も捜査する必要があります。後者の場合，自ら名乗り出てくれないと映像の確保は困難でしょうが，この点，必ず確認してほしいのは，近くを通った路線バスがなかったかです。路線バスであれば，事後的にバス会社や運転者を特定するのは容易ですし，なによりも，路線バスには，進路前方を撮影するカメラだけではなく，車内を撮影するカメラと乗降口を撮影するカメラも搭載されているのが通常ですので，これらのカメラに事故状況はもちろん，被疑車両の対面信号機がバッチリ映っていることが結構あるのです。

　なお，これらの映像は，事故現場の交差点だけではなく，その手前にある交差点付近のものも収集すると役に立つことがあります。

　その他，被疑車両にエアバッグシステムが搭載されており，事故によりエアバッグが作動した場合には，同システムに付属したＥＤＲを解析することによって，事故直前の速度やブレーキ操作の有無等を解明することができます。例えば，被疑者が，「直前に赤色信号を認めて慌ててブレーキを踏んだが間に合わなかった。」などといった過失による赤色信号看過の弁解をした場合，ＥＤＲの解析によって，ブレーキ操作を行ったかどうかを解明することで，弁解の信用性を吟味することができます。また，ＥＤＲの場合，衝突の数秒前からの記録しか残りませんが，ＧＰＳ機能付きのカーナビゲーションシステムを搭載している場合は，もっと前からの運転状況が記録されていることが

ありますので，この点も要確認です。

イ　供述証拠の収集

　　このような客観証拠を収集するとともに，被害者からの事情
聴取はもちろん，目撃者の発見確保に努めることになります。

　　目撃者からの事情聴取を行う場合，前記したような信号看過
の過失事故に関する捜査の場合と同様の注意が必要であること
はいうまでもありませんが（47頁），それ以外に，先ほど申し
上げたような理由から，赤色信号を無視して交差点に進入する
前，あるいは，進入の直前直後の被疑車両の動き等について，
詳細な事情聴取を行うことが不可欠です。

最後に

　第1講で解説したように，交通事故は，一見似たように見える
事故でも千差万別ですから，信号交差点における事故の場合も，
パターン化した捜査をしていると個別の問題点を見逃すことがあ
ります。ですから，予断を排除した上で，目の前の事故の捜査を
行うことが肝要です。

第 3 講
見通しの悪い非信号
交差点における事故

　第2講では，信号交差点における事故について解説しましたが，この講では，信号機が設置されておらず，かつ，左右の見通しの悪い交差点における事故について解説します。見通しの悪い交差点には，
①被疑車両の進行道路に一時停止の道路標識が設置されていない交差点
　（交差道路側にも設置されていない場合を含む。）
②被疑車両の進行道路に一時停止の道路標識が設置されている交差点
③一時停止の道路標識は設置されていないものの一方の道路に赤色点滅の信号機が，もう一方の道路に黄色点滅の信号機が，それぞれ設置されている交差点
がありますので，以下，この順番で解説します。

見通しの悪い非信号交差点における過失の認定

1　一時停止の道路標識が設置されていない交差点における事故について

(1)　徐行義務

　見通しの悪い非信号交差点を通行する車両の運転者には，自車が通行している道路が優先道路である場合を除き徐行義務があります（道路交通法42条1号）。

　この点，当該交差点の道路状況等によっては，一方の道路が明らかに幅員の広い道路であるのに対し，交差道路が幅員の狭い路地である場合など，徐行義務を課すことでかえって円滑な交通を阻害することになってしまう場合もあり，実際，具体的な道路状況等を総合勘案した上，例外的に徐行義務を否定した下級審の裁判例もありましたが（横浜地判昭61.9.9），その後，最高裁は，「車両等が左右の見通しがきかない交差点に入ろうとする場合には，同車両等が進行している道路がそれと交差する道路に比して幅員が明らかに広いときであっても，徐行義務は免除されない。」旨判示するに至っていますので（最決昭63.4.28），例外を認めることはできません。

　つまり被疑者が，「俺はこの交差点を何度も通ったことがあるが，徐行している車なんか一度も見たことがないぞ。こっちの道路の方がずっと広いのに，何で徐行しなければならないんだ。」と主張しても，「そりゃそうだね。」とはならないのです。たとえ現場の交通事情が被疑者の言うとおりであったとしても，実際に事故を起こした場合には，徐行義務違反の過失を負わざるを得ないということです。

コ|ラ|ム　　「幅員が明らかに広い」とは

　　見通しが悪い場合ではなくても，交差道路が優先道路（道路交通法
36条２項）である場合や明らかに幅員が広い場合には，自車が進行し
ている道路が優先道路である場合を除き，交差道路を通行する車両に
優先通行権があり，自車には徐行義務が課されます（同法36条２項，
３項）。

　　そこで，本題とは外れますが，「幅員が明らかに広い」とはどのよ
うな意味かを説明しておきます。まず前提として，

　　幅員を比較する**「道路」とは**，

　　　　歩道や歩行者用路側帯が設けられた道路においては，これらの部
　　　分を除いた「車道」部分

をいいます（最判昭47.1.21。『道交法解説』349頁）。

　　「明らかに広い」とは，

　　　　「交差点の入口から，交差点の入口で徐行状態になるために必要
　　　な制動距離だけ手前の地点において，自動車を運転中の通常の自動
　　　車運転者が，その判断により，道路の幅員が客観的にかなり広いと
　　　一見して見分けられるもの」（最決昭45.11.10等参照）

であって，かつ，

　　　　「交差点を挟む前後を通じて，交差点を挟む左右の交差道路のい
　　　ずれと比較しても明らかに幅員の広い道路」（最決昭50.9.11。つま
　　　り交差点を挟む左右道路の一方のみと比較して明らかに幅員の広い
　　　道路は含みません。）

をいいます。私の個人的な感覚では，幅員の差が1.5倍前後かそれ以
上あれば，これに該当するのではないかと思います。

⑵　見通し見分を実施する際の留意点

　　見通しの悪い交差点における出会い頭の事故の捜査では，被疑者
立会いの実況見分の際，被疑者が被害車両を発見可能な地点を⑳，
その際の被害車両の走行地点を⑳'として特定していると思います。
なお，⑳は被疑車両の運転席（より正確に言えば，運転席に座った
被疑者の視点）であり，⑳'は被害車両の先頭部分です。

　　この際，被疑者が衝突前に被害車両を発見している場合には，発

見時の双方車両の位置を双方の速度を基に時間を遡らせて後退させることで，発見可能地点を特定することができます。

　実際には現場における実況見分で特定することになりますが，分かりやすいよう下の図で説明します。

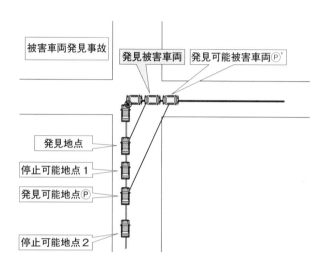

　この図の「発見地点」と記載した地点が，被疑者が実際に被害車両を発見した時点における被疑者の視点の位置であり，「発見被害車両」と記載した地点は，この時の被害車両の先頭部分の位置です。そして，双方車両が，等速度で交差点に接近していた場合，「発見地点」と「発見被害車両」を結んだ線を平行移動しますと，時間を遡らせて双方車両を後退させることになり，この線が視界を妨げている物（壁等）に接した地点が，「発見可能地点」（Ⓟ）すなわち前方注視義務を尽くしていれば被害車両を発見できた地点における被疑者の視線の位置と，「発見可能被害車両」（Ⓟ'）すなわちその時点における被害車両の先頭部分の位置ということになります。そして，被疑車両の実際の走行速度における停止距離プラス被疑車両の

先端から被疑者の視点までの距離だけ衝突地点から遡らせた地点が結果回避可能限界地点（停止可能地点）となります（実際の衝突回避可能性は，被疑車両の先端と実際の衝突地点との距離で検討することになりますが，発見可能地点が被疑者の視点を基準にしていることから，これと比較可能にするため，停止可能地点を特定する際には，停止距離に被疑車両の先端から被疑者の視点までの距離を加算する必要があることに注意してください。）。この図では，停止可能地点を「停止可能地点1」と「停止可能地点2」と記載しましたが，前述の方法で特定した被疑者の実際の走行速度における停止可能地点が，「停止可能地点1」（発見可能地点よりも先の地点）であった場合，前方左右をよく見て運転し，発見可能地点で被害車両を発見すれば，停止可能だったことになりますから，過失の内容は，「前方注視義務違反」となりますが，実際の停止可能地点が，「停止可能地点2」（発見可能地点よりも手前の地点）であった場合，発見可能地点で被害車両を発見したときには既に手遅れということになりますから，過失の内容は「徐行義務違反」ということになります。

　これに対し，被疑者が衝突前に被害車両を発見していない事故で，被害者が救急車で搬送されるなどの事情により被害車両の速度が不明の場合は，この方法で⑰'を特定することができません。

　そこで，⑰を発見可能地点としてではなく，事故時の被疑車両の速度における停止距離をもとに結果回避可能限界地点（停止可能地点）として特定し，その地点からの見通し状況を見分して，⑰'を特定するという方法が採られているケースが多いと思われます。例えば，被疑車両が時速30キロメートルで交差点に進入した際，右方道路から進行してきた車両と衝突した事故の場合，時速30キロメートルの車両の停止距離は，通常，約11.3メートルですから，被疑車

両の先頭部分が実際の衝突地点の約11.3メートル手前の位置になるように被疑車両を置き，同車の運転席に座って交差点の右方道路を見た場合，どこまで見通せるかを見分します。その結果，運転席（Ⓟ）から見通せる右方道路からの進行車両の先頭部分（Ⓟ'）が特定されるのです。

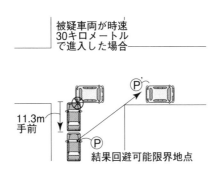

　検察官の立場からは，この方法で特定したほうが助かります。事後的に被害車両の速度が判明した場合，あらためて先程と同じ方法で発見可能地点を特定し，その地点と結果回避可能限界地点（停止可能地点）との前後関係により，過失の内容を前方注視義務違反とすべきか徐行義務違反とすべきかを判断することができるからです。すなわち，発見可能地点がⓅ地点（結果回避可能限界地点）よりも手前の地点であれば，被疑者が被害車両を遅滞なく発見することで衝突を回避することができますので，発見が遅れて衝突した場合，前方注視義務違反の過失を認定できますが，発見可能地点がⓅ地点（結果回避可能限界地点）よりも先の地点であった場合，被疑者が前方注視義務を尽くしていても，結果回避可能限界地点までに被害車両を発見することは不可能ですから，衝突を回避することができず，衝突を回避するためには，徐行する必要があり，よって，この

場合，被疑者には，徐行義務※違反の過失を問うことになるのです。

　よって，**実況見分の際は，被疑車両が徐行していた場合の停止距離を基にした結果回避可能限界地点も特定し，その地点からの見通し状況を見分する**と，非常に助かります。徐行義務を履行していれば結果回避可能性があったことが証拠上明確になるからです。

> ※　徐行義務とは，「交差点手前で徐行をした上，左右道路の安全確認を行う義務」のこと。徐行さえすれば足りるというものではありません。つまり，正確にいえば，前方注視義務に徐行義務が付加されるということです。

(3)　過失の認定

　以上の捜査の結果，確かに見通しは悪いが，前方左右の注視義務を尽くしていれば，必ずしも徐行までしなくとも事故を回避できたと認定される場合，過失の内容は単なる前方注視義務違反であって徐行義務違反ではなく（道路交通法違反＝注意義務違反ではないことに注意してください。），徐行をしなければ事故を回避できないと認定される場合は，過失の内容は徐行義務違反となります。

　ところで，私は，拙書の中で，何度か「道路交通法違反と注意義務違反は常に一致するとは限らない。」と注意喚起していますが（41頁等），なぜ「常に一致するとは限らない」のかについて，ここで簡単に説明しておきます。

　道路交通法の規定する交通ルールは，交通事故を回避しつつ円滑な自動車交通を促進するために定められており，その規定する注意義務も，**一般的・抽象的**な事案を想定したものであって，過失運転致死傷罪における「過失」の前提となる注意義務と一致する場合が大半ですが（道路交通法に従って運転していれば交通事故の発生を防げるとの指針をドライバーに与えることには大きな意味があります。），過失運転致死傷罪における注意義務の存否は，**個別的・具体的**な事案を通じて行う事実認定の問題だからです。道路交通法上の

義務を遵守しさえすれば，常に刑事罰も免れるなどといった理屈が通らないことは自明の理であり，自動車運転者は，事故回避のため取り得る最善の手段を講じなければ刑事責任を問われるのです。

では，次のCase14やCase15のような場合はどうでしょうか。

> **Case14** 道路の状況（例えば，進行方向が急な下り勾配）や車両の状況（例えば，死角の大きい大型車両）により，徐行でも足りず，一時停止する，最徐行して発進・停止を繰り返す，あるいは一時停止した上，一旦下車して前方の状況を確かめるといったことまでしなければ回避できなかった事故

このような事故においては，そもそも運転者にそこまでの注意義務を課すことができるのか，といった視点で捜査を行う必要があります。本件とは異なり車両を後退させた際の事故に関して，**一旦下車して自車の後方の安全確認をすべきとした裁判例**（東京高判昭54.11.15）と**そこまでの注意義務はないとした裁判例**（東京高判昭51.2.26）があります。この2つの裁判例が，下車すべき注意義務の有無を分けたメルクマール（基準）は，当該車両の死角の大きさや交通量等を総合考慮した結果予見の容易性と結果発生の蓋然性（危険性）の高さのようです。なお，このような注意義務の有無を検討する場合，被疑者において，特に認識していた事情を考慮に入れて検討する必要があることは言うまでもありません。

> **Case15** 当該交差点の近くに子供の住む居宅があり，被疑者において，その子供が路上で遊んでいるのを度々見かけていたようなケースで，事故時，その子供が路上にしゃがんで遊んでいたた

め被疑車両の死角に入り，気付かずにれき過してしまった事故

　このような事故の場合，被疑者に対し，交差点手前で一時停止し
た上，下車して進路前方の安全を確認すべき義務を課しても，被疑
者にとってそれほど酷ではないでしょう。ただし，自車の死角の状
況の認識のほか，子供がいる蓋然性の高さという点で，事故のあっ
た曜日や天候，時間帯といったことまで詳細に検討する必要があり
ます。

コラム　環状交差点における交通規制について

　平成25年6月に道路交通法の一部が改正されて，新たに「環状交差
点」における交通規制が整備され，平成26年9月1日に施行されまし
た。環状交差点においては，いわゆる右直事故の発生をなくすことが
できるなど，安全かつ円滑な交通整理を行う上で，大きな効果が期待
されています。そこで，改正法による環状交差点における交通規制に
ついて，簡単に説明しておきます。なお，本書においては，「交差点」
から「環状交差点」を除外して解説していますので，留意してくださ
い。
　環状交差点とは，「車両の通行の用に供する部分が環状の交差点で
あって，道路標識等により車両が当該部分を右回りに通行すべきこと
が指定されているもの」をいい（道路交通法4条3項），ポイントは，
以下の3点です。
　1点目は，交差点における右左折等の方法であり，定義のとおり，
環状交差点における交通は，常に右回り（時計回り）ですので，環状
交差点を右左折する場合，従来型の交差点における右左折の方法（同
法34条）とは異なり，「あらかじめその前からできる限り道路の左側
端に寄り，かつ，できる限り環状交差点の側端に沿って（道路標識等
により通行すべき部分が指定されているときは，その指定された部分
を通行して）徐行しなければならない。」と規定されています。(同法
35条の2第1項)。また，これに関連して，従来型の交差点では規定
されていなかった直進及び転回についても，同じ内容の規定が新設さ

れました（同条2項）。

　2点目は，他の車両との優劣関係であり，同法36条1項・2項，37条の規定にかかわらず，環状交差点内を通行する車両の方が優先し，また，同法36条3項の規定にかかわらず，環状交差点に進入する際は，徐行しなければなりません（同法37条の2第1項・第2項）。なお，これに関連して，交差点における一般的な注意義務規定である同法36条4項と同趣旨の規定も設けられています（同法37条の2第3項）。

　3点目は，合図の仕方であり，環状交差点においては，当該交差点を出るときなどにはウインカー等で合図を出さなければなりませんが（同法53条2項），従来型の交差点とは異なり，当該交差点に入るときには合図は不要です（同条1項，同法施行令21条参照）。なぜなら，環状交差点における交通は，常に右回りですので，進入時には常に左折することとなり，あえて合図を出す必要がないからです。

2　一時停止の道路標識が設置されている交差点における事故について

⑴　一時停止義務とは

　道路交通法43条は，「車両等は，交通整理が行なわれていない交差点又はその手前の直近において，道路標識等により一時停止すべきことが指定されているときは，道路標識等による停止線の直前（道路標識等による停止線が設けられていない場合にあっては，交差点の直前）で一時停止しなければならない。この場合において，当該車両等は，第36条第2項の規定に該当する場合のほか，交差道路を通行する車両等の進行妨害をしてはならない。」と規定しています。そして，道路交通法36条2項は，交差道路が優先道路である場合と幅員が明らかに広い道路である場合（以下「優先道路等」といいます。），交差道路から進行してくる車両等の進行妨害をしてはならないと規定しています。要するに，一時停止の道路標識がある道路を進行してきた車両の運転者は，交差道路が優先道路等である場合はもちろん，そうではない場合も交差道路から進行してくる車

両の**進行妨害をしてはならない**，つまり，これらの車両に急ブレーキをかけさせたり急ハンドルを切らせてはいけないということです。

　では，次の Case16 のような場合，どちらの車両が優先するのでしょうか。

> **Case16**　一時停止の道路標識のある道路を進行してきたＡ車が右方道路から進行してきたＢ車と出会い頭に衝突した事故（どちらも優先道路等でない場合）

　Ｂ車から見てＡ車は左方道路から進行してきた車両ですので，道路交通法43条と同法36条１項１号（交差道路を左方から進行してくる車両の進行を妨害してはならない。）の優劣関係が問題となりますが，結論としては，優劣関係はないと解されています（『道交法解説』340頁）。

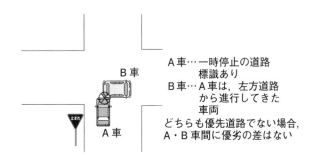

Ａ車…一時停止の道路　　標識あり
Ｂ車…Ａ車は，左方道路　　から進行してきた　　車両
どちらも優先道路でない場合，Ａ・Ｂ車間に優劣の差はない

(2)　過失の認定

　いずれにせよ，一時停止の道路標識がある道路を進行してきた車両の運転者は，この道路標識に従って交差点手前の停止位置で一時停止した上，左右道路から進行してくる車両の有無及びその安全を

確認してから発進すべき義務を負っており，この道路標識に従わず，あるいは道路標識を見落とした結果，交差点手前で一時停止せず，かつ，左右道路の安全確認義務も怠って交差点に進入した結果，左右道路から進行してきた車両と衝突し，同車の運転者や同乗者に死傷の結果を生じさせた場合，あるいは，一時停止はしたものの左右道路の安全確認義務を怠った結果，同様の事故を起こした場合，過失運転致死傷罪が成立します。

(3)　見通し見分

　過失の有無を判断するために見通し見分を実施する必要がある点は，1(2)で解説した一時停止の道路標識がない交差点の場合と同様です。ただし，一時停止の道路標識のある交差点の場合，一時停止位置で停止した状態で左右交差道路の見通し見分を行うことになります。そして，交差点の見通し状況等によっては，停止位置で一時停止しただけでは事故を回避できない場合があり，その際は，それ以上の注意義務を運転者に課すことができるかどうかを検討するための捜査が必要になってくることも1(3)で解説したとおりです。

3　赤色点滅と黄色点滅信号機が設置されている交差点における事故について

　交差点の中には，一時停止の道路標識はないが，一方の道路の対面信号機が赤色点滅で，もう一方の道路の対面信号機が黄色点滅の交差点があります。このような交差点は，「信号機により交通整理の行われている交差点」ではありません（最決昭44.5.22）。

(1)　黄色点滅と赤色点滅信号の意味

　道路交通法施行令2条では，「黄色の灯火の点滅信号」は，「車両等は，他の交通に注意して進行することができる」とあり，これ自体では特別の義務を課していません（最判昭48.5.22）。ただし，見通しの悪い交差点の場合，別途，同法42条の規定により徐行義務が

あることに注意してください。

　また，「赤色の灯火の点滅信号」は，「車両等は，停止位置におい
て一時停止しなければならない」とあり，一時停止義務が課されて
います。

⑵　判例による道路交通法43条の準用

　同法43条は，「道路標識等」によって一時停止義務が課されてい
る場合の規定ですので（「等」とは道路標示のことです。同法 2 条
1 項 4 号），赤色点滅信号によって一時停止義務が課される場合は，
同法43条の直接適用はありません。しかし，最高裁は，「道路交通法
43条は，交通整理の行われていない交差点において，道路標識等に
より一時停止すべきことが指示されているときは，車両は，所定の
停止位置で一時停止するほか，交差道路を通行する車両の進行妨害
をしてはならない旨を明定しているが，このような義務は，赤色の
燈火の点滅信号により一時停止が義務づけられる車両の運転者もま
た，一時停止の義務に当然に伴うものとして，負うものと解するの
が相当である。けだし，そのように解さなければ，赤色の燈火の点
滅信号が一時停止を義務づけている実質的な意味が失われるばかり
でなく，道路交通法の他の規定（特に36条 1 項。筆者注：左方車優
先の規定）との関係から，赤色の燈火の点滅信号により一時停止を
義務づけられている車両の運転者の方が黄色の燈火の点滅信号を表
示した交差道路の進行車両より優先的に進行を許容される場合を生
じ，これにより道路交通上の安全を確保することができないことに
なるからである。」と判示しており（最決昭50. 9. 11），赤色点滅信
号によって一時停止義務が課される車両の運転者に対しても，交差
道路から進行してくる車両の進行妨害をしてはならない義務が課さ
れることになります。

　よって，赤色点滅の対面信号機がある道路を進行してきた車両の

運転者に課される義務は，一時停止の道路標識がある道路を進行し
てきた車両の運転者に課される義務と同じであり，捜査事項や過失
の認定の仕方についても同じです（⇒92頁）。

4　見通しの悪い交差点と信頼の原則

(1)　信頼の原則の適用

> **Case17**　見通しの悪い交差点において，Ａ車の運転者に一時停
> 止後の安全不確認の過失が，Ｂ車の運転者に徐行義務違反の過失
> がそれぞれ認められ，双方の過失が相まって発生した事故（双方
> の車両に死傷者が出た場合）

　このような場合，両者とも自らの義務を果たしていませんので，
双方車両の運転者のいずれに対しても信頼の原則の適用はなく，両
者とも過失運転致死傷罪の罪責を負うことがあります。
　ただし，見通しの悪い交差点における事故についても，信頼の原
則が適用された次のような判例があります。

判例⑦	最判昭48.12.25

＜事案の概要＞
　一時停止後発進したところ，左方道路から高速度で進入してきた車両
と衝突した。

＜要　旨＞
　本件のように交通整理の行われていない，見通しの悪い交差点で，交
差する双方の道路の幅員がほぼ等しいような場合において，一時停止の
標識に従って停止線上で一時停止した車両が発進進行しようとする際に
は，自動車運転者としては，特別な事情がない限り，これと交差する道
路から交差点に進入しようとする他の車両が交通法規を守り，交差点で
徐行することを信頼して運転すれば足りるのであって，敢えて交通法規

に違反し，高速度で交差点に進入しようとする車両のありうることまでも予想してこれと交差する道路の交通の安全を確認し，もって事故の発生を未然に防止すべき業務上の注意義務はないものと解するのが相当である。

⑵　参考判例

　これに関連して，黄色点滅の対面信号機がある道路を進行してきた車両の運転者に課される義務と過失の認定について，参考になる2つの最高裁判例が出ています（最判昭48.5.22と最判平15.1.24）。これらの判例の前提となった事実はいずれも似ています。昭和48年判決の事例では，相手車両の運転者及び同乗者に死傷者が出て，平成15年判決の事例では，自車の同乗者に死傷者が出ました。以下，この2つの判決の違いに着目して読んでみてください。

判例⑧　　　　　　　　　　　　　　　　　　　　　　**最判昭48.5.22**

＜事案の概要＞
　被告人運転車両の対面信号機が黄色点滅で，相手車両の対面信号機が赤色点滅であり，交差点の左右の見通しが悪く被告人には徐行義務が課せられていたにもかかわらず，被告人車両は，不徐行のまま交差点に進入し，一時停止を無視して高速度で交差点に進入してきた相手車両と衝突した。

＜要　旨＞
　本件交差点の状況に照らし，被告人がその直前で徐行しなかったことは道路交通法42条に違反している疑いがないではなく，かつ，被告人がこの徐行をしていれば本件衝突は起らなかったかも知れないと考える余地があって，この意味で，右徐行懈怠と本件の結果発生との間には条件的な因果関係があるといえなくはないけれども……相手車両の運転者において適法な運転をしていさえすれば，被告人の徐行の有無に関係なく，本件衝突の発生するおそれはまったくなかったのであるから，被告人の徐行しなかったことは，本件の具体的状況のもとでは，なんら事故に直結したものといえず，これをもって不注意ということもできない。この

ようにみてくると，本件被告人のように，自車と対面する信号機が黄色
の燈火の点滅を表示しており，交差道路上の交通に対面する信号機が赤
色の燈火の点滅を表示している交差点に進入しようとする自動車運転者
としては，特段の事情がない限り，交差道路から交差点に接近してくる
車両があっても，その運転者において右信号に従い一時停止およびこれ
に伴う事故回避のための適切な行動をするものとして信頼して運転すれ
ば足り，それ以上に，本件の相手車両のように，あえて法規に違反して一
時停止をすることなく高速度で交差点を突破しようとする車両のありう
ることまで予想した周到な安全確認をすべき業務上の注意義務を負うも
のでなく，当時被告人が道路交通法42条所定の徐行義務を懈怠していた
としても，それはこのことに影響を及ぼさないと解するのが相当である。

　すなわち，交差道路の進行車両に進行妨害避止義務が課されるか
らといって，黄色点滅信号に対面する車両が，そのことを信頼して
法律上義務付けられた徐行をしないでよいわけではありませんが，
その徐行は，「交差道路からすでに交差点に入った車両や交差点の
直前で一時停止し，発進して交差点に入ろうとしている車両」があ
るかどうかを確かめ，かつ，それらの車両との衝突を避けるために
必要な程度のものでよく，一時停止もせずに交差点に進入してくる
車両があることまで予想した周到な安全確認をすべき注意義務はな
いと判断したのです（『最高裁判所判例解説刑事篇昭和50年度』224
頁参照）。しかし，この判決には，要旨，「被告人の不徐行は本件事
故にとって単に間接の関係にとどまるものとみるが如きは実体に即
しない独断であるとさえ考える。すなわち，本件事故は相手車両の
不停止と被告人車の不徐行との競合によって発生したものと認識す
ることによってはじめて，本件の交差点進行の場合における両車の
注意義務相互のあり方を正しく問うことができる。」旨の反対意見
があり，研究者等からも，「自分の対面信号機ではなく，相手方の
対面信号機を頼りに運転するというのは，本来法の予定していると

ころではない。」，「一方的に相手車両の運転者が赤色点滅信号表示に従って行動することを信頼することは許されない。」，「交差道路の進行車両に進行妨害避止義務が課されているからといって，黄色点滅の信号に対面する車両が，そのことを信頼して法律上義務付けられた徐行をしないでよいものではない。」といった批判が出ました（判タ1110号134頁，判時1806号157頁等）。

　これに対し，平成15年判決は，信頼の原則については一切言及せず，次のように判示しています。

判例⑨　　　　　　　　　　　　　　　　　　　**最判平15.1.24**

＜事案の概要＞
　交差点で車と車が出会い頭に衝突した交通事故であり，双方の道路に優先関係はなく，信号は，被告人車の進路が黄色の点滅，相手方の進路が赤色の点滅であった。また，被告人から見て，左右の交差道路の見通しは，困難な状況にあった。

＜要　旨＞
　対面信号機が黄色灯火の点滅を表示している際，交差道路から，一時停止も徐行もせず，時速約70キロメートルという高速で進入してくる車両があり得るとは，通常想定し難いものというべきである。しかも，当時は夜間であったから，たとえ相手方車両を視認したとしても，その速度を一瞬のうちに把握するのは困難であったと考えられる。こうした諸点にかんがみると，被告人車が相手車両を視認可能な地点に達したとしても，被告人において，現実に同車の存在を確認した上，衝突の危険を察知するまでには，若干の時間を要すると考えられるのであって，急制動の措置を講ずるのが遅れる可能性があることは，否定し難い。そうすると，被告人が時速10ないし15キロメートルに減速して交差点内に進入していたとしても，上記の急制動の措置を講ずるまでの時間を考えると，被告人車が衝突地点の手前で停止することができ，衝突を回避することができたものと断定することは，困難であるといわざるを得ない。

　以上のように，平成15年判決は，徐行義務不履行の注意義務違反

があったことを前提に，衝突の回避可能性という事実認定の領域で問題の解決を図っています（なお，捜査段階で実施された見通し見分によれば，形式的には，被告車両が時速10ないし15キロメートルで交差点に進入し，相手車両の発見可能地点で遅滞なく発見し，直ちに急制動の措置を講じれば衝突を回避可能でしたが，前記のとおり，同判例は，黄色点滅信号に対面した運転者の意識や，夜間で相手車両のライトしか見えない場合の危険察知の可能性等の実質的な要素も考慮に入れて結果回避可能性の有無を検討してこれを否定しており，この種の事故に関する過失の認定の仕方に関し，大きな示唆を与えていると思います。判タ1110号134頁・判時1806号157頁参照。）。

(3) 2つの最高裁判例の違い

平成15年判決は昭和48年判決には一切触れていませんが，私は，先例としての価値は平成15年判決にあり，自ら徐行義務を履行せず高速度で交差点に進入した車両の運転者に信頼の原則を適用するのは相当ではないと思います。実際，東京高判昭48.7.10は，徐行義務を遵守せず，時速約50ないし60キロメートルで見通しの悪い交差点を直進しようとした車両が，左方道路から一時停止の道路標識に従わないで交差点に進入してきた車両と衝突した事故において，直進車に信頼の原則の適用を認めませんでした（最高裁の昭和48年判決よりも後に出た判決ですが，同判決は，前記最高裁判決に言及していません。おそらく，赤色点滅信号表示に道路交通法43条が準用される旨の最高裁判例（95頁）が出る前だったからだと思います。）。自ら道路交通法に反する重大な注意義務違反をしながら，相手にのみ一時停止を求めることが相当性を欠くことは言うまでもなく（クリーンハンドの法理），私は，この東京高裁の判断の方が妥当だと考えています（同趣旨の裁判例として東京高判昭46.12.22があります。）。ただし，徐行義務違反の程度がそれほど大きくない場合（例

えば，時速15〜20キロメートルで交差点に進入したような場合）に
は，信頼の原則が適用になることもあり得るのではないかと思いま
すので，事案に応じた検討が必要でしょう。

最後に

　以上お話ししたように、見通しの悪い非信号交差点における事
故の捜査及び過失の認定に際しては，双方車両の運転者が，一時
停止義務や徐行義務をきちんと履行したかどうかを解明し，仮に
一方ないし双方がこれらの義務を履行していなかったことが判明
した場合，双方車両の速度に関する捜査を行い，また，見通し見
分を実施し，どちらの運転者に過失があるのか（結果予見可能性
及び結果回避可能性の有無），双方の過失が相まって発生した事
故なのか（前記した平成15年判決の事案では，一時停止無視をし
た車両の運転者も別途起訴され，実刑の有罪判決が確定していま
す。），といったことに留意してください。

第 4 講
直進車と右折車の衝突事故

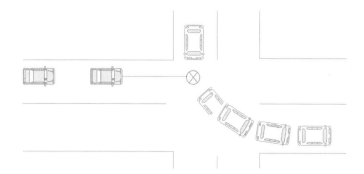

　この講では，交通事故が起こりやすい交差点における事故のうち，直進車と右折車の衝突事故について，過失を認定する手法を具体的に説明します。

　交差点における直進車と右折車の衝突事故は，一般に，「右直事故」と呼ばれていますので，本書でも，この呼び方で説明します。なお，右直事故の中には，青色直進可矢印信号（右折方向は赤色）が表示されている時の事故や，逆に青色右折可矢印信号（直進方向は赤色）が表示されている時の事故がありますが，これらの事故の場合，過失の有無の判断は，原則として信号表示によって行いますので，ここでは取り上げません。すなわち，ここで取り上げるのは，**直進車及び右折車の双方が青色信号の場合や信号機の設置されていない交差点における事故**です。

1 右直事故の過失

1 右直事故の過失を問われるのは，右折車？それとも直進車？

結論から言いますと，右直事故は，<u>直進車の優先通行権の有無等に</u><u>よって</u>，右折車の運転者が過失を問われる場合と直進車の運転者が過失を問われる場合とがあります。

(1) 原則は右折車に過失

道路交通法は，交差点内を通過する直進車と右折車とでは，直進車に優先通行権を認めていますので（同法37条），直進車の運転者は，右折車の運転者が自車に進路を譲ってくれる（結果回避措置を講じてくれる）と期待してよく，よって，衝突事故が発生した場合，原則として，過失を問われるのは右折車の運転者ということになります。しかし，優先通行権のある直進車といえども，右折車の有無やその動静に注意を払う必要がまったくないわけではなく（同法36条4項。東京高判昭56.7.15等），また，直進車が制限速度を大きく上回る高速度で走行していた場合には，優先通行権が喪失する（優先通行権を主張することが許されない）ことがあり，そのような場合，直進車の運転者の過失が問われることもあります（東京高判平13.10.24等）。

直進車の運転者の前記期待は，信頼の原則によるものであり，直進車の運転者にとって，右折車が動静不注視ないし前方不注視のまま進路前方に進出してくるかもしれないことは予見可能ですが，それに備えて制限速度を下回る速度まで減速するなどして進行すべき結果回避義務はありません。

　他方，高速度走行という道路交通法違反の運転を行い，優先通行権を主張できない直進車の運転者には，信頼の原則が適用されませんので，結果回避義務は免除されず，結果回避義務違反によって事故を惹起し，自車の同乗者や右折車の運転者等に人損が発生した場合には，直進車の運転者が過失責任を問われるのです。この場合，逆に，右折車の運転者において，直進車が制限速度を大きく上回る高速度で走行してくることはないであろうと信頼してよく，よって，まれにそのような無謀な運転をする直進車があることは予見可能ですが，これを前提とする結果回避義務が免除されるのです（最判昭47.4.7）。

右直事故の過失が問われるのは ── 原則 → 右折車両の運転者（直進車に優先通行権）

※もちろん，ケースバイケースです。　直進車が高速度走行 → 直進車の運転者の場合もある

⑵　優先通行権と進行妨害

　ところで，優先通行権とは何でしょうか。道路交通法37条は，「車両等は，交差点で右折する場合において，当該交差点において直進……しようとする車両等があるときは，当該車両等の進行妨害をしてはならない」と規定しており，すなわち，優先通行権とは，「直進車は，右折車から進行妨害を受けないという点で右折車に優先する。」という意味です。

　そして，「進行妨害」とは，「車両等が，進行を継続し，又は始めた場合においては危険を防止するため他の車両等がその速度又は方向を急に変更しなければならないこととなるおそれがあるときに，

その進行を継続し，又は始めることをいう」と定義されており（同法 2 条 1 項22号），要するに，**右折車は，優先通行権が認められている直進車に対し，急ハンドルや急制動をかけさせるようなことをしてはならない**ということです。

　ただし，先ほど解説したように，制限速度を大きく上回る高速度で進行しているわけではない直進車の運転者であっても，前方注視義務や動静注視義務は免除されず，前方で右折を開始した車両を認めた場合には，適宜速度を調整して進行し，事故を未然に防ぐべきですから，普通制動※により減速して右折車を先に通過させる必要がある場合があることに注意してください。

　　※　自動車が急ブレーキをかけた場合の動摩擦係数は，普通車の場合，乾燥路面で0.7～0.8だとされていますが，ここで，普通制動とは，動摩擦係数が0.2程度の減速のことをいいます。

> **Check Point**　優先通行権の喪失ですが，最高裁は，制限速度を時速10ないし20キロメートル超過した程度では，優先通行権は喪失しないとしており（最決昭52.12.7），一般的には，制限速度を時速30キロメートル以上超過していると優先通行権が否定されることが多いようです（前記東京高判平13.10.24等）。しかし例外もあり（仙台高判平5.2.1は，制限速度を30ないし40キロメートル毎時超過した直進車に優先通行権を認めた上，右折車の過失を認定しています。），その限界については，道路状況や事故の発生した時間帯，交通量等によって変わりますので，個別の事案ごとの検討が必要です（⇒112頁）。

　なお，右直事故の場合，右折車の運転者が，右折開始前に直進車を認めていたにもかかわらず，直進車の動静を注視（観察）しなかったため，先に右折を完了できると判断して右折を開始した結果，直進車と衝突した場合と，右折開始前に直進車を認めておらず，右折を開始した後に認めたが既に手遅れで衝突した場合や衝突まで直進車に気付かなかった場合とがあり，前者は動静注視義務違反の有無

が，後者では前方注視義務違反の有無が問題となりますので，以下，場合分けして解説します。

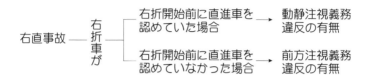

2 事前に直進車を認めていた場合

1 右折車の動静注視義務違反の有無

(1) 直進車の動静の判断

交差点を右折する際に対向直進車を前方に認めた場合，原則として，直進車の方に優先通行権があり，右折車は直進車の進行妨害をしてはなりませんから，**右折車の運転者は，直進車の動静を注視し，その時の直進車の進行地点と同車の速度，自車の速度等に照らし，直進車が来る前に右折を完了できるか（直進車の進行を妨害することなく直進車の進路前方を通過できるか）を判断**し，完了できると判断すればそのまま右折進行し，完了できないと判断すれば直進車の進路に入る手前で停止して直進車の通過を待つことになります。

右直事故の犯罪事実は，「対向直進してくる○○運転の普通自動二輪車を前方○○メートルの地点に認めたのであるから，同車の動静を注視し，その安全を確認しながら右折進行すべき自動車運転上の注意義務があるのに」などと記載しますが，この動静注視義務を具体的に言えば，前述のような判断を適切に行うべき注意義務ということになります（札幌高判昭52.3.17）。

そして，適切な判断を行うための前提として，直進車の走行速度に関する判断が正確に行われることが必要不可欠であることは言うまでもありません。

しかし，対向車線をこちらに向かって直進してくる車両の走行速度を短時間の観察で正確に判断するのは，実際にはかなり難しく，夜間で，かつ，直進車がバイクであったようなケースでは，より一

層難しくなります。

　その場合，その判断能力は，Ｆ１ドライバーのような卓越した動
体視力を持つ者を基準とするのではなく，一般ドライバーを基準に
考えますので，結局は，特段の事情がない限り，「制限速度で走っ
ているか，あるいは制限速度をオーバーしているとしても，せいぜ
い10キロか20キロ程度だろう。」といった程度のザックリした判断
で足りるといわざるを得ません。

⑵　**右折車の行動の判断時期**

　それでは，右折すべきか止まるべきかの判断はいつまでにするこ
とになるのでしょうか。この点，右折する場合の自動車の動きとし
ては，交差点の中央付近で一時停止後発進する場合や一時停止する
ことなく右折進行する場合などが考えられます。いずれにせよ，自
車を対向直進車の進路前方に進出させることなくその手前で止まる
ことができる地点までに判断することになります。その地点を越え
てしまうと，危険を察知して急ブレーキをかけても進路手前で停止
できず，直進車の進行妨害をする結果になってしまい，結果回避可
能性がないからです。

　つまり，この地点（結果回避可能限界地点）に至るまでの間に，
直進車の動静を注視し，適切な判断を行うべき注意義務が課される
のであり，この判断を誤って右折進行した結果，右折を完了する前
に直進車が来てしまい，衝突した場合に，右折車の運転者に動静注
視義務違反の過失が認定されるのです。

　ここでは，対向直進車が進行している車線を意味します。対向直進車がバイクの場合，四輪自動車のような車幅がありませんので，そのバイクの走行車線に多少入っても大丈夫なのではないかと思われるかもしれませんが，仮に衝突しなくてもバイクが衝突回避のため急ハンドルを切るなどして転倒滑走する危険がありますので（このような非衝突事故のことを「誘因事故」といいます。），この発想はあまりしないほうがよいでしょう。

　なお，前述の最判昭47.4.7は，右折車がバイクの進行車線に約1メートル進入して停止した事案に関し，「なお幅員4メートル以上の余裕があったから，バイクが僅かに左ハンドルを切るなどすれば容易に衝突を回避でき，よって，右折車の運転者においてバイクの運転者がそのような回避措置をとってくれると期待しうる状況であった」として，右折車の運転者の過失を否定していますが，この判例は，原審（東京高裁）が過失を認めた判決を，理由不備，審理不尽又は重大な事実誤認の疑いがあるとして破棄差し戻ししたものですから，かなり微妙な事案であったということができ，よって，公判を踏まえた捜査の在り方としては，前述のような発想を安易に持つことは慎むべきと考えます（およそこのような発想を持ってはいけないということではなく，ケースバイケースだということです。）。

　これに対し，対向直進車が制限速度を大きく上回る高速度で走行しており，同車の優先通行権が喪失するような場合で，かつ，同車の高速度走行が右折車の運転者の判断ミスを招いたと認められる場合には，この運転者に動静注視義務違反の過失を問うことができなくなり，他方，直進車の運転者には信頼の原則が適用されませんので，結果回避義務は免除されず，直進車の運転者の速度超過や前方不注視，動静不注視が原因で衝突事故に至った場合，直進車の運転者のほうが過失を問われることになります。

> **Check Point**　右直事故において，右折車の運転者の判断が適切であった
> かどうかを検討するためには，双方の車両の運転者を立ち会
> わせた実況見分を実施して，右折車の右折状況（一時停止の有無，進路
> 等），その際の同車の速度，対向直進車を認めた地点及びその時の直進
> 車の位置及び速度等を特定するとともに，右折車の運転者が直進車の速
> 度超過を主張して自己の過失を否認している場合や双方の車両の損壊状
> 況等から直進車が高速度で衝突したことが推認される場合には，目撃者
> がいれば，その者の取調べや実況見分が必要となるでしょうし，ドライ
> ブレコーダー，防犯カメラの映像，EDR※等の客観証拠があれば，それ
> をもとに右折車と直進車の速度を解明することになるでしょう。しかし，
> これらの証拠がない場合やあっても不十分な場合には，速度鑑定によっ
> て，右折車と直進車双方の速度を解明する捜査が必要になります。
>
> 　なお，この場合の速度鑑定は，いわゆるバリア換算速度を算定した上，
> エネルギー保存法則や運動量保存法則を使って行うことが多いので（山
> 崎俊一『交通事故解析の基礎と応用』東京法令出版・78頁），できれば
> 双方の車両自体を証拠保全しておくのが望ましく，それが難しい場合も，
> 車両損壊状況について計測した上で車両変形図を作成する，直進車がバ
> イクの場合は軸間距離（ホイルベース）の縮小量を計測する，詳細な写
> 真撮影をするといった証拠保全が必要です。
>
> ※　EDR（イベントデータレコーダー）とは，エアバッグの展開を伴う衝突等
> 　の前後の時間における車両の速度などの計測データを記録する装置のことであ
> 　り，EDRを解析することで衝突直前の速度やブレーキ操作の有無などが判明
> 　しますので，捜査には非常に役立ちます。ただし，全ての車種にEDRが搭載
> 　されているわけではないので，搭載の有無を確認する必要があります。

2　直進車の高速度が右折車の判断ミスを誘引した場合

⑴　判断ミスの原因の検討

　そして，これらの捜査の結果，直進車が制限速度を大きく上回る
高速度で走行していたと認められる場合，次に，この高速度が右折
車の運転者の判断ミスを招いた原因になっているかを検討すること
になります。

　具体的に，どのように検討するかといいますと，まず，当該道路の状況（直線道路か湾曲した道路か，幅員の広さ，車線の数等）や事故の発生した時間帯（通勤時間帯か，深夜か等），交通量等を総合的に検討した上，右折車の運転者において，直進車が制限速度をどの程度超過して走行してくることを予見すべきかを検討します。例えば，制限速度プラス時速20キロメートル程度は，通常予見すべきでしょうし，道路状況によっては，もっと速い速度まで予見しなければならないケースもあります。

　次に，予見すべき最高速度で直進車が進行していたとして，その速度であれば右折車の運転者が直進車の優先通行権を妨害して事故を起こすことはなかったのかどうかを検討します。

右折車の運転者が予見すべき直進車の速度を検討

↓

直進車がその速度内であれば，右折車の運転者は
事故を起こさなかったのか検討

　ここでは，まず，過失の認定が微妙な事例における詳細な検討方法を紹介し，次に，そこまでの事例ではない場合の簡易な検討方法を紹介します。

(2)　詳細な検討方法

> **Case18**　制限速度時速50キロメートルの道路で，直進車が時速90キロメートルで走行し，交差点において右折車と衝突した事故（道路状況等に鑑み，右折車の運転者が予見すべき直進車の最高速度は時速70キロメートルであった場合）。

　このとき，右折車の運転者が右折を開始する前に直進車を認めた地点を①として，その時の直進車の走行地点を⑦とし，その後，右折車が右折を開始した地点を②とし，直進車の走行車線の直前で停止可能な最終地点（結果回避可能限界地点）を③とし，右折車が同車線に進入した地点（車体前部が同車線に入った地点）を④とし，仮に衝突しなければ右折車が同車線から離脱した地点（車体後部が同車線を出た地点）を⑤とします（実際の衝突地点（⊗）を車体後部が通過した地点として特定する方法もあります。こちらの方が右折に要する時間が短縮されますので，右折車の運転者にとって有利になります。）。なお，右折車の運転者が直進車を認めたのが③地点よりも後だった場合，結果回避可能性がありませんので，動静注視義務違反を問うことはできず，後で説明する前方不注視の過失を検討することになります。

　次に，右折車が②地点で右折を開始した時点の直進車の位置を，右折車の速度を鑑定等で明らかになった実際の速度とし，直進車の速度を時速70キロメートルであったと仮定して，①から②までの右折車の進行距離から計算して特定します。ここでは，⑦地点とします。

制限速度 50km/h
直進車の実際の速度 90km/h
予見すべき直進車の最高速度 70km/h

$$\frac{①から②までの進行距離}{右折車の実際の速度} \times 予見すべき直進車の速度＝⑦から④までの距離$$

　そして，直進車が⑦地点で普通制動をかけた場合，直進車が実際の衝突地点（⊗）に到達する前に右折車が⑤地点まで進行できたか（あるいは右折車の後部が⊗地点を通過できたか）を検討します。

　「直進車が普通制動をかけた場合」という条件を付けたのは，前述のように，優先通行権のある直進車に急ブレーキをかけさせてはなりませんが，このような直進車といえども，右折を開始した車両を認めたときには，適宜速度を調節して衝突を回避すべき義務を負担するからであり，右折車の運転者において，直進車に対して，この義務の履行を期待することが不合理とはいえないからです（最判昭47.4.7）。もちろん，実際の事故では，直進車の運転者が右折車の避譲措置を一方的に期待し，あるいは前方不注視により右折車に気付かず，一切減速しないで進行してくるようなケースもありますが，過失の認定に関しても立証責任を負担する検察官としては，右折車の運転者において直進車の運転者の適切な措置を期待したことを前提としても右折を敢行した判断に誤りがあったことを立証する必要があるのです（直進車が減速した場合，同車の衝突地点までの到達時間が長くなり，右折車が右折を完了しなければならない時間制限に余裕ができますので，右折車の運転者の過失を問いにくくなります。）。

　この例では，検討の結果，直進車が制限速度の10キロオーバーの時速60キロメートルで進行していたとしても，直進車が⊗地点に到達する前に右折車が⑤地点まで進行可能だった（右折車後部が⊗地点を通過できた）が，20キロオーバーの時速70キロメートルだと⊗地点に到達する前に⑤地点まで進行できなかった（右折車の後部が⊗地点を通過できなかった）ことが判明したとします。

　この場合，右折車の運転者が，①ないし②地点で「行ける」（先に右折を完了できる）と判断したのは誤っていたことになります。

　他方，時速70キロメートルでも直進車が⊗地点に到達する前に⑤地点まで進行可能（右折車の後部が⊗地点を通過できた）との検討結果になった場合は，右折車の運転者の判断は，誤っていなかったことになります。

> **Check Point**　Case18において，右折車の運転者は，①地点を走行中に㋐地点を進行してくる直進車を認めて以降は，直進車の進行状況を見ていないと設定しましたが，①地点が②地点や③地点の相当程度手前であるようなケースや，①地点で一時停止していたときに直進車を認め，その後，おもむろに発進して右折を開始したようなケースでは，①地点における判断を②地点や③地点において修正すべき場合も出てきます。同運転者に対し，①地点以降も直進車の進行状況（動静）を継続して注視すべき義務が課されることがあり（東京高判平11.12.27等），この点にも留意して捜査に当たることが必要です。

⑶　簡易な検討方法

　次の事案は，実際にあった事故であり，右折車の運転者が，前方をよく見ていなかったため直進車の発見が遅れており，事故態様としては，本講３で解説する「事前に直進車を認めていなかった場合」に該当しますが，後述するように，この場合であっても検討方法は同じですので，便宜上，ここで解説します。

Case19　制限速度が時速40キロメートルの片側２車線道路の第２車線（センターライン側の車線）を進行してきた普通乗用自動車（車長５メートル）が，信号に従って交差点に進入し，交差点内で一旦停止することなく時速15キロ

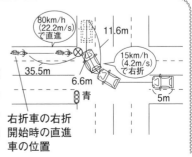

80km/h（22.2m/s）で直進　11.6m
15km/h（4.2m/s）で右折
35.5m
6.6m
青
5m

右折車の右折開始時の直進車の位置

116

メートル（秒速4.2メートル）で右折を開始したところ，右折開
始地点から6.6メートル進行した地点で，同交差点を直進してき
た普通自動二輪車に自車左前角部を衝突させ，同自動二輪車の運
転者に傷害を負わせた事故

　本件では，速度鑑定の結果，直進車の走行速度は制限速度の２倍
の時速80キロメートル（秒速22.2メートル）であったことが判明し
ました。そして，道路状況等に鑑み，右折車の運転者としては，時
速60キロメートル（秒速16.7メートル）の直進車までは予想すべき
と判断されました。

　つまり，右折車が右折を開始してから衝突するまでの距離（6.6
メートル）を右折車が進行するのに要する時間は,1.6秒（6.6÷4.2＝
1.57）ですので（この事案では，右折車の運転者は衝突直前に直進
車を発見してブレーキをかけていますが，空走距離内で衝突してい
るので，右折車の減速は考慮に入れていません），実際の直進車は,
右折車が右折を開始した時点で，衝突地点の35.5メートル（22.2×
1.6＝35.52）手前の地点を走行していたことになります。

　そして，前述のように衝突箇所が右折車の左前角部であることか
ら，同車の車長分（５メートル）だけ進行していれば同車の後部が
衝突地点を通過して衝突を避けられたことになりますが，そのため
には，同車は，右折開始地点から11.6メートル（6.6＋5＝11.6）
進行する必要があり，この距離を進行するのに要する時間は，2.8
秒（11.6÷4.2＝2.76）であり，直進車の走行速度を時速60キロメー
トルとすると，この時間に直進車は46.8メートル（16.7×2.8＝46.76）
進行することになります。

　つまり，右折車の運転者は，右折開始時点で直進車が衝突地点か
ら46.8メートル手前の地点までの間を進行していた場合には，直ち

に停止して直進車を先に通過させなければならなかったことになります（時速15キロメートルの停止距離は4.4メートルですので，衝突地点手前で停止可能です）。

したがって，右折車の運転者が前方注視義務を尽くしていれば，右折開始地点で衝突地点の35.5メートル手前の地点を走行する直進車を発見したことになり，この距離は46.8メートルよりも10メートル以上近いのですから，右折を差し控えるべきでした。なお，右折車が右折を開始したのを認めた直進車が普通制動をかけたとした場合，2.8秒間で42メートル進行する（計算式は略）ことになりますので，この場合であっても右折を差し控えるべきだったという結論は変わりませんでした。

その結果，右折車の運転者に過失を認定することができたのです。

```
制限速度　40km/h
予見すべき直進車の速度　60km/h（16.7m/s）
☆右折車が直進車と衝突せずに⊗を通過するためには，
　6.6+5（m）
　─────── ＝2.8秒かかる
　4.2（m/s）
　　　↓
　その2.8秒の間に直進車が進む距離は，
　2.8秒 ×16.7m/s＝46.8m
→衝突地点から46.8m手前まで直進車が進行していた場合，直進車を
　先に通過させなくてはいけなかった
　　　↓
　直進車の速度が制限速度の2倍でも，右折車の運転者に過失を認定
```

この事例では，直進車が制限速度の2倍という高速度で走行していましたが，それでも右折車の運転者の過失が認められました（衝突箇所が右折車の左前角部だったことがポイントでしょう。）。さすがにこの速度ですと，直進車の優先通行権は喪失すると思いますが，本件では，仮に直進車が優先通行権を主張し得る程度の高速度であっ

　たとしても衝突を回避できなかったわけですから，その限度での結果回避義務違反があり，よって，右折車の運転者の過失は否認されないのです。なお，この事故で，右折車の運転者も傷害を負っていたとしたら，優先通行権を主張できない直進車の運転者も過失責任を問われた可能性がありました。

　右直事故を捜査する場合，「直進車が高速度イコール右折車無過失」といった先入観念を持つことなく，個別具体的に検討する必要があることを端的に示す事例です。

3 事前に直進車を認めていなかった場合

1 原則は右折車に前方注視義務違反の過失

　右折車の運転者が，直進車が進行してくることに気付かずに右折を開始して直進車に衝突した場合や，直前に気付いて急制動の措置を講じたが間に合わずに衝突したような場合，原則として，右折車の運転者に前方注視義務違反の過失が認められます。

2 直進車の優先通行権が否定される場合

⑴ 優先通行権を否定した2つの判例

　それでは，直進車が制限速度を大きく上回る高速度で進行してきた場合で，直進車の優先通行権が否定されるようなケースでは，どうでしょうか。

　この点，参考になる下級審の裁判例が2つあります。

判例⑩　　　　　　　　　　　　　　　　　富山地裁高岡支部判昭47.5.2

＜事案の概要＞
　右折車が，時速100キロメートルを下回らない高速度で直進してきた自動二輪車に衝突した事故
＜要　旨＞
　「右折車としては，直進車が制限速度内またはそれに近い速度で進行することを前提に，直進車と衝突する危険のある範囲内の前方の状況を確認し，かつ，その範囲内に進行する直進車の避譲をすれば足りるのであって，これ以上に制限速度をはるかに超える速度で進行する車両等のあることを現認している場合は格別，これに気付かない場合にまで，そ

120

のことを予想して見とおしのきく限り前方の状況を確認し，かつ，全ての直進車を避譲しなければならぬ業務上の注意義務はない。」とした上，証拠に照らし，被告人は，右折開始時，前記範囲内の前方の状況を確認しており，直進車は，その範囲外を走行していたと認められるとして，被告人の過失を否定した。

判例⑪　　　　　　　　　　　　　　　　　　**福岡高裁那覇支部判昭61.2.6**

＜事案の概要＞

　右直事故ではなく，右に転回（Uターン）中，後方から直進してきた自動二輪車に気付かずに自車を同自動二輪車に衝突させた事故

＜要　旨＞

　「仮に被告人が転回開始時に直進車を認めていたとしても，その際の同車との距離関係によっては，同車が制限速度かあるいは同速度をある程度上回る速度で走行してくるものと信頼してよく，特段の事情のない限り，交通法規に違反して高速度で疾走して被告人車両を追い越そうとする車両のあり得ることまで予想し，転回を差し控えるべき注意義務はないとしてよい場合があり得る。」とした上，「証拠に照らし，本件においては，かかる信頼をして転回を開始して差し支えない事案であった。」と認定し，「被告人には，転回するに当たっての後方安全確認義務違反は認められるが，その義務違反は本件事故と相当因果関係を有しない。」として被告人の過失責任を否定した。

　これらの裁判例に対しては，「右直の事故において，右折車の運転者が，直進車が制限速度を守っているか，あるいはせいぜい制限速度を時速10ないし20キロメートルオーバーしている程度の速度で進行してくるだろうと信頼することが許されるのは，同運転者において，前方注視義務を尽くし，結果回避可能限界地点よりも前の地点で直進車を認めた場合のみであり，自らは前方注視義務を尽くさず，直進車両を発見できなかったにもかかわらず，信頼の原則を適用すべきではないし，結果に対して責任を問わないのはおかしい。」

という反論が考えられます。

　しかし，前記した富山地裁高岡支部判決が判示するように，「直進車が制限速度を守っているか，あるいはせいぜい制限速度を時速10ないし20キロメートルオーバーしている程度の速度で進行してくるだろう」との信頼を基礎とする以上，「前方注視義務を尽くすべき範囲」も，「制限速度を時速10ないし20キロメートルオーバーしている車両との安全を確認するための範囲」に限定するのがむしろ整合的であり，実際問題としても，右折車の運転者としては，前方のみを注視すれば足りるのではなく，後方から自車の右側を追い越そうとする車両がないか，右折先の横断歩道上を横断する歩行者等がいないかといった後方や右方に対する注視も当然必要ですから，無制限の前方注視義務を課すことは，かえって交通の安全を害する結果になるのではないかと思います。

　また，福岡高裁那覇支部の判決については，被告人の過失責任を否定する理由として，「相当因果関係がない」とした点については個人的に疑問がありますが，仮に事前に後続車を発見していたとしてもUターンを開始したであろうことが推認される場合，Uターンを差し控えて事故を回避することを期待できず，結果回避可能性が認められないので，これを前提とする結果回避義務もなく，よって，被告人の後方の安全不確認をもって注意義務違反の過失と捉えることができないと考えれば，結論としては妥当だと思います。第1講の中で，結果回避可能性とは，①客観的に事故を回避するための適切な処置がとれたこと，②主観的に運転者がその適切な回避措置を選択する正常な判断力を有していたことを意味すると解説しましたが，本件の場合，客観的には，Uターンを差し控えることは可能ですが，前述のように，主観的にそのような適切な回避措置を選択することが期待できません（つまり，直進車が高速度で進行してくる

ことが予測できない以上，後続車を発見したとしても回避措置をとるという判断をしなかっただろうということです。）ので，主観的結果回避可能性がないのです。

(2) **過失の認定の検討**

　以上から，直進車未発見の右直事故の捜査においても，右折車の運転者から，「私なりに前方を確認しており，結果として発見できなかったのは，直進車がよほど高速度で遠方を進行していたからではないか。」といった主張が出た場合や，双方車両の損壊状況等に照らし，直進車の速度が速かったことが推認されるような事案では，双方車両の速度を解明した上で，右折開始時等における右折車と直進車の位置関係を特定し，直進車が高速度走行をしていなかった場合，同車が衝突地点に到達する前に右折を完了できたかどうかを，前述の直進車を事前に認めていた場合（⇒111頁）と同様の方法で検討する必要があります。

　そして，その結果，直進車が，制限速度である時速50キロメートルを時速20キロメートル超過する時速70キロメートルで進行してきていたとした場合には衝突を回避できたが，実際には時速90キロメートルの高速度で進行してきたため，衝突を回避できなかったことが判明した場合，右折車の運転者が事前に直進車を発見しておらず，かつ，それが同運転者の前方注視義務違反による場合であっても，前方注視義務を尽くして直進車を早期に発見した上，適切な結果回避措置を講ぜよとの結果回避義務を課すことができませんので，右折車の運転者に過失運転致死傷の罪責を負わせることはできないということになります。

最後に

　今回は，右直事故における過失の認定の仕方について解説しました。右直事故の場合，夜間で直進車が自動二輪車のケースが多く，しかも重傷事故や死亡事故になることが多いので，直進車の速度が争点となった場合，直進車の運転者の供述を得ることが難しいことが少なからずあります。

　ですから，このような事故の場合，目撃者を確保することに努めることはもちろん，後日，適切な速度鑑定を行うことができるよう，防犯カメラの映像等の客観的証拠の収集・保全や車両の損傷状況の見分等の捜査が必要不可欠であるということに意を留めてください。

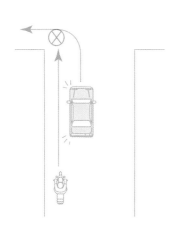

第 5 講
交差点の右左折時における
後続車巻き込み事故

　この講では，交差点を右折又は左折しようとした車両が同車の後方から直進してきた車両と衝突する事故（右左折時における後続車巻き込み事故）について解説します。

　このような事故においては，後続直進車は，二輪車（自動二輪車，原動機付自転車及び自転車）の場合がほとんどです。車幅のある自動車（四輪車）の場合，右方や左方の通行余地を直進して先行車両を追い越すのは，物理的に困難なケースが多く，結果的に，右左折時に巻き込まれるような事態になりにくいからです。

　なお，似たような事故で，進路変更（車線変更を含む）や転回（Ｕターン）をしようとして後続直進車と衝突する事故がありますが，過失の有無に関する考え方は，基本的には，右左折時における後続車巻き込み事故の場合と同じです。

1 右左折時における右左折方法及び合図の出し方

　道路交通法は，右折車の右折方法について，

> 　あらかじめその前からできる限り道路の中央に寄り，かつ，交差点の中心の直近の内側を徐行しなければならない。

と規定し（同法34条2項），左折車の左折方法について，

> 　あらかじめその前からできる限り道路の左側端に寄り，かつ，できる限り道路の左側端に沿って徐行しなければならない。

と規定しています（同法34条1項）。

　なお，進路変更や転回に関しては，道路交通法は，その方法を定めていません（環状交差点を除く。⇨91頁）。

　そして，「道路の中央に寄」ったり，「道路の左側端に寄」ったりするのは，「同一方向に進行しながら進路を変えるとき」（同法53条1項）に当たりますので，進路変更開始の3秒前に進路変更の合図をする（右ないし左のウインカーを点滅させる）必要があり（同条3項，同法施行令21条），かつ，その後，右左折をするに当たっては，交差点の手前の側端から30メートル手前の地点に到達したときに右左折の合図をする（同上）必要がありますので（同法53条1項，3項，同法施行令21条），既に道路の中央寄りや左側端を走行中の車両が右左折する場合を除き，交差点の手前の側端の30メートル手前の更に3秒前に右ないし左のウインカーを点滅させ，その後，右左折が完了するまでその合図を継続しなければならないことになります。なお，転回する場合は，転回しようとする地点の30メートル手前の地点に達したときに右のウインカーを点滅させる必要があります（同法53条1項，3項，同法施行令21条）。

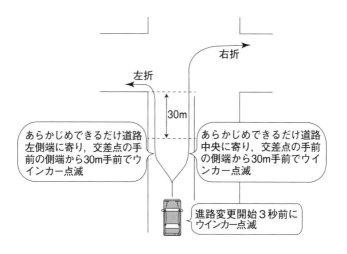

以上のとおり，交差点を右折又は左折しようとする場合の右左折方法は，ほぼ左右対称で同じであり，これらの右左折準備行為によって，右左折車の後方から進行してくる直進車両の運転者に対し，先行車両が右左折することを早期に知らせることができ，右左折時の巻き込み事故を未然に防ぐことができるのです。

2　後続直進車との優劣関係

　次に，右左折車と後続直進車との優劣関係ですが，右左折車が右左折の前段階の進路変更のための合図を出した際は，後続直進車は，「その速度又は方向を急に変更しなければならないこととなる場合を除き」，右左折車の進路の変更を妨げてはならないとされており（同法34条6項），他方で，「車両は，進路を変更した場合にその変更した後の進路と同一の進路を後方から進行してくる車両等の速度又は方向を急に変更させることとなるおそれがあるときは，進路を変更してはならない」とされていますので（同法26条の2第2項），右左折車の進路変更により，後続直進車が急ハンドルや急ブレーキをかけなければ衝突を回避できないような場合（このような措置を講じても衝突を回避できない場合を含みます。）は，後続直進車が優先しますが，そうでない場合は，右左折車が優先することになります。

　例えば，進路前方の交差点を左折しようとする車両の運転者は，既に道路の左側端を進行している場合を除き，まずは，道路左側端に寄る（進路変更する）ための合図を出すことになりますが，その際，同車の後方を追従する車両との車間距離が十分に開いていた場合，後続車は，急ハンドルや急ブレーキをかけなくても衝突回避が十分に可能ですので，適宜減速するなどして道路左側端に進路変更してくる車両の後方を安全な車間距離を保って走行できるようにすべきであり，先行車両の左側の通行余地に割り込んで無理な追越しをするような行為をすることは許されません。これに対し，左折車が進路変更のための合図を出した時点で，同車の後方を追従する車両との車間距離が十分でなかった場合，進路変更を行うと，後続車は，先行車の車線変更に

巻き込まれないようにするため急ハンドルや急ブレーキをかけなければならなくなります。したがって，後続車の方が優先し，左折車の運転者は，後続車が自車の左側方を通過するのを待って進路変更を開始しなければなりません。前述のように，合図を出すのは進路変更の３秒前ですから，結局，先行車が進路変更のための合図を出した時点で，後続車が接近している場合には，同車がその３秒の間に自主的に安全な車間距離を取ったような場合や同車が自車の側方を通過した場合を除き，進路変更してはいけません。逆に，合図を出した時点で，後続車が離れている場合，後続車は，その３秒の間，適切な車間距離をとり続けなければならないことになります。次項で紹介する最高裁判例を通じて，後続車が先行する右左折車を「適法に」追い抜くことができる場合か否かが，右左折車の運転者の注意義務の有無及び程度を決める上でのメルクマールとなることを解説します。ここにいう「適法」とは右左折車と後続車との車間距離が十分でなく，後続車が優先する場合を意味し，逆に，「違法」とは車間距離が十分にあり，右左折車が優先する場合を意味します。

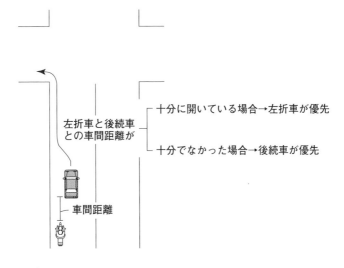

左折車と後続車との車間距離が
━ 十分に開いている場合→左折車が優先

━ 十分でなかった場合→後続車が優先

車間距離

3 右左折時における注意義務に関する最高裁判例

1 「適切な右左折準備態勢に入った後」の注意義務

(1) 信頼の原則による結果回避義務の免除

最高裁は，右折車が右折の準備態勢に入った後の同車の運転者に課される注意義務の内容について，次のように判示しています。

判例⑫－1　　　　　　　　　　　　　　　　　　　　　　**最判昭45.9.24**

＜要　旨＞

　右折しようとする車両の運転者は，その時の道路及び交通の状態その他の具体的状況に応じた適切な右折準備態勢に入った後は，特段の事情がない限り，後進車があっても，その運転者において，追突等の事故を回避するよう正しい運転をするであろうことを期待して運転すれば足り，それ以上に，違法異常な運転をする者のありうることまでを予想して周到な後方安全確認をなすべき注意義務はない。

同じく，左折車が左折の準備態勢に入った後の同車の運転者に課される注意義務の程度について，次のように判示しています。

判例⑬　　　　　　　　　　　　　　　　　　　　　　　**最判昭46.6.25**

＜要　旨＞

　交差点で左折しようとする車両の運転者は，その時の道路及び交通の状態その他の具体的状況に応じた適切な左折準備態勢に入った後は，特別な事情がない限り，後進車があっても，その運転者が交通法規を守り追突等の事故を回避するよう適切な行動に出ることを信頼して運転すれ

ば足り，それ以上に，あえて法規に違反し自車の左方を強引に突破しようとする車両のありうることまでも予想した上での周到な後方安全確認をなすべき注意義務はないものと解するのが相当である。

　ここで，「適切な右左折準備態勢に入った」とは，右左折時の事故の場合は，適切な合図をした上で進路変更し，右左折を開始する地点に向けて進行している状態を意味し，右左折のための進路変更時の事故の場合は，適切な合図をした上で進路変更を開始する直前の状態を意味します。

　すなわち，最高裁は，ここでも信頼の原則を採用し，**信頼の基礎を欠く「特段（特別）の事情」がある場合を除き，「周到な後方安全確認義務」（結果回避義務）を免除**しているのです。

判例⑫－2　　　　　　　　　　　　　　　最判昭45.9.24

＜要　旨＞
　右折車の運転者は，右折を開始するにあたり，……後進車との衝突を回避するよう配慮すべきものであることはいうまでもない。しかしながら，右折過程の進行するに伴い，対向車及び右折後進入すべき道路上の他の車両との衝突の危険がしだいに増大することもまた見易い道理であって，右折車の運転者は，これらの車両との関係において，前方の安全を確認すべき義務を負い，後方の安全のみに注意を奪われていてはならないのである。

　最判昭45.9.24は，判例⑫－1に示した部分に先立ち，以上のように判示しています。これは，最高裁が適切な右折準備態勢に入った後の運転者に課すべき注意義務の程度を軽減すべきと判断した背景事情（理由）だと思います。左折車の運転者の場合も，対向車の存在を考慮しなくていいほかは，右折車の運転者と同様であり，左

132

折の準備態勢に入った後は，左折先の道路の安全に対する注意により一層の注意を払うべきでしょう。

(2) 信頼の原則の適否の判断基準

　これらの事故における「信頼の原則」の意味するところをより正確に理解するために参考になるのが，左折時巻き込み事故に関する次の最高裁判例です。

判例⑭－1　　　　　　　　　　　　　　　　　　　　**最決昭49.4.6**

＜要　旨＞

　最判昭46.6.25（判例⑬）は，「交差点で左折しようとする車両の運転者は，その時の道路及び交通の状態その他の具体的状況に応じた適切な左折準備態勢に入った後は，特別な事情がない限り，後進車があっても，その運転者が交通法規を守り追突等の事故を回避するよう適切な行動に出ることを信頼して運転すれば足り，それ以上に，あえて法規に違反し自車の左方を強引に突破しようとする車両のありうることまでも予想した上での周到な後方安全確認をなすべき注意義務はないものと解するのが相当である」と判示しており，後進車の運転者において自車の左方を突破することが交通法規に違反するような場合についての判例であることが明らかであるが，本件は，後進車の運転者において自車の左方を追い抜くことが交通法規に違反するものとは認められない場合であって，最判昭46.6.25（判例⑬）とは事案を異にし，信頼の原則の適用はない。

　同様のことは，右折時においても言えるでしょう。

　要するに，右左折時巻き込み事故における「信頼」は，これらの最高裁判例が判示するように，「あえて法規に違反し（違法に）自車の左方を強引に突破しようとする車両のあり得ることまでは予想しなくてよい信頼」ですから，その反対解釈で，「後続直進車の運転者が交通法規を守っている（適法）」場合には適用がありません。そして，「後続直進車が交通法規を守っているか否か」（適法か違法か）は，道路交通法に基づく優劣関係によって判断し（⇨本講2），

その結果, 自車の右左方を適法に追い抜くことが許される後続車があるときは, 信頼の原則の適用はなく, 右左折車の運転者は, 適切な右左折の準備態勢に入った後であっても, 「周到な後方安全確認義務」が免除されることはないのです。

　ということは, **これらの判例は, 「適法に自車の右左方を追い抜く後続車があるかどうかを確認する義務がある」** ことを当然の前提**としており** (『最高裁判所判例解説刑事篇昭和49年度』65頁), その限りでは, 信頼の原則は適用がなく, ただ, 右左折の合図をした後, 進路変更を開始する時点, あるいは右左折を開始する時点で, その右左方を適法に追い抜くことが許されない状況にある後続車に対しては, その運転者において自車の進路変更や右左折を妨害しないものと信頼してよく, よって, 例えば, 死角のある貨物自動車を運転して交差点を左折する際は, ルームミラーやドアミラーを見るなどして後続車の有無を確認した上で左折を行えば十分であって, それ以上に, 運転席を離れて車体の左側に寄り, その側窓から首を出すなどして左後方の死角にある車両を確認するまでの義務はありません (最判昭45.3.31)。

⑶　周到な後方安全確認義務

　続いて, 「周到な後方安全確認義務」とは何かについて, これまで紹介してきたものを含め, 他にもいくつか出ている最高裁判例を基に検討してみましょう。

　最高裁判例は, 左折時の事故について, 次のア〜ウ, 右折時の事故について, エ〜カがあります。ウを除き被告人 (右左折車の運転者) の過失を否定しています。

　　ア……普通貨物自動車の運転者が, 左折開始前に後写鏡を見たが被害車両 (自動二輪車) を発見せずに左折を開始して衝突した事案 (最判昭45.3.31) (⇒判例⑮, 136頁)

イ……大型貨物自動車の運転者が，左折開始前に左サイドミラーを見て被害車両（自転車）を発見したが，左折直前に同車を一瞥したのみで，同車の動静不注視のまま左折を開始して衝突した事案（最判昭46.6.25）（⇨判例⑬，130頁）

ウ……普通貨物自動車の運転者が，左折開始前に車内鏡を見て被害車両（自動二輪車）を発見したが，動静不注視のまま左折を開始して衝突した事案（最決昭49.4.6）（⇨判例⑭，132，150頁）

エ……原動機付自転車の運転者が，右折開始前に右後方を一瞥したが被害車両（自動二輪車）を発見せずに右折を開始して衝突した事案（最判昭42.10.13）

オ……自動二輪車の運転者が，右折開始前に右後方を一瞥したが被害車両（原動機付自転車）を発見せずに右折を開始して衝突した事案（最判昭45.9.24）（⇨判例⑫，130，131頁）

カ……普通乗用自動車の運転者が，右折開始前に右サイドミラーを一瞥したが被害車両（自動二輪車）を発見せずに右折を開始して衝突した事案（最判昭47.11.16）（⇨判例⑰，153頁）

この中で，「周到な後方安全確認義務」を具体的に摘示しているのはアのみで，その内容は，「運転席を離れて車体の左側に寄り，その側窓から首を出す等して左後方のいわゆる死角にある他車両の有無を確認するまでの義務」であり，他の判例は，被告人の過失を認定したウを除き，実際に被告人が行った後方確認方法で十分だとしているようです（ウの事案については，後ほど詳しく解説します。⇨150頁）。

すなわち，判例⑫から⑭を総合すると，最高裁は，「凝視（ジッと見る）」していれば発見できたであろう被害車両を，「一瞥（チラッと見る）」しただけだったので発見できなかった場合も，後方確認

義務としては十分だと判断していると考えられます。

　運転者が右後方や左後方の安全を確認する方法としては，ルームミラーやドアミラー（サイドミラー）を見る方法，後方を振り返って見る方法，運転席の窓から首を出して見る方法，助手席側に移動して助手席の窓から首を出してみる方法などがあり，後になればなるほど，「周到」さを増します。運転車両の車種によっては，自動二輪車や原動機付自転車のように，後方を振り返ることにより一切の死角なしに後方の安全確認をすることができる車両もあれば，幌付きのトラックのようにルームミラーを見たり振り返ったりしても十分な後方の安全確認を行うことができず，サイドミラーを見たり窓から首を出したりする必要がある車両もあります。

　よって，どのような確認方法が「周到」なのかについては一概には定義できませんが，適切な右左折準備態勢に入った後の右左折車の運転者は，ミラーを見たり振り返ったりして後方をチラッと見て確認する程度で足りるというのが，最高裁の見解ではないかと思いますので，「周到な後方安全確認義務」とは，死角がないか死角が小さい普通乗用自動車やバイクの場合，後続直進車を見落としたりしないようミラーを見たり振り返ったりして後方をジッと見る，死角が大きいトラックの場合，さらに，運転席窓や助手席窓から首を出すなどして後方をジッと見る，右左折開始前に後続直進車両を認めている場合には，同車の動静をジッと見て確認する義務を意味することになるのではないかと思います。もっとも，後方ばかり「ジッと見」続けていると，前方左右との関係では「脇見」と同じになってしまいますので，継続的に見続けることまでは要求されないはずです。

　なお，ここで注意してほしいのは，信頼の原則が働く場合，「周到」な注意義務は免除されるが，およそ後方の安全確認義務が「完全」に免除されるわけではなく，「軽減」されるにすぎないという

ことです。前述の最高裁判例の事案でも,「一瞥」すらしなかった場合は,過失が認められた可能性があると思います。

　ただし,右折車が右折の準備行為として道路の中央に寄った上で交差点に向けて進行し,交差点入口に差し掛かって右折を開始する際,右折車の運転者が,仮に自車を追い越そうとする後続車があったとしても,同車は自車の左側を通って追い越すだろうと信頼して右折を開始する場合がありますが,道路交通法上,右折車が右折の準備として道路の中央に寄って進行しているときは,後続車は右折車の左側を通行して追い越さなければならないとされている(同法28条2項)ことから,このように信頼することが相当な場合もあると思います。よって,その場合,仮に右折開始時に右後方を一瞥すらしなかった結果,遠方から高速度で右折車に接近し,センターラインを越えて反対車線に膨らみながら右折車を強引に追い越そうとした後続車と衝突してしまったとしても,信頼の原則によって右折車の運転者の過失が否定される場合があると思います。

(4) 適切な右左折準備行為

　ところで,前記判例⑫,⑬(⇒130,131頁)中の,「その時の道路及び交通の状態その他の具体的状況に応じた適切な」とは,具体的事案によっては,先ほど説明した道路交通法が求める「適切な右左折準備行為」を完璧に実践していなくてもいい場合があることを意味しています。

　この点に関し,最高裁は次のように判示しています。

判例⑮　　　　　　　　　　　　　　　　　　　**最判昭45.3.31**

＜事案の概要＞
　道幅が狭く,かつ,進行道路と鋭角をなしている道路に左折進入しようとしたトラックが,左折開始前に後写鏡を見たが,その視界の外を走っ

ていた自動二輪車を発見できず，そのまま自車の左側面と道路左端との
間に約２メートルの通行余地を残して左折したところ，この通行余地を
左後方から進行してきた同自動二輪車に衝突した事故
＜要　旨＞
　本件のように，技術的に道路左端に寄って進行することが困難なため，
他の車両が自己の車両と道路左端との中間に入りこむおそれがある場合
にも，道路交通法規所定の左折の合図をし，かつ，できる限り道路の左
側に寄って徐行をし，更に後写鏡を見て後続車両の有無を確認したうえ
左折を開始すれば足り，それ以上に，例えば，車両の右側にある運転席
を離れて車体の左側に寄り，その側窓から首を出す等して左後方のいわ
ゆる死角にある他車両の有無を確認するまでの義務があるとは解せられ
ない。

　以上のことから，右左折のための準備行為が適切だったかどうか
を判断するに当たっては，道路の形状や右左折車の車幅・車長等を
総合的に考慮する必要があります。この点，私は，逆に，「適切な
右左折準備行為」を完璧に実践したとしても，なお，周到な後方安
全確認義務が免除されない，すなわち信頼の原則が適用されない場
合があると考えています。以下で検討してみましょう。

⑸　信頼の原則の適用外

> **Case20**　自動車の運転者が，交差点を左折する際，道路左側に
> 導流帯（ゼブラゾーン）が設けられていたため，導流帯の端ギリ
> ギリのところまで左側に寄って左折進行したところ，導流帯内を
> 後方から直進してきたバイクに衝突した事故

　導流帯は，交通の円滑性を確保するために設けられたものですの
で，進入しないことが望ましく，よって，導流帯の端ギリギリのと
ころまで寄れば，「適切な左折準備行為」を履行したといえると思

いますが，道路交通法上，進入が禁止されているわけではありませんので，導流帯のため左側方に通行余地がある場合，そこを通って直進してくるバイク等のあり得ることは十分に予見でき，導流帯内を通ってくるバイクはないだろうと信頼することは相当ではありません。よって，この場合，「周到な後方安全確認義務」は免除されないと思います。

　なお，最高裁は，「特段（特別）の事情」について，「道路の状況，交通の状態に鑑み，後続車の運転者において必ずしも適切な対応措置をとるものとはなしがたいとか，違法異常な運転をする者の存在を認めたとかの特別の事情があるときには，かかる事態に応じた後方安全確認の手段を尽くすべき義務があるのは当然である。」旨判示しています（判例⑫）。これに関連し，右折車の運転者において，右折開始前，後方から高速度で接近してくるなど違法異常な車両を認めたときは，同車の動静を注視し，衝突を回避するため右折を中断して直進車を先に通過させるべき注意義務があるとした下級審の裁判例があることに注意してください（東京地判昭47.11.11等）。

　以上，右左折時における注意義務の内容に関する最高裁判例を紹介してきましたが，ここで注意していただきたいのは，これらの最高裁判例は，いずれも，「適切な右左折準備態勢に入った後」の注意義務を判示しているのであって，「適切な右左折準備態勢に入る前」の注意義務や，「適切な右左折の準備態勢を行っていない場合」の注意義務については何も言っていないということです。それでは，「適切な右左折準備態勢に入る前」の注意義務と，「適切な右左折の準備態勢を行っていない場合」の注意義務について，順番に見ていきましょう。

2　「適切な右左折準備態勢に入る前」の注意義務

　まず「入る前」ですが，「入った後」，「入る前」はどの段階で区別するかというと，前述のように，右左折時の事故は，右左折の前段階である右左方への進路変更時に発生する場合もあれば，実際に右左折を開始した時に発生する場合もあります。そして，第1講でも解説しましたが，注意義務（結果回避義務）は，「結果回避可能限界地点」を通過する前に履行しなければ意味がなく，よって，後方の安全確認義務についても，当該時点で後続直進車両を発見し，あるいは動静を注視し，直ちに急制動の措置を講じるなどして同車を先に通過させることで衝突事故を回避できる最後の地点，すなわち，「結果回避可能限界地点」までに履行されたかどうかを検討すべきです。

　したがって，「入った後」とは，その直後に進路変更や右左折を開始する時点（直後に結果回避可能限界地点が到来するような時点）のことを意味し，「入る前」とは，それ以前の時点を意味すると考えます。ただし，進路変更時の事故の場合は，適切な準備態勢とは「3秒間のウインカー点滅」であり，その直後に進路変更を開始するでしょうから，「入った後」といっても時間的にピンポイントですが，実際の右左折時の事故の場合は，進路変更をしてから右左折を開始するまでの間，若干の時間的・距離的な余裕がありますので，「入った後」にも相応の幅があることに注意してください。

　そして，「入る前」には，周到な注意義務は免除されません。例えば，左折しようとして左のウインカーを出す際など後方の安全確認をしますが，その際は，「一瞥」では足りず，しっかり確認する必要があります。逆に，この段階できちんと確認していればこそ，安全を十分に確認した上で，右左折の準備態勢に入ることができ，その後の確認は，「一瞥」で足りるのだと思います。

3 「適切な右左折の準備態勢を行っていない場合」の注意義務

　次に「入った後」ですが，適切な合図を出さずに進路変更や右左折をする場合や，「あらかじめその前からできる限り道路の中央に寄る義務」，「あらかじめその前からできる限り道路の左側端に寄る義務」を怠り，自車の右左方に後続車が追い抜く余地を残して右左折をする場合は，これらの義務違反により生じる事故の危険を回避するため，後続車の動静に注意する義務があります（『最高裁判所判例解説刑事篇昭和49年度』64頁）。

　つまり，このような場合，右左折しようとする車両の運転者は，後続車が適法に自車の右左方を追い抜くことができる状態か否かにかかわらず，「周到な後方確認義務」を負うことになるのです。

　それでは，次のCase21のような場合，どちらが優先するのでしょうか。

> **Case21**　右左折車の運転者が，後続車との車間距離が十分にある段階で合図を出したが，合図を出してから進路変更するまでの３秒の間に，後続車が合図に気付かず，あるいは合図を無視し，車間距離を詰めてきた場合

　結論としては，**後続車が優先し，先行車において進路変更することは許されません**。右左折車の運転者が負う後方の安全確認義務は，右左折をしようとして合図を出す段階から進路変更をした上で実際に右左折を行う段階まで継続的に存在し，進路変更のための合図を出す段階で一度後方の安全確認をすれば，その後は安全確認をする必要はないというわけではありません（前述したように，「３秒間のウインカー

点滅」中は，「入る前」です。）。道路交通法26条の2第2項（後続車両接近時の進路変更禁止規定）がある以上，合図を出した時点以降において，右左折車の右左方を適法に追い抜くことの許される後続直進車が生じたときは，その動静に注意する義務があるのであり，これが，前記判例⑭−1（⇒132頁）の判示するところなのです（『最高裁判所判例解説刑事篇昭和49年度』64頁）。

　ただし，後続車が車間距離を詰めてきた点に後続車の運転者の過失が認められる場合であって，この過失と右左折車の運転者の後方安全確認義務違反の過失が競合して事故が発生した場合には，右左折車の運転者だけではなく，後続車の運転者も過失責任を問われることがあります。例えば，次のような場合です。

> **Case22**　進路前方の交差点を右折しようとする車両の運転者が，右後方を確認したところ，自車の右後方の離れた地点を進行するバイクを認めたものの，十分な車間距離があったので，安全に右折できると思って減速しつつ右のウインカーを出したところ，その後，前方に注意を移している間に，先行車の右ウインカーを見落とした同バイクが減速せずに進行したため，車間距離が詰まってしまったが，右折車の運転者においてこのことに気付かず，再度，右後方の安全確認をするのを怠って右に進路変更した結果，同バイクに自車を衝突させて転倒・滑走させ，同バイク後部座席の同乗者が路上に投げ出されて傷害を負った事故

　このような場合，右折車の運転者には，後方の安全確認義務違反の過失が，バイクの運転者には前方注視義務違反の過失が認められ，双方の過失が相まって事故が発生していることから，双方の運転者が，過失運転致傷の罪責を負うことになります。

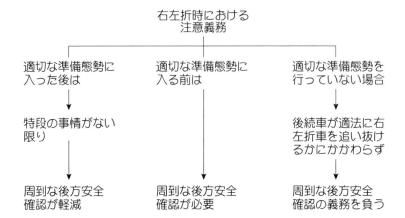

4　過失認定のための捜査事項及び過失の有無に関する判断

　前項のとおり，右左折車と後続直進車との衝突事故の捜査においては，右左折時の注意義務ということで十把一絡げに検討するのではなく，<u>被疑者の取調べをする際も，時系列の流れに沿ってきめ細やかに話を聞く姿勢が大切</u>になり，そのような捜査を通じて，<u>右左折車が適切な方法で右左折の準備態勢に入ったか否かを明らかにする</u>とともに，<u>進路変更時あるいは右左折開始時における右左折車と後続直進車の速度及び位置関係を明らかにする</u>必要があります。

　以下，場合分けをして具体的に説明します。

1　適切な方法で右左折の準備態勢に入ったか否かについて

　右左折車及び後続車の運転者の取調べや同人らを立ち会わせた実況見分を行うなどして，合図を出した地点，進路変更を開始した地点，右左折を開始した地点を特定した上で判断することになります。

　なお，時折問題となるのが，右左折車の運転者の供述（指示説明）と後続車の運転者の供述（指示説明）とが食い違う，次のような場合です。

> **Case23**　左折車が左折のための進路変更をした際に後続車と衝突して同車の運転者が負傷した事故において，適切な合図を出したか否かについて，左折車の運転者がこれを肯定する供述（指示説明）をするのに対し，後続車の運転者が，「先行車は，左折の合図を出すことなく突然左に寄ってきたので，避けきれずに衝突した。」などと供述しているような場合

144

　このような場合，目撃者がいる場合やドライブレコーダーの映像等の客観証拠がある場合は，それらによってどちらの供述が正しいか認定できますが，そのような証拠が存しない場合，水掛け論になってしまいかねず，その場合，「疑わしきは被告人の利益に」という刑事裁判の大原則に従い，左折車の運転者の供述に沿った事実認定をせざるを得ないことがあります。

Check Point　他の証拠がない場合であっても，被疑者ないし被害者の供述の内容を比較検討した結果，一方の供述が詳細かつ具体的，合理的かつ自然で一貫しているのに対し，他方の供述が曖昧かつ抽象的，不合理かつ不自然で理由なく変遷しているような場合，信用性の高い供述に基づく事実認定を行うことが可能な場合もありますので，双方の供述を丁寧に聞くという姿勢が大切です。

2　後続車が右左折車の右左方を追い抜くことの適否について

　同様に，右左折車と後続車の運転者を立ち会わせた実況見分を行うなどして，右左折車が合図を出した地点，進路変更を開始した地点，右左折を開始した地点を特定するとともに，右左折車及び後続車の速度，前記各地点における後続車の走行地点を特定した上で判断することになります。前述のように，双方車両の位置関係や速度に照らし，右左折車の進路変更や右左折開始による衝突の危険を回避するため，後続車において急ブレーキをかけたり急ハンドルを切ったりする必要がある場合，追抜きは適法であり，安全なブレーキをかけて減速することなどによって衝突を回避することができるような場合，追抜きは違法ということになります。ここにいう「安全な」とは，急ブレーキではないブレーキのことです。例えば，自動二輪車（バイク）の場合，通常，急ブレーキとは，動摩擦係数が0.6以上になる制動措置のことをいいます。しかし，二輪車は，パニックブレーキといって，危険を

察知した運転者が，狼狽の余り，後輪のフットブレーキのみを急激にかけてしまい，後輪がロックして転倒してしまうことがあります。逆に前輪のハンドブレーキのみを急激にかけてしまうと前輪のみがロックして，いわゆるジャックナイフ現象が起きるなど同様に転倒の危険があります。そのため，動摩擦係数が0.6未満であれば，直ちに「安全」とは言い切れません。

　四輪車の場合であっても，例えば，凍結路面では，動摩擦係数が0.4程度の制動でも滑走してコントロールを失ってしまうおそれがあるでしょう。

　このように，具体的にどの程度の制動が「安全」なのかは，ケースバイケースであり，一概にはいえません。私見としては，平坦な乾燥路面の場合，普通制動（動摩擦係数が0.2前後）かそれを若干上回る程度の制動を意味するのではないかと思います。

　それでは，衝突を回避するためには，普通制動よりは明らかに強いブレーキをかける必要があったが，急ブレーキまでは必要でなかった場合，後続車の追抜きの適否はどうなるのでしょうか。この点，次のような参考判例があります。

判例⑯　　　　　　　　　　　　　　　　　　　　　　**大阪高判昭50.11.13**

　＜事案の概要＞
　　被告人は，普通貨物自動車を運転して交差点を左折するに当たり，同交差点の手前約45メートルの地点で左折の合図をしたが，自車の車長が長く道路交通法34条１項に規定する左折方法をとることが困難であったことから，一旦ハンドルを右に切って道路中央側に寄り，同交差点の手前約８メートルの地点で，道路左側端との間に約３メートルの間隔（路側帯部分を除くと約1.5メートル）を空けた状態で左折を開始する直前，自車の後方約21.8メートルの地点に被害車両（時速約30キロメートルで進行する原動機付自転車）を認めたが（車間距離は約14メートル），そのまま左折を開始したところ，自車左側部に被害車両を衝突させて被害

者を死亡させた事故

＜要　旨＞

　（道路状況や被告車両の形状に照らして左折のための適切な準備態勢に入ったことを認定した上）被告人が，同交差点の手前約8メートルの地点で左折を開始した時点において，左後方から追随してくる被害車両との距離は約14メートル，当時の被害車両の速度は時速約30キロメートル程度であるから，経験則上，必ずしも左折により被害車両の速度または方向が急に変更させられる関係にあったとはいえない。そうすると，既に左折の合図をしている被告人が，被害車両において危険防止のための適切な措置をとるものと考えて左折したことについて業務上の注意義務違反があると断定することはできない。

　平坦・乾燥路面における時速30キロメートルで走行する車両の停止距離は，空走時間を0.75秒におくと，

　摩擦係数0.4で15.1メートル

　摩擦係数0.5で13.3メートル

　摩擦係数0.6で12.2メートル

　摩擦係数0.7で11.3メートル

となります。原動機付自転車が急ブレーキを踏んだ際の摩擦係数は0.7といわれていますので，急ブレーキをかければ止まれますし，それよりも弱い0.5までであれば辛うじて止まれますが，普通制動よりは強いが急制動とまではいえない摩擦係数0.4では止まれません。ということは，この裁判例は，衝突を回避するためには，普通制動よりは明らかに強いブレーキをかける必要があったが，急ブレーキまでは必要でなかった場合，後続車の追抜きは違法であると判断したことになります。

　あくまで事例判決である上，原審では被告人の過失を認めていますので，限界事例であったと思います。

　この事案の特徴は，被告人において，本件事故の前から被害車両を認めており，同車の速度が時速約30キロメートル程度であろうという

正確な速度認識を持っていた点にあり，道路交通法26条の２第２項の規定ぶり（先行車は，後続車の速度又は方向を急に変更させることとなる「おそれ」があるときは，進路を変更してはならない。）に照らし，被告人において，被害車両の走行速度を正確に認識していない場合には，客観的には必ずしも急ブレーキまでは要しない場合であったとしても，進路変更を差し控えるべきだと考えます。よって，このような場合，後続直進車が優先し，右左折車の運転者の過失を問うべき場合が多いのではないかと思います。ただし，後続直進車にとっては，「その速度又は方向を急に変更しなければならないこととなる場合」（同法34条６項）には当たりませんので，後続車の運転者にも優先車両進行妨害の過失が認められる場合があり，よって，同車の同乗者が死傷したような場合には，右左折車の運転者とともに責任を負うこともあるのではないかと思います。

3　過失の有無に関する判断について

⑴　右左折車が適切な方法で右左折の準備態勢に入った後で，かつ，後続車の追抜きが違法な場合

　この場合，右左折車の運転者は，「特段（特別）の事情がない限り」，後続車の運転者において交通法規を守って運転してくれるものと信頼してよく，適宜減速するなどの結果回避義務を負うのは後続車の運転者ということになります。次のケースを見てみましょう。

Case24　被疑者は普通乗用自動車を運転し，進路前方の交差点を右折するため，適切な右折の合図を出すとともに右後方を確認したところ，自車の近くを進行する車両がなかったことから，道路の中央寄りに進路変更した上，右折開始時に再度ドアミラー等

で後方を一瞥したのみで右折を開始したところ，自車の後方から
高速度で追い上げてきた自動二輪車が自車の右側方を強引に突破
しようとしていることに気付かず，自車の右側面を同自動二輪車
に衝突させて同車の運転者を死傷させた事故

　この事故の場合，原則として，この被疑者が過失責任を問われる
ことはありません。それは，あらかじめ右後方を確認して適法に自
車の右側方を追い抜こうとしている後続車がないことを確認し，そ
の上で適切な方法で右折の準備態勢に入り，再度，右後方を一瞥し
て右折を開始しており，他に後続車に対する信頼を覆すような特段
（特別）の事情はないからです。

　すなわち，「特段（特別）の事情」の有無によって，注意義務の
程度，ひいては過失の有無が影響を受けることになります。以下，
場合分けをしてみましょう。

　ア　事前に後続車を認めていなかった場合

　　　「特段（特別）の事情」はありませんので，「周到」な注意
　　義務は課されません。

　イ　事前に後続車を認めていた場合で，かつ，同車が「違法異常
　　な運転」をしていると認識した場合

　　　「特段（特別）の事情」があったことになりますので，「周
　　到」な注意義務が課されます。

　ウ　事前に後続車を認めていたが，同車が違法異常な走行をして
　　いることに気付かなかった場合

　　　気付かなかったことに相当性があれば，「特段（特別）の事
　　情」はなかったことになり，相当性を欠けば，「特段（特別）
　　の事情」があったことになると思います。ここにいう「相当性」
　　とは，右左折車の運転者において，後続車が「違法異常な走行

をしていない」と判断したことの「相当性」のことを意味します。

このウについて，次のCase25を例に考えてみましょう。

> **Case25**　後続車が制限速度を大幅に上回る高速度で走行し，自車の右左方を強引に追い抜こうとしていたのに，右左折車の運転者において，後続車の走行速度を見誤り，同車がいまだ遠方にいたことから，同車の進行を妨害しないと判断して進路変更を開始した結果，意に反して高速度で進行してきた後続車と衝突してしまった事故

　基本的な考え方は，右直事故（⇨第4講）と同じであり，当該道路の状況や事故の時間帯等を総合考慮して，右左折車の運転者において，制限速度をどの程度超過する車両まで予想すべきかを検討した上で，その速度であれば進路妨害をすることはなかったが，これを上回る高速度であったために進路妨害する結果となってしまった，すなわち，**右左折車の運転者の判断自体は適切だったが，後続車が高速度だったために事故が発生したような場合，右左折車の運転者の過失を問うことはできず，他方，予想すべき速度であったとしても進路妨害することになった場合には，右左折車の運転者の判断が適切ではなかったことになりますので，「相当性」を欠き，「周到」な注意義務が課され，これを怠ったことで事故が発生すれば，同人の過失が認められる**という関係に立つのです。

　ただし，実際には，このような事故はあまり多くは発生しません。なぜかと言いますと，右直事故の場合，直進車は，右折車の前方から真っ直ぐ近づいてきますので，右折車の運転者が直進車の速度を短時間の観察で正確に判断するのは容易ではないのです。これに対

し，後続車巻き込み事故の場合，右左折車と後続車の進行方向が同じですので，双方の車間距離の縮まり方を見れば，短時間の観察でも後続車の速度を比較的容易に判断でき（時速何キロというところまで判断するのは難しいでしょうが，「自車よりもずっと速い」かどうかということは分かりやすいと思います。)，危険を早期に察知できるからだと思います。

(2) 右左折車が適切な方法で右左折の準備態勢に入った後であるが，後続車の追抜きが適法な場合

前記判例⑭－1（⇨132頁）が，このケースです。

ここでは，改めてこの判例の事案と最高裁の判断内容を見てみましょう。

判例⑭－2　　　　　　　　　　　　　　　　　　　　　**最決昭49.4.6**

＜事案の概要＞

被告人は，普通貨物自動車を運転し，幅員9.3メートルの道路を時速約35キロメートルで進行して交通整理の行われていない交差点を左折しようとし，その手前約30メートル地点でルームミラーによって後方を確認したところ，左後方約20メートルの地点を追尾して来る自動二輪を発見したので，同交差点の手前約22メートル付近で左折の合図をして車道左側端から約1.7メートルの間隔をおいて徐行し，同交差点入口付近において時速約10キロメートルで左折を開始した直後，被告人車両の左側を直進して来た同自動二輪車に接触させたという事故（被告人が発見した際の同自動二輪車は時速約55キロメートルであり，被告人車両が左折の合図を出した時点において，同自動二輪車は被告人車両の左後方約13メートルの地点に迫っていた。)

＜要　旨＞

被告人が左後方に前記自動二輪車（後進車）を発見したときの両車の進路，間隔及び速度等を考慮するときは，被告人車両が前記のように左方に進路を変更する（筆者注：左折を開始するという意味です。以下同じ。）と後進車の進路を塞ぎ同車との衝突は避けられない関係にあった

ことが明らかであるから，被告人車両は従来の進路を変更してはならない場合にあたり，また，車道左端から約1.7メートルの間隔があり，かつ，前記のような進路を高速で被告人車両を追い抜く可能性のある後進車のあることを認めた被告人としては，左折の合図をしただけでは足りず，後進車の動静に十分注意し，追抜きを待って道路左側によるなどの業務上の注意義務があるのに，被告人はこの注意義務を怠り，後進車の動静に注意を払うことなく左折を開始し，そのため本件衝突事故を惹起したものである。すなわち本件は，自車の進路を左側に変更して後進車の進路を妨害することは許されないものといわざるをえない。そうとすれば，前記のような状況下で後進車の動静に注意を払うことなく左折を開始した被告人に注意義務の違反のあることは明らかである（筆者注：本件の原審である福岡高判昭47.6.13は，「被告人車両は，進路を左に変更してはならない場合であったから，車道左端から約1.7メートルの間隔をおいたこと自体は相当である」と判示しています。）。

　本件において，被告人が自車の左後方に被害車両を発見したときの両車の距離は，約20メートルありましたから，この時点では，かろうじて進路変更や左折が許される状況であったと思われますが，両車の速度差（時速20キロメートル）から，被告人が左折の合図を出した時点では，約13メートルに縮まっており，被告人車両が左折を開始する時点では，被害車両がもっと接近し，左折のための進路変更が許されない状況になることが予見できたはずです（この点，原審は，「被告人は，自車の左側に通行余地がある限り，左折の合図をしても，後続車の運転者にこれが徹底しないで，被告人車両の左側に進入し，被告人車両が左折を開始する際に衝突する危険が発生することは十分に予測できた。」旨判示しています。「徹底しないで」とは，後続車の運転者が，左折の合図を見落とし，あるいは無視してという意味です。）。

　すなわち，左折の合図を出して，いざ左折を開始しようとした時点，すなわち適切な方法で左折の準備態勢に入った後の時点では，

被告人車両と被害車両の車間距離が縮まっており，被害車両は左折車の左方を適切に追い抜くことが許される状態になっていたのですから，信頼の原則は適用されず，その動静を周到に注意する義務は免除されないのです。

⑶　**右左折車が適切な方法で右左折の準備態勢に入らなかった場合**

　右左折時の後続車巻き込み事故のほとんどは，右左折車の運転者において，適切な準備を行わないで右左折を開始したときに起きています。

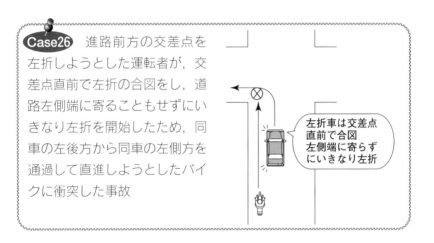

Case26　進路前方の交差点を左折しようとした運転者が，交差点直前で左折の合図をし，道路左側端に寄ることもせずにいきなり左折を開始したため，同車の左後方から同車の左側方を通過して直進しようとしたバイクに衝突した事故

左折車は交差点
直前で合図
左側端に寄らず
にいきなり左折

　このような事故の場合，信頼の原則に基づく結果回避義務の軽減はありませんので，左折車の運転者は，後続車による追抜きが適法であるときはもとより，違法な場合であっても，後続車の有無及びその安全を「周到に」確認する義務があります。すなわち，左ドアミラーを一瞥する程度では足りず，必要に応じて左後方を振り返る，上体を動かして死角を解消させるなどして左後方の安全確認をしっかり行う義務があるのであって，かかる注意義務を怠ったことにより，後続車に気付かずに進路変更や左折を行った結果，同車に自車

を衝突させた場合，左折車の運転者は，後方の安全確認義務違反の過失を問われることになります（車線変更時の後続車巻込み事故に関してですが，福岡高裁宮崎支部判平29.9.7は，適切な準備を行うことなく後方を一瞥したのみであったため，後続車両を認めたものの，同車両が時速約100キロメートルの高速度で走行していることに気付かずに車線変更し，事故を惹起させた事案に関し，被害車両の高速度走行を予測できなかったとして信頼の原則を適用して過失を否定した一審判決を，「道路交通法の解釈を誤り，信頼の原則を誤って適用した。」として破棄し，被告人の過失を認定しました。）。

　　ただし，不適切の程度が比較的軽微である場合で，かつ，後続車の追越しが無謀であった場合は，「周到」な安全確認義務が免除されることがあり得ます。前述（⇨134頁）の最判昭47.11.16の事案がその一例です。

判例⑰　　　　　　　　　　　　　　　　　　　　**最判昭47.11.16**

＜事案の概要＞

　右折車両の運転者が，適切な右折の合図をしたものの，交差点の6メートル手前の地点から右折を開始したため発生した（右折の仕方が不適切だった）。

＜要　旨＞

　被告人は，法に従い右折の合図をした上，右折を開始したものであって，少なくとも当時の道路及び交通の状態等具体的状況に応じた適切な右折準備態勢に入ったことが窺われるのである。被告人が本件交差点手前約6メートルの地点から右折を開始している点は，道路交通法（旧法34条2項）に違反するとしても，本件事故現場の道路及び交通状況のもとでは，被告人の右折方法に誤りがあるからといって，同法に従った右折方法による場合に比し，直ちに対向車線内で後続車との衝突の危険が一層増大するものとは認めがたいから，被告人が無謀異常な運転による追越し車両のあることまでを予期し，または容易に予期しえた等の特段の事情がない限り，被告人に，より周到な後方安全確認義務があったも

のとはなしがたく，また，このような右折方法を目して直ちに本件事故発生の原因たる被告人の過失と速断しがたいというべきである。

なお，前述のように，後続車の運転者に前方不注視の過失があり，これが事故惹起の一因（過失の競合）となっている場合には，後続車の運転者も過失責任を問われることがあります。後続車の著しい速度超過の過失が競合している場合も同様です。

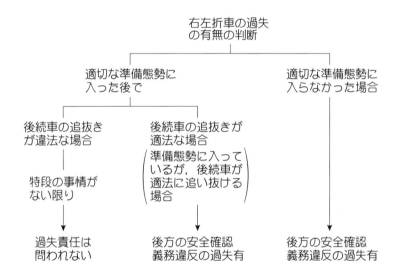

最 後 に

　以上，本講では，右左折時における後続車巻き込み事故における注意義務の内容等について，最高裁判例を基にかなり詳細な説明をしましたが，読者の皆さんの中には，細かすぎてよく理解できなかった方もいらっしゃるかもしれません。

　私が，ここまで詳しい分析をしたのは，最高裁が，過失の認定に関し，いかに緻密な検討を加えているかを知っていただくとともに，皆さんにも「分析的思考」の大切さを学んでいただきたいという思いがあったからです。

　しかし，よく理解できなかったとしても心配することはありません。要するに，右左折時の後続車巻き込み事故における過失の有無の判断を行うに当たっては，

　①右左折車において，適切な右左折準備行為を行ったか否か

　②進路変更や右左折時の開始時点における右左折車と後続車の
　　位置関係に照らし，後続車による追抜きが適法か否か

という２点が重要となり，これに

　③後続車の運転者の前方不注視や速度超過の過失が競合してい
　　るか

という点を加味して検討すればよいのであって，留意点はシンプルです。よって，捜査をする上では，双方の運転者の取調べや実況見分の実施，目撃者の取調べやドライブレコーダー映像等の客観証拠の収集を通じて，これらの点に関する適切な事実認定を行うことが不可欠ですが，逆にこれらの捜査をきちんと行えば，適切な過失を認定することは，それほど難しいことではありません。

第 6 講
路外施設に出入りする
際の事故

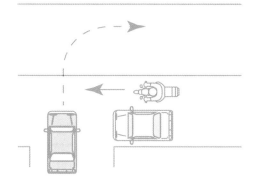

　この講では，駐車場等の路外施設から道路への進出時，また，道路から路外施設への進入時の事故について解説します。

　路外施設から同所先の道路に進出し，その道路を右左折しようとする場合，左右から進行してくる車両や歩行者の有無及びその安全を確認しながら進行しないと，このような車両や歩行者との衝突事故（誘因事故を含む。）が起きてしまいます。逆に，道路から左右の路外施設に入るため右左折しようとする場合も，対向直進車や後続直進車との衝突事故を回避するためには，安全確認義務を尽くす必要があります。

1 路外施設から道路への進出時における事故

1 事故態様と道路交通法の規定について

⑴ 代表的な事故態様

このような場所において実際に発生する事故態様は様々ですが，多く発生するのは，

① 左右道路の見通しが良好であったにもかかわらず，左右道路から進行してくる車両の有無及びその安全確認が不十分であったため，これらの車両と衝突してしまう事故

② 渋滞等で停止した車両のため左右道路の見通しが悪かったにもかかわらず，渋滞車両の右側方や左側方を進行してくる車両の有無及びその安全確認が不十分であったため，これらの車両と衝突してしまう事故

であり，これ以外にも，

③ 出入口の左右が壁になっていて左右道路の見通しが悪い路外駐車場から進出した際，右左方の車道から進行してきた自動車や右左方の歩道から進行してきた自転車や歩行者に衝突する事故

も，比較的多く発生しています。

⑵ 道路交通法上の義務

⑴の３つの事故態様ごとに捜査事項及び過失の認定の仕方を順次解説していきますが，まずは，その前提として，路外施設から道路に進出する際に課される道路交通法上の義務について解説しておきましょう。

同法25条の２第１項は，「車両は，歩行者又は他の車両等の正常

な交通を妨害するおそれがあるときは，道路外の施設若しくは場所に出入するための左折若しくは右折をし，横断し，転回し，又は後退してはならない。」と規定しています。なお，対歩行者との関係では，これとは別に，「車両は，道路外の施設又は場所に出入するためやむを得ない場合，歩道等（歩道又は路側帯）を通行することができるが，その場合，歩道等に入る直前で一時停止し，かつ，歩行者の通行を妨げないようにしなければならない。」という規定もあります（同法17条1項，2項）。

(3)　「交通を妨害する」，「通行を妨げ（る）」とは？

　ここにいう「交通を妨害する」，「通行を妨げ（る）」とは，車両に対しては，急ブレーキをかけさせたり急ハンドルを切ったりさせるような場合を意味し，歩行者に対しては，一時立ち止まらせるとか後戻りを余儀なくさせるような場合を意味します（『道交法解説』179頁・239頁）。要するに道路や歩道を通行する車両や歩行者に優先通行権（⇒105頁）があるということです。

　そして，道路を進行してくる車両が制限速度を時速10ないし15キロメートル程度超過して走行していたとしても「正常な交通」でなくなるわけではありませんが（最判昭54.7.24），予見することが困難な高速度で走行していた場合は，「正常」とは言えませんので，後で説明するように，路外施設から進出してきた車両の運転者の過失が否定される場合があります。

　それでは，前述した3つの事故態様について，順に解説します。

2　左右道路の見通しが良好であったにもかかわらず発生した事故について

　このような事故が発生する原因は，ほとんどの場合，路外施設から進出しようとした車両（以下「進出車」といいます。）の運転者の左右の安全確認義務の懈怠ですので，左右道路から進行してきた車両

（以下「直進車」といいます。）の運転者や同乗者が死傷した場合，進出車の運転者に過失運転致死傷罪が成立します。

　ただし，直進車が，その道路の制限速度を大幅に上回る高速度で走行しており，かかる高速度走行が進出車の運転者の判断（自車の方が，直進車の到達よりも早く同車の進路前方を通過できるとの判断）を誤らせたような場合には，前述のように「正常な交通」を妨害したとはいえませんし（優先通行権が喪失することがあります。），仮にこのような高速度で走行する車両のあり得ることがかろうじて予見可能であっても，それを前提とした回避措置を講じるまでの義務（結果回避義務）を負わせるのは相当ではありませんので，信頼の原則の適用によって，進出車の過失が否定される場合があります。

> **Check Point**　この場合の過失の認定は，第4講で解説した右直事故の場合と同じですので，捜査に当たっては，進出車と直進車の速度と相互の位置関係等を特定することが必要になり，場合によっては，直進車の速度について鑑定が必要になってきます。詳細は，第4講の右直事故の解説を参照してください。

3　停止車両のため左右道路の見通しが悪かった場合の事故について

(1)　事故の類型

　このような事故のパターンは，進出車が前方道路を右折進行しようとした際に，①手前車線（つまり右方から左方に向かう車線）上の停止車両の右側方から直進してきた車両と衝突する場合，②向こう側の車線（つまり左方から右方に向かう車線）上の停止車両の左側方から直進してきた車両と衝突する場合，③進出車が前方道路を左折進行しようとした際に，手前車線の停止車両の右側方から直進してきた車両と衝突する場合の3通りが想定されますが，実際に起きる事故の多くは，1つ目，すなわち①進出車が前方道路を右折進

行しようとした際，手前車線の停止車両の右側方を直進してきた車
両と衝突する事故です。

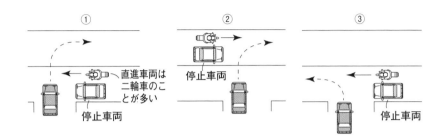

なぜかと言いますと，他の 2 通りの事故は，進出車の進行方向と
直進車の進行方向が同じなため，直進車においてブレーキをかける
ことで衝突（追突）を回避できる可能性が比較的高く，結果的に事
故になりにくいからだと思います。

そこで，ここでは，一番事故になりやすい右折時の手前車線直進
車との事故について，捜査の要点を説明することにしますが，他の
2 通りの事故における捜査の要点も基本的には同じです。

この態様の事故は，見通しの悪い交差点を右折しようとして右方
道路から進行してきた車両と衝突した事故と似ており，基本的な考
え方は，第 3 講で解説した見通しの悪い交差点における事故の場合
と同じです。

ただし，大きく異なることがいくつかあります。この中で過失の
認定に影響がある 3 点を挙げますと，**1 点目は**，見通しの悪い交差
点の場合，右方道路の見通しを妨げているのは，通常は，建物等の
定着物であり，事後的に見通し見分を行って見通し状況を確定する
ことが可能であるのに対し（いわゆるⓅ，Ⓟ'です。），**停止車両が
右方の見通しを遮っている場合**，その停止車両は，当然のことなが
ら，**事故後**，いつまでもその場所にとどまっていることはあり得ず，

どこかに行ってしまい，事後的に事故時と同じ条件で見通し見分を行うことが困難か不可能な場合が多いという点です。

　2点目は，他方で，見通しの悪い交差点における事故とは異なり，事後的な見通し見分は，必要不可欠とまではいえないということです。なぜかというと，本講1⑵で解説したように，道路交通法25条の2第1項は，「車両は，歩行者又は他の車両等の正常な交通を妨害するおそれがあるときは，道路外の施設若しくは場所に出入するための左折若しくは右折をし，横断し，転回し，又は後退してはならない。」と規定し，優先通行権のある直進車の進行を妨害するおそれがある場合，右折自体を禁止しているからであり，「停止車両が邪魔で見えなかったんだから仕方ないじゃないか。」と言い訳しても進出車の運転者の過失が否定されることはないからです。

　3点目は，見通しの悪い交差点の場合，右方道路から進行してくる車両が交差点手前で進路変更することは通常考慮しなくていいのに対し，停止車両の場合，直進車が，停止車両の後方（当該車両の後方だけではなく，当該車両の後方に数台連なった同じような渋滞停止車両の後方を含む。）の死角から進路変更して停止車両の右側方を進行してくることや停止車両の右側方に十分な通行余地がないにもかかわらず，センターラインを越えて進行してくることがあるという点です。

　なお，このような直進車は，通常は，二輪車であることが多いですが，片側が2車線以上ある道路において，第1車両通行帯の停止車両の前方を通り，第2車両通行帯を横切って右折進行しようとした際，同通行帯を直進してきた車両と衝突するような事故の場合，直進車が四輪車のこともあります。

　以下，詳しく解説していきます。

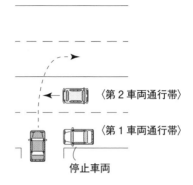

⑵　**捜査の要点**

　路外施設から進出して手前道路の停止車両の前方を通過して右折
進行する場合，同停止車両が邪魔になって右方の安全確認がしにく
いわけですから，同停止車両の「前面」で一時停止するなどして，
右方道路から停止車両の右側方を直進してくる車両の有無及びその
安全を確認して右折進行する必要があります。なお，「前面」とは，
進出車の前部と停止車両の右側面が同じラインに並ぶ地点のことを
意味します。進出車がこれ以上出てしまうと，直進車の進路を塞い
でしまうおそれがありますので，安全な確認場所は，停止車両の前
面（分かりやすくいえば右側面の延長線上）ということになるので
す（直進車の運転者に衝突の危険を感じさせない程度であれば，前
面を多少はみ出すことは可能でしょう。）。よって，進出車が，運転
席と車体前部との間に距離のあるボンネットのせり出したセダン型
の普通乗用自動車よりも車両前部が切り立ったトラック等の貨物自
動車の場合の方が右方の見通し確認がしやすいということになりま
す。

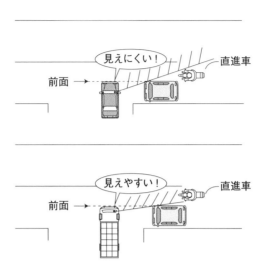

　ただし，他方で，停止車両の大きさや形はまちまちであり，それ
ほど右方の視界を妨げない車両もあれば，著しく妨げてしまう車両
もあります。例えば，車高が低くボンネットのある普通乗用自動車
と，車高が高く車両前部がほぼ垂直に切り立っている大型貨物自動
車（ダンプやトラクタ等）とでは，右方道路の見通しがまったく違
います。当然，後者の方が見通しが悪いです。つまり，進出車の場
合の逆です。

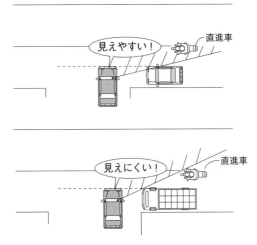

　そして，後述するように，停止車両による遮蔽の程度の違いによって，右方の安全確認方法が違ってきますので，進出車の運転者の取調べを行うに当たっては，右方道路の見通しを妨げた停止車両の停止位置はもちろん，車種についてもきちんと聞き出す必要があります。

　この点，当該停止車両の運転者が確保できていれば言うことはないのですが，多くの場合，この車は，事故後，そのまま走り去ってしまい，運転者を確保できませんので，同じことを直進車の運転者や目撃者からも聞き出す必要があります。

　その結果，停止車両の車種が特定できるのであれば，見通し見分を実施することが望ましいといえます。

　これに対し，進出車の運転者をはじめとする事故の関係者が，停止車両の車種を良く覚えておらず，また，同車の運転者自身も確保できなかった場合，停止車両の車種が特定できませんので，事故時と同じ条件で見通し見分を実施することはできません。

　ではその場合，どうすればよいでしょうか。結論としては，前述したように，仮に停止車両のために右方道路の見通しが著しく困難

であったとしても，「見えないんだから仕方がないじゃないか。」ということで進出車の運転者の過失は問えない，といったことにはなりませんから，見通し見分は必要不可欠ではないということになります。ですから，関係者の供述を総合しても，停止車両の車種がまったく分からない場合には，見通し見分はやらなくていいと思います（というかやりようがないと思います。）。しかし，進出車の運転者（被疑者）が，「はっきりと車種までは分からないが，ワゴン型の自動車だったと思う。」といった供述をしているときは，被疑者の供述する車種に類似した車種の仮装車両を使用して見通し見分を実施する必要がある場合もあると思います。詳しくは，次の(3)で解説します。

　ここで，見通し見分の具体的方法について解説しますと，実施場所については，できれば事故現場で行うべきですが，諸般の事情で難しい場合は，駐車場等の適宜の場所で行うことになります。そして，模擬停止車両を配置し，被疑車両（あるいは同種の代替車両）の運転席に被疑者を座らせた上，事故の際と同様の軌道で被疑車両を小刻みに前進させ，模擬停止車両の右側後方に配置した模擬被害車両の見通し状況を確認させます（被害車両がバイク等の二輪車の場合は，被害者等の供述をもとに，同車の走行経路，すなわち停止車両の右側面との間隔も忠実に再現してください。経路の違いによって見通し可能地点が異なってくるからです。）。この際は，普通の姿勢で運転席に座った状態での見通し状況とともに，上体を前のめりに倒した状態での見通し状況も見分してください。姿勢によっては右側フロントピラーが邪魔になる場合もありますが，その場合は，上体を前後に動かしてピラーが邪魔にならない位置で確認させることになります。被疑者には，停止車両による死角を可能な限り解消しながら進行すべき注意義務を課すことができますので，このよう

な姿勢の変更を要求することは特に問題ありません。こうして被疑
車両を小刻みに前進させ，同車の前部が模擬停止車両の前面（右側
面の延長線上）に至るまでの間で，見通し可能な範囲を解明し，さ
らに，被疑車両を直進車の進路を妨害しないギリギリのラインまで
前進させ，同地点における見通し可能地点を解明することになりま
す。

(3)　**過失の認定**

ア　以上のような見通し見分を実施した上，見通し可能地点で被
　　害車両を発見した場合，その時の被疑車両の状況（徐行中か最
　　徐行中か一時停止中か）に照らし，衝突回避が可能か否かによっ
　　て過失の有無を判断することになります。

　　　もっとも，進出車の運転者の過失が否定されることは，通常
　　はなく，これから詳しく説明するように，見通し可能地点の違
　　いは注意義務の内容の違いに影響を及ぼすにすぎません。

イ　前述のとおり，停止車両が特定できる場合，見通し見分を行
　　うことが望ましいのですが，それはなぜでしょうか。停止車両
　　の車種がまったく分からない場合，やらなくてもいい（やりた
　　くてもできない）のだから，車種が分かる場合もやらなくてい
　　いのではないか，という反論もあり得るところです。

　　　しかし，刑事訴訟法256条 3 項は，起訴状に記載する公訴事
　　実に関し，「公訴事実は，訴因を明示してこれを記載しなけれ
　　ばならない。訴因を明示するには，できる限り日時，場所及び
　　方法を以て罪となるべき事実を特定してこれをしなければなら
　　ない。」と規定しています。ここでは，「訴因とは何か」といっ
　　た難しい話は省きますが，法が，このようにできる限りの特定
　　を要請しているのは，起訴状記載の公訴事実は，刑事裁判にお
　　ける審判の対象を画定する（検察官において，どのような事実

を裁判で白黒つけようとしているのかを明確にする）機能を持つとともに，被告人・弁護人の防御権（検察官の主張する事実の有無を争うことができる権利）を保障する機能を持つからです（最決平13.4.11）。よって，過失運転致死傷罪の公訴事実も，当然ながらこの要請の拘束を受け，注意義務の内容について，できる限り特定する必要があるのです。

　それでは，見通し見分を行うと，注意義務の内容の特定にどのように役立つのでしょうか。

　ポイントは，前述したように，停止車両による遮蔽の程度であり，これによって，注意義務の内容が変わってきます。

　まず，(a)見通しが比較的良好な場合，進出車は停止車両の前面を通過して反対車線に進出するに当たり，徐行しながら右方の安全を確認することで足りるでしょう。この場合の注意義務は，「徐行した上で，同停止車両の右側方を進行してくる車両の有無及びその安全を確認しつつ（右折進行すべき注意義務）」となります。

　次に，(b)見通しがあまり良くなく，徐行しただけでは十分な安全確認が難しい場合の注意義務は，「同停止車両の前面で一時停止した上で，（以下同じ。）」となります。

　(c)見通しがより困難な場合は，「同停止車両の前面で一時停止した上，微発進※と停止を繰り返して，（以下同じ。）」となります。「同停止車両の前面で一時停止するなどして」といった言い回しにすることもありますが，明らかに一時停止だけでは足りないと思われる場合には，「など」といった曖昧な書き方は避けるべきであり，「など」と書くのは，一時停止をすればほぼ事故回避が可能であるが，念のためより一層の慎重さを求めるのが望ましいといった場合です。なお，前面で一時停止

した上，微発進と停止を繰り返すと，当然のことながら進出車
の前部が直進車の進路前方に徐々にはみ出してくることになり
ますが，前述のように，優先通行権のある直進車の進行を妨害
することは許されませんので，微発進といっても限度があり，
同車の運転者に衝突の危険を感じさせて急ブレーキや急ハンド
ルの措置を余儀なく講じさせるおそれがあるような場合は，こ
の方法による安全確認をすること自体避けなければなりません。

※　「微発進」とは，「発進した上，最徐行し」と同じ意味ですので，
　この言い回しに変えることも可能です。なお，「最徐行」は，特に
　道路交通法上規定はありませんが，徐行が「時速8〜10キロメー
　トル」とされていますので，それよりも遅い速度を意味します。具
　体的にどのくらいの速度かはケースバイケースです。

　それでは，(d)そのような安全確認方法がとれない場合，すな
わち停止車両のため右方道路の見通しが極めて困難な場合，注
意義務の内容はどうなるのでしょうか。例えば，進出車のほう
がセダン型の普通乗用自動車でボンネットの部分が長く，相当
程度その部分を進出させないと運転席から右方の安全確認をす
ることができず，他方，停止車両が前面が壁のようにそそり立っ
た大型貨物自動車（ダンプやトラクタ等）の場合（⇒164頁），
同車の前面で一時停止し，更に直進車の進行妨害をしないギリ
ギリのラインまで微発進と停止を繰り返したとしても，同車の
安全確認は難しいことがあり得ます。このような場合，進出車
の運転者は，そのような大型貨物自動車の前面を通過して右折
進行することを差し控えるべき注意義務があるということにな
ります。この点が，先ほど解説した（⇒161頁）見通しの悪い
交差点における事故との違いの1点目と2点目であり，交差点
の場合，右方道路の見通しを妨げているのは，通常，建物等の
定着物ですから，待てど暮らせどその定着物がどいてくれるこ

とはありませんが，停止車両の場合，渋滞により少しの間はその場にとどまっているでしょうが，少し辛抱して待っていれば，どいてくれます。そして，その後続車が順次進行してきますので，右方の見通しをそれほど妨げない車両がやってきて停止したときに，タイミングを見計らって道路に進出して右折進行を試みれば，前述したようなより程度の低い注意義務の履行により事故を回避することができますので，このような注意義務を直進車の運転者に課してもそれほど酷ではないのです。

　なお，場合によっては，「停止車両の運転者に聞いて確認する」といった注意義務を課すことができる場合もあるかもしれませんが，正確な意思疎通ができるとは限りませんので，このような注意義務を認定するのはあまりお勧めしません。

　以上のとおり，停止車両による遮蔽の程度によって注意義務の内容が変わりますので，停止車両が特定できるのであれば，見通し見分を実施することで訴因をより一層特定できることになるのです。

ウ　それでは，他方で，停止車両が特定できない場合，注意義務の構成をどうするべきかと申しますと，最終的には，進出車の運転者の供述によるしかないということになることが多いです。直進車の運転者の供述や目撃者の供述があれば，これらの供述内容を吟味した上で事実認定を行うことが可能ですが，これらの供述がないか，あるいはあっても不確かな場合，「真偽不明の場合は，被疑者供述による。」というのが刑事裁判の大原則だからです。

　よって，進出車の運転者の取調べを通じて，停止車両の車種をある程度推認した上で右方道路の見通しの程度を推認し，これに応じた注意義務を設定せざるを得ず，その結果，「同停止

車両の前面で一時停止するなどして」といったザクッとした書き方にならざるを得なくなりますが、このような証拠関係の下では、この程度でも「できる限りの特定」ということができますので、訴因の特定を欠くといった問題は生じません。

　そして、進出車の運転者の過失の有無を認定する上では、これでも差し障りはないのはなぜでしょうか。繰り返しになりますが、進出車の運転者が、「見えないんだから仕方がない」という弁解で自己の過失責任を免れることはできないからです。同人が、「停止車両の前面で一時停止した上、運転席から上体を目一杯前方に倒して、右方を確認しましたが、この停止車両は大型のダンプでしたので、よく見えなかったんです。それで、多分大丈夫だろうと思って発進したら、運悪くダンプの右側から走ってきたバイクとぶつかってしまいました。」などと弁解した場合は、この運転者には、「当該停止車両の前面を通過して右折進行することを差し控えるべき注意義務」を課すことになるだけです。

⑷　過失が否定される場合

　とはいっても、あらゆる場合に進出車の運転者の過失が認められるわけではありません。それが本件のような事故と見通しの悪い交差点における事故との違いの3点目（⇨162頁）です。

　実際、これは路外施設からではなく、路地からの進出事案ですが、以下のようなケースで、進出車の運転者の結果回避可能性を否定し、同人に無罪の言い渡しをした下級審の判決があります（東京地判平24.3.23）。

 Case27 被告車両が路地から片側一車線道路に進出し、同道路

を右折しようとして手前車線の先頭で止まっていた渋滞車両（第
１渋滞車両）の前面で一時停止し，右方の安全を確認したところ，
同渋滞車両の後方で同様に止まっていた車両（第２渋滞車両）の
更に後方まで見通せたが，これらの車両の右側方を直進してくる
バイク等がなかったことから，発進して右折進行しようとしたと
ころ，第２渋滞車両の後方（被告人からは死角になっている。）
を進行してきた被害者運転のバイクが，同渋滞車両のすぐ後ろで
右に進路変更して同車の右側方及びその前の第１渋滞車両の右側
方を通過して直進してきたため，被告人において被害バイクを発
見すると同時にブレーキを踏んだが間に合わずに衝突した事故

同様に，センターラインをはみ出して反対車線から強引に突破し
てきたバイクや，狭い通行余地を制限速度を大幅に超過する高速度
で進行してきたバイクとの衝突事故の場合も，結果回避可能性が認
定できなかったり，あるいは信頼の原則によって結果回避義務を免
除するのが相当との判断によって，過失が否定される場合があると
思います。

> **Check Point**　この種の事故を捜査する場合，右方の見通しを遮蔽した車両の特定のための捜査を尽くす必要があることはもちろん，同車の右側方の通行余地の有無，同車の後方の別の停止車両の有無及びその状況，直進車の速度等を解明する必要がありますので，進出車や直進車の運転者等の取調べを行う場合には，このことに留意してください。

4　左右の見通しの悪い路外施設から進出した際に発生した事故について

Case28　駐車場等の路外施設の出入口の左右に建物や壁などがあり，これらが邪魔になって左右道路（車道や歩道）の見通しが悪く，路外施設から進出した際に，左右道路から進行してきた車両（自転車を含む。）の発見が遅れて（あるいは未発見で）衝突してしまった事故

　基本的には，左右の見通しの悪い交差点における事故の場合と同じですので，第3講をご覧ください。

　ここでは，このような事故とは異なる点についてだけ解説することにします。

　1点目は，見通しの悪い交差点の場合，優先道路かどうかや幅員の広狭などにより，自車に優先通行権がある場合，逆に被害車両に優先通行権がある場合，どちらにも優先通行権がない場合がありますが，路外施設からの進出の場合，前述したように，原則として常に左右道路からの進行車両に優先通行権があるということです。

　2点目は，その関係で，見通しの悪い交差点の場合，一時停止の道路標識がない交差点では，必ずしも一時停止義務まではありませんが，路外施設からの進出の場合，見通しの程度により，一時停止義務やそれに加えて微発進と停止を繰り返すといった義務を課すことができる場合があり，見通しが極めて困難な場合，下車して確認する義務や，同乗者がいる場合，同人に誘導を依頼する義務まで課すことができる場合があります。冒頭で解説したように，道路交通法は，歩道等を横断して路外施設を出入りする場合に，歩道等の直前で一時停止すべき

義務がある旨規定していますが（同法17条1項，2項），これは，それ以外の場合に一時停止しなくても道路交通法違反にはならないというだけであって，過失運転致死傷罪における過失の認定とは必ずしも一致しません。対自転車事故に関する裁判例ですが，左方歩道の見通しの悪い路外ガソリンスタンドから歩道を通過して車道に出ようとした車両が，左方歩道から進行してきた自転車に衝突した事故に関し，「本件歩道手前で一時停止し，本件歩道を通行する自転車等の有無及びその安全を確認すべき」との注意義務のみで訴因構成した起訴状記載の公訴事実をそのまま認定して有罪判決を下した原審判決を事実誤認（一時停止しただけでは事故回避は困難）で破棄した上，「本件歩道手前で一時停止した上，小刻みに停止・発進を繰り返すなどして，本件歩道を通行する自転車等の有無及びその安全を確認すべき」注意義務違反を認定して自判した高裁判決があります（広島高判令3.9.16）。

　3点目は，被害者側の問題なのですが，左右の歩道から進行してきた自転車と衝突した事故の場合，被害者側にも，車道寄りを徐行しなければならない義務がありますので（道路交通法63条の4第2項），被害車両がこの義務を怠った場合，量刑上影響があるほか，被害者において優先通行権を主張することが相当性を欠き，進出車の運転者の過失自体が否定される場合もあり得ると思います。例えば，極めて見通しの悪い場所において，歩道の建物寄りを疾走してきた自転車に衝突したような事故です。

　この類型の事故の場合，事故時と同じ条件で見通し見分を行うことが可能ですので，被害車両の速度等を特定した上で，見通し見分を実施し，その上で，過失の有無及びその内容を検討することになります。

2　路外施設への進入時における事故

　これまで，路外施設から道路に進出する際に起きる事故について解説してきましたが，次に，道路から路外施設に進入しようとした際に起きる事故について解説します。

　事故態様には以下のようなものがあります。

①　道路右側の路外施設に進入しようとして右折進行中，対向車線を直進してきた車両と衝突する場合

②　同様に右折進行中，対向車線の停止車両の左側方を直進してきた車両と衝突する場合

③　道路左側の路外施設に進入しようとして左折進行中，自車線の左後方から直進してきた車両と衝突する場合

④　道路右側の路外施設に進入しようとして右折進行中，自車線の右後方から進行してきた車両と衝突する場合

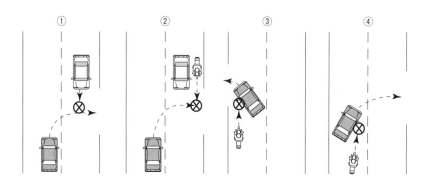

　前述したように，道路交通法25条の2第1項は，「車両は，歩行者又は他の車両等の正常な交通を妨害するおそれがあるときは，道路外

の施設若しくは場所に出入するための左折若しくは右折をし，横断し，転回し，又は後退してはならない。」と規定していますので，直進車に優先通行権がある点は，進出時の事故の場合と同じです。

　そして，対向直進車との衝突事故（①）は，前述した右直事故の場合（第4講）と同じ考え方でよく，対向車線の停止車両の左側方から進行してきた直進車との衝突事故（②）は，先ほど解説した路外施設から進出して停止車両の前面を通過して右折進行する際の事故の場合（⇒160頁）と同じ考え方でよいです。

　また，右左折時に自車の後方から進行してきた車両との衝突事故（③，④）については，道路交通法25条3項に，「道路外に出るため左折又は右折をしようとする車両が，前2項の規定により，それぞれ道路の左側端，中央又は右側端に寄ろうとして手又は方向指示器による合図をした場合においては，その後方にある車両は，その速度又は方向を急に変更しなければならないこととなる場合を除き，当該合図をした車両の進路の変更を妨げてはならない。」と規定されており，この規定と同法25条の2第1項との優先関係が問題となりますが，この点は，第5講で解説した交差点を右左折する際の後続車との優先関係に関する同法34条6項と同法26条の2第2項の規定（⇒140頁）と同じ理屈で考えればよいです。すなわち，**右左折開始等により後続車が進路や速度を急変させる必要があるような場合には後続車が優先しますが，そうでない場合は，右左折車が優先しますので，双方の位置関係と速度を解明すること**で，過失の有無を判断できます。

3　歩道上の歩行者・自転車との事故

　これまで対車両事故についてお話ししてきましたが，次に，路外施設に出入りする際，歩道や路側帯を通行していた歩行者や自転車と衝突するという事故について解説します。

1　対歩行者事故

　道路交通法は，「車両は，道路外の施設又は場所に出入するためやむを得ない場合，歩道等（歩道又は路側帯）を通行することができるが，その場合，歩道等に入る直前で一時停止し，かつ，歩行者の通行を妨げないようにしなければならない。」と規定していますので（同法17条 1 項， 2 項），当然，歩行者が優先し，かつ，一時停止義務が付加されます。

　歩道等は，横断歩道と並んで歩行者にとっての聖域ですから，そこを横切る車両に対しては，より一層厳格な注意義務が課されているのです。

　ところで，歩道等を歩行している歩行者との事故の多くは，後退時に起きています。歩行者は，車両に比べて速度が遅いですし，歩行者の方で危険を察知すれば即座に立ち止まったりすることによって衝突を回避することが比較的容易ですので，前述した道路交通法上の優劣関係はおくとして，結果的に事故になりにくいのですが，後退時は，ルームミラーやドアミラーを見て，あるいは振り返って後方の安全確認をしなければならず，前方の安全確認に比べて歩行者を見落とすおそれが高い上，歩行者の方でも，前進してくる車両に比べて後退してくる車両に対する警戒感が低いからだと思います。

　そこで，ここでは後退時における対歩行者事故についてお話ししますが，後退時の事故の場合，通常は，ルームミラーを見たり後方を振り返ったりすれば歩行者を事前に発見可能であるにもかかわらず，このような確認義務を怠った結果発生しますので，特段の留意事項はありません。この点，幌付きのトラックのように後方に大きな死角があるような場合，ルームミラーを見たり後方を振り返ったりすることには意味がなく，ドアミラーを使用しても車両の真後ろの安全を確認することができません。よって，このような車両を運転して後退する場合，運転席ドアの窓から上体を車外に乗り出す，適当な誘導者を付ける，適宜下車するなどして死角部分の安全を確認する必要があります（札幌高判昭48.8.16）。前述したように，歩道等は歩行者の聖域であって厚く保護されていますので，およそ歩行者がいることが予見できないようなごく特殊な場合を除き，後退する車両の運転者の過失が否定されることはありません。

　よって，このような事故の場合，通常，後方の死角の有無を含めた見通し見分を行いますが，それは，前述したような「訴因のできうる限りの特定」の要請に基づき，注意義務の内容（程度）を特定するためなのです（⇨167頁）。

2　対自転車事故

　歩道等を横切る際の事故で，気を付けなければならないのは，むしろ，歩行者ではなく，自転車に衝突する事故です。

　道路交通法17条1項，2項は，「歩行者」に限定していますので，自転車は，この条文によっては保護されていません（『道交法解説』179頁）が，自転車が通行可能な歩道や路側帯もあり（同法17条の2第1項，63条の4第1項），このような歩道等を走行している自転車に対しては，歩行者に準じた保護をすべきですから，安全確認義務の

程度は，歩行者と変わらないと解すべきです。

　しかし，自転車は，歩行者よりもずっと速い速度で走行しています
し，危険を察知しても急には止まれません。また，車道と異なり歩道
等を走行している安心感から自転車の運転者の前方注視が不十分であ
ることがままあり（雨天時，手に持った傘を斜め前に倒した状態で運
転したり，極端なケースでは，スマートフォンの画面を見ながら運転
したりする人もいます。），自動車の運転者の注意義務違反と自転車の
運転者の不注意とが相まって発生する事故が少なくありません。

　この場合，自動車の運転者において，歩道等の安全をきちんと確認
し，進行してくる自転車を早期に発見していれば，自転車の運転者が
注意散漫なまま進行してくることを認識することは比較的容易でしょ
うから，状況に応じた回避措置を講ずべきことを要求することができ，
これを怠って事故を起こした場合，自動車の運転者の過失を問うこと
ができるでしょうが，例えば，ブレーキのきかない自転車（ピスト自
転車や整備不良でブレーキが壊れている自転車）の場合，外形上の観
察で，そのことを早期に認識することは困難な場合が多く，遠方を走
行する自転車を発見したが，自転車の方でも適宜減速してくれるだろ
うから，自車の方が先に歩道等を横断完了できると判断して進行した
ところ，自転車の方で全く減速せずに（ブレーキが壊れていて減速で
きないで）突っ込んできて事故になったような場合には，そのような
自転車のあることの予見可能性が認められず，その結果，過失が否定
されることもあると思います。

　他方，先ほども解説しましたが，左右の見通しの悪い路外施設から
歩道に進出した際に，左右歩道から進行してきた自転車と衝突した事
故の場合，見通し見分の実施が必要です。

　ところで，このような事故で，被害自転車の走行速度が不明なまま
警察から検察庁に事件送致されてくることが時々あるのですが，回避

可能性の有無を検討する上で，被害自転車の走行速度の検討は不可欠
ですし，前述のとおり，自転車は，歩道上を走行する場合には車道寄
りを徐行しなければならず（道路交通法63条の4第2項），被害自転
車が不徐行であった場合，被害者側の落ち度として量刑上考慮されま
すし，場合によっては過失自体が否定される場合もあり得ます。よっ
て，

> **Check Point**　被疑者や被害者，目撃者の取調べを行う場合は，被害自転車の速度について，必ず確認することが必要です。

　その場合，自動車と異なり，自転車の速度を体感的に認知するのは
容易ではなく，特に免許を持っていない人に対し，自分の乗っていた
自転車の速度はどれくらいだったか，などと聞いても正確な答えが返っ
てくるのを期待するのは無理です。ですから，その場合は，皆さんの
方で，まず，「ゆっくりでしたか，普通でしたか，速かったですか。」
といった大まかな聞き方で構いませんので，速度に関する供述を引き
出し，その上で，「自転車がゆっくり走るときは時速11キロメートル
ぐらい」，「普通に走る速さは時速17キロメートルぐらい」，「速く走る
と時速20キロメートル以上になる」といったことを説明し，「ゆっく
りでしたので，時速11キロメートルぐらいということになると思いま
す。」といった供述を得るようにしてください。そして，

> **Check Point**　過失の認定が微妙な事案では，本人に実際に事故時と同じ速度で自転車をこいでもらい速度を測定する必要

がある場合もあると思います。
　自転車は，被害者になることもあれば加害者になることもあります
が，後者の場合も自転車の走行速度が過失の認定や量刑に影響してく
ることがありますので，自転車運転者を被疑者として取り調べる場合

も，前述と同様の配慮をしてください。

最 後 に

　この講では，路外施設に出入りする際に発生する事故について解説しました。捜査における留意事項や過失の認定の仕方は，これまで解説してきた右直事故等の場合の知識をかなりの部分で活用できることがお分かりいただけたと思いますが，他方で，異なる部分もあることに留意してください。

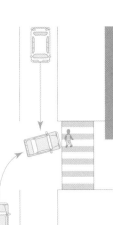

第 7 講
車道上における車両対歩行者事故
—横断歩道上—

　この講では，車道上における車両と歩行者との衝突事故のうち，横断歩道上の事故について解説します。

　車道上の事故の場合，横断歩道上（その直近を含む。）における事故かそれ以外の場所での事故かによって，過失の認定の仕方が大きく異なります。横断歩道は，歩行者にとっての「聖域」であり，歩行者の安全が手厚く保護されているのに対し，これ以外の場所は，基本的に車両が走行する場所であって，歩行者は，歩道があれば歩道上を，路側帯があればその内側を通るべきであり，車道を横断する必要がある場合は，横断歩道を横断するか（道路交通法12条1項），歩道橋があればこれを利用すべきだからです。

　ところで，横断歩道を横断中の歩行者との事故には，

①　直進する車両等が，交差点ではない場所（単路）に設けられた横断歩道や交差点の出入口に設けられた横断歩道上を横断中の歩行者と衝突する事故

②　交差点を右折あるいは左折進行する車両が，同交差点の右折先あるいは左折先の出口に設けられた横断歩道上を横断中の歩行者と衝突する事故

があります。

　そして，横断歩道を通過する際，車両の運転者に求められる注意義務の内容については，道路交通法38条に規定があります。

　そこで，まずは，この規定について説明し（便宜上，対歩行者に限定します。），その上で，この2つの事故態様に関し，捜査上の留意点や過失の認定の仕方等について解説し，最後に，横断歩道や自転車横断帯上の自転車との衝突事故についても付言することにします。

　なお，今般の道路交通法の一部改正（令和4年4月27日法律第32号）で，交通規制の対象である「歩行者」に「遠隔操作型小型車」（道路交通法2条1項11号の5）を加えて「歩行者等」と定義し（同法4条1項），これまで「歩行者」のみを対象にしていた規制が「歩行者等」に及ぶようになりました（同法8条，10条，12条，13条等）。しかし，「遠隔操作型小型車」の普及は今後の課題であって，現状では具体的に検討する段階ではないと思われることから，本書においては，「歩行者」を対象に過失の認定を行っていきます。

横断歩道上における車両対歩行者事故

1　道路交通法38条について

⑴　同条の規定

道路交通法38条は，第1項で

> 　車両等は，横断歩道に接近する場合には，当該横断歩道を通過する際に当該横断歩道によりその進路の前方を横断しようとする歩行者がないことが明らかな場合を除き，当該横断歩道の直前（道路標識等による停止線が設けられているときは，その停止線の直前）で停止することができるような速度で進行しなければならない。この場合において，横断歩道によりその進路の前方を横断し，又は横断しようとする歩行者があるときは，当該横断歩道の直前で一時停止し，かつ，その通行を妨げないようにしなければならない。

と規定し，第2項で

> 　車両等は，横断歩道（信号機等により歩行者の横断が禁止されているものを除く。）又はその手前の直前で停止している車両等がある場合において，当該停止している車両等の側方を通過してその前方に出ようとするときは，その前方に出る前に一時停止しなければならない。

と規定しています。なお，信号機の設置された横断歩道で，かつ，車両用対面信号機が赤色であった場合，車両は，歩行者の有無にかかわらず，横断歩道の直前で停止しなければなりませんから，これらの規定が適用されることはありません。

　すなわち，**車両の運転者には，横断歩道に接近する場合，「当該横断歩道を通過する際に当該横断歩道によりその進路の前方を横断しようとする歩行者」がいないことが明らかな場合を除いて，横断**

歩道の直前で停止できるような速度で進行すべき義務（速度調節義務）があり，「横断しようとする歩行者」や現に「横断している歩行者」がいるときには，横断歩道の直前で一時停止し，かつ，その通行を妨げないようにすべき義務（一時停止義務）があります。

　ここで，

○「横断しようとする歩行者」とは，

　　車両の最先端が当該横断歩道の直前に到達してからその最後尾が横断歩道を通過し終わるまでの間に，当該車両の進路の前方を横断するであろうことが予想される歩行者のこと

であり，

○「進路の前方」とは，

　　車両が横断歩道を通過する間において，当該車両の両側に歩行者との安全な側方間隔をおいた範囲を意味する

と解されています（福岡高判昭52.9.14）。

　同裁判例は，安全な側方間隔について，「これを固定的，一義的に決定することは困難であり，具体的場合における当該横断歩道付近の道路の状況，幅員，車両等の種類，大きさ，形状及び速度，歩行者の年齢，進行速度などを勘案し，横断歩行者をして危険を感じて横断を躊躇させたり，その進行速度を変えさせたり，あるいは立ち止まらせたりなど，その通行を妨げるおそれがあるかどうかを基準として合理的に判断されるべきである。」旨判示していますが，一般的には，当該車両の車幅に左右1メートルを加えた程度の範囲をいうと解されています（『道交法解説』349頁）。

　つまり，車両の運転者が，進路前方に横断歩道を認めた際，そのままの速度で横断歩道に接近した場合，その横断歩道を通過し終わ

るまでの間に自車と横断歩道上で鉢合わせになる（衝突の危険がある場合はもとより，当該歩行者を立ち止まらせるなどその通行を妨害することになる）ことが予想される歩行者が，「横断しようとする歩行者」に当たりますので，車両の運転者は，横断歩道に接近する場合は，前方左右を注視し，当該横断歩道上はもとより，その周辺にも目を配る必要があります。そして，横断歩道及びその周辺に，このような「横断しようとする歩行者」がいないことが明らかな場合を除いて，速度調節義務を負うことになるのです。よって，横断歩道ないしその周辺が，樹木や停止車両等により遮蔽されていて見通しが悪い場合は，「いないことが明らか」とはいえませんので，速度調節義務を負うことに注意してください（遮蔽物が停止車両の場合は，更に2項の義務を負うことがあります。）。

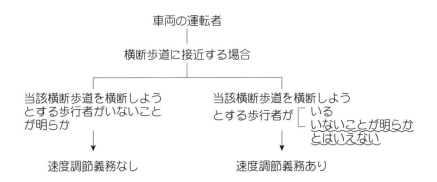

(2) **速度調節義務に関する裁判例**

　1項の規定に関しては，非常に参考になる重要な裁判例がありますので紹介します。ちょっと長いですが読んでみましょう。

判例⑱　　　　　　　　　　　　　　　　　　　東京高判昭46.5.31

<要　旨>

　道路交通法38条1項の規定は，直接的には，横断歩道の直前に至る以前の地点における減速ないし徐行についてなんら触れていないが（著者注：この判決当時の同項には，現行法の後段部分の規定しかなく，前段部分の規定はありませんでした。），一時停止を必要とする状況の存在は初めから明らかであるとは限らず，車両等が横断歩道に接近した段階において発生することも多いのであるから，車両等の運転者がこの一時停止義務を守るためには，そのような状況の発生する蓋然性がある限り，あらかじめこれに備えて，ある程度速度を調節して進行することが要請されるといわなければならない。

　この速度調節の義務が，一時停止義務から派生する義務であることは明らかであって，この義務を守らず減速しないまま横断歩道に近づいたため同条項の規定する状況が発生したのを発見しても間に合わず横断歩道直前の一時停止が不可能となり，それによって横断歩道上で人身事故を惹起したような場合には，この速度調節義務違反が過失致死傷罪の注意義務違反として論ぜられることにならざるをえない。交通整理の行なわれていない横断歩道においては歩行者は強い優先権を有し，たとえ車両等がその横断歩道に近づいてきていても横断して差し支えないものであり，走る方法で横断することも禁ぜられていないのであるから，車両等の運転者としては，一時停止を必要とする状況がいつ発生するかわからないことを念頭に置いてこれに備え速度を調節すべきであり，いいかえるならば，速度調節を必要としないのは，自車が横断歩道の手前に接近した際にその横断歩道を横断し，又は横断しようとする歩行者のないであろうことが明らかな場合に限るというべきである。

　このことは，横断歩道直前における一時停止義務の場合とは区別して考えるべきであって，一時停止義務は歩行者が現に「横断し，横断しようとしているとき」に発生すると解すべきなのに対し，**速度調節義務は事前のことであり将来発生するかもしれない状況に対処するためのもの**であるから，その状況の発生しないであろうことが明確な場合に限って，その義務がないとされるのである。

　そして，横断歩道の手前に差し掛かった車両の運転者の減速の程度いかんは，自車が横断歩道に接近した際にいかなる事態が発生する蓋然性があるかということによって決まるわけであるが，横断歩道を横断する歩行者保護を重視する現行法の趣旨からすれば，その蓋然性は必ずしも

最高のものである必要はなく，いやしくもその蓋然性の存する以上，その事態の発生をも計算に入れて速度を決定しなければならない。

このように横断歩道上における歩行者の自由な横断を許し，歩行者にきわめて強い優先権を認めることは，そもそも横断歩道なるものが歩行者の安全かつ自由な横断と車両の円滑な交通との調節点として案出されたものであって，横断歩道が設けられた場合には法はその附近で歩行者の横断を禁止する反面，横断歩道によって横断する場合には車両の直前または直後で横断してもよいこととし，その他横断の方法につきなんら制限を規定せず，他方横断歩道を通過しようとする車両等に対しては前記の一時停止義務のほか諸種の制限を設けていることに徴しても明らかだというべきである。

　どうでしょうか。私が，横断歩道は歩行者にとって聖域であると述べたのもうなずけると思います。そして，車両の運転者が負う「速度調節義務」の具体的内容についてもお分かりいただけたと思います。歩道上を横断歩道のある方向に歩いている歩行者が，その横断歩道を渡るとは限らず，そのまま素通りしてしまうことも当然あり得るわけで，実際，車両の運転者の中で，このような歩行者を認めるたびに減速している人はむしろ少数派だと思います。それは，「仮に横断するにしても，歩行者の方で自車の通過を待つだろう。」という彼我の優劣が逆転した発想を持っている人が多いからでしょう。しかし，意に反して歩行者が横断を開始し，速度調節義務を怠ったために衝突を回避できなかった場合は，車両の運転者の過失責任は免れないのです。

	状　況
一時停止義務 （38条1項後段）	歩行者が現に 　横断している 　横断しようとしている ｝状況のとき
速度調節義務 （同項前段）	将来発生するかもしれない 前記状況に対処するため

⑶　1項の留意点　歩行者に対する信頼の原則

なお，1項に関しては，留意しておくべきことがあります。

次のような事例を考えてみましょう。

Case29　当該横断歩道に信号機が設置されており，かつ，車両用対面信号機が青色で，歩行者用対面信号機が赤色にもかかわらず，歩行者が横断を開始し発生した事故

結論から申し上げると，2項は，この場合を除外する旨明記している（「信号機等により歩行者の横断が禁止されているものを除く」との記載がそれです。）のに対し，1項には何らの記載もありませんから，**たとえ車両用対面信号機が青色で，歩行者用対面信号機が赤色であっても，1項前段の速度調節義務や後段の一時停止義務は免除されません**。ただし，相手が歩行者の場合も信頼の原則が適用されることがあり，信号機の設置された横断歩道においては，車両の運転者において，「歩行者は信号に従って横断するであろう」と信頼することが相当ですから，歩道上を横断歩道に向かって歩いている歩行者や横断歩道手前の歩道上に立っている歩行者がいたとしても，彼らは信号を守り，赤信号を無視して渡ってくることはないだろうと信頼してよく（大阪高判昭63.7.7.札幌高判昭50.2.13等），よって，「横断しようとする歩行者」には当たらず，「横断しようとする歩行者がいないことが明らかな場合」ですので，速度調節義務は課されません。

他方，先ほど申し上げたように，1項後段も，横断者側の信号表示に関する限定はありませんので，歩行者が赤信号に従わずに横断しようとしているときや現に横断中の時は，横断歩道の手前で停止

しなければなりません。

　時折，街を歩いていると，赤信号を無視して横断歩道を横断中の歩行者に対し，クラクションを鳴らして立ち止まらせた上，その側方を通過していく車両を見かけますが，この行為は道路交通法違反ということになりますし，歩行者に接触させるなどしてけがを負わせれば，過失運転致傷罪が成立します。

　信頼の原則といえども，車両の運転者にとって最も基本的な注意義務である前方注視義務まで一般的に免除するものではありませんから（17頁），車両等の運転手は，対面信号機が青色の場合であっても，前方左右を注視して進行しなければならず，前方注視義務を尽くしていれば（ただし，ここで要求されるのは，自動車運転者に通常要求される前方注視義務であり，赤信号を無視して横断する歩行者があることまでも予想して，これに対処し得る運転方法をとるまでの義務，つまり高度で周到な前方注視義務はないとされています（大阪高判昭63.7.7)。），停止距離の範囲外で，赤信号を無視して横断を開始し横断中の歩行者を発見し得たにもかかわらず，同義務を怠った結果，直前まで同歩行者を発見できず，自車を同人に衝突させて死傷させた場合，前方注視義務違反の過失を問われることになります（東京高判昭51.4.8等）。つまり，このような歩行者は，信号無視をしたまま歩行を継続することが十分予見できますので，「進路の前方を横断し，又は横断しようとする歩行者」に当たり，「横断歩道の直前で一時停止し，かつ，その進行を妨げないようにしなければならない。」のです。

(4)　2項の規定による一時停止義務違反の2つの捉え方

　他方，2項の規定については，前述したように，こちらは，車両用対面信号機が青色の時，すなわち歩行者用対面信号機が赤色の時には，一時停止義務は課されません。なお，同項の規定（⇒184頁）

の
○「横断歩道又はその手前の直前で停止している車両等」とは，
　　進路前方に設けられた横断歩道上か自車から見てその手前で停
　止している車両等のこと
です。したがって，停止車両等が自車線（複数の車線がある道路に
おいては，自車と同一方向の他の車線を含む。）にある場合と反対
車線にある場合を両方含みますが，停止車両等の側方を通過して
「その前方に出る」前に一時停止すべき義務を課したものですから，
結局，この規定からは，後者（停止車両等が反対車線にある場合）
は除かれると思います。
　しかし，この規定は，停止車両等が邪魔になって横断歩道やその
直近を横断しようとしている歩行者や横断中の歩行者の有無の確認
ができない場合に，歩行者の安全を守るため，車両等の運転者に一
時停止義務を課したものですから，反対車線に停止中の車両等の側
方を通過して「その後方」に出ようとする場合も，一時停止義務を
課すべきです。よって，このような場合，一時停止義務違反は道路
交通法違反にはなりませんが，過失運転致死傷罪成立の前提となる
注意義務違反には該当します。逆に，停止車両等が原動機付自転車
や自転車の場合，横断歩道やその直近の視界を遮蔽する度合いは極
めて小さいですから，必ずしも一時停止をしなくても事故回避は可

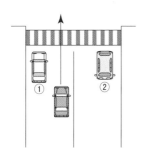

①道交法違反にも
　注意義務違反（過失運転致死傷罪に係る）にも該当
②注意義務違反（過失運転致死傷罪に係る）に該当

192

能であり，よって，過失運転致死傷罪の成否において，一時停止す
べき注意義務まではないと判断される場合もあると思います。以前
も解説しましたが，必ずしも道路交通法違反＝注意義務違反ではな
いことに注意してください。

2　個別の検討

それでは，前述した2類型の事故について，捜査上の留意点等をお
話しします。

(1)　直進時の事故について

　信号機の設置されていない横断歩道の場合，前述したように道路
交通法38条によって歩行者が手厚く保護されていますので，実際に
横断歩道上で衝突事故が発生した場合，車両運転者の過失が否定さ
れることは通常ありません。樹木等の遮蔽物の陰から飛び出した歩
行者と衝突した場合ですら過失が認められます。「横断しようとす
る歩行者」がいないことが明らかではなく，このような飛び出しに
も対応できる速度，すなわち横断歩道直近で止まれるような速度ま
で減速して走行すべき注意義務があるからです。

　　ア　先ほど，「横断しようとする歩行者」の例示として，歩道上
　　　を横断歩道に向かって歩いている歩行者を挙げました（⇨185
　　　頁）が，横断歩道の数十メートル手前を歩いている歩行者がこ
　　　れに該当するかというと，通常は，該当しません。先ほども申
　　　し上げたように，道路交通法の規定は，横断歩行者と車両とが
　　　横断歩道上で衝突する（あるいは歩行者を立ち止まらせるなど
　　　その通行を妨害する），つまり鉢合わせになることを防止する
　　　ために車両の運転者に一定の注意義務（結果回避義務としての
　　　速度調節義務及び一時停止義務）を負わせたのであり，歩道上
　　　を歩いている歩行者が横断歩道を渡り始める前に車両の方が横

断歩道を通過してしまうタイミングの場合,「鉢合わせ」の危険はないからです。

　よって,歩道上の歩行者が「横断しようとする歩行者」に該当するか否かは,車両の速度と歩行者の速度,双方の位置関係に照らし,双方がそのままの速度で進行を継続すると,タイミング的に横断歩道上で「鉢合わせ」になるおそれがあるかどうかで判断されます。

　この点,歩行者の歩行速度が急変する場合があります。

> **Case30**　それまで歩いていた歩行者が,途中から駆け足になって横断歩道を渡った結果,「鉢合わせ」になってしまうこととなった場合

　車両の運転者において,歩道上の歩行者の動静を継続的に観察していれば,このような事態を避けられるでしょうが,歩いている歩行者を一瞥した後,同人の動静を見ていなかったため,途中から駆け足になったことに気付かず,減速しないまま横断歩道に差し掛かり,その歩行者と衝突してしまうといった事故が起きる可能性があるのです。ただ,この場合も,動静注視義務違反の過失が問えますので,結論としては,特に問題ないと思います。

イ　他方,信号機が設置されている横断歩道で,かつ,車両用対面信号機が青色,歩行者用対面信号機が赤色の時（⇨18頁）には,問題が生じる場合があります。

> **Case31** 横断歩道近くの歩道上に立っている歩行者を事前に発見したが，信号を無視して渡ってくることを予見させるような特段の動きをしていなかったので，そのまま減速せずに横断歩道に接近したところ，この期待を裏切って信号に従わずに横断してきたために起きた事故

　この場合，車両の運転者には，歩行者は信号に従って横断するだろうと信頼することが許されますので（信頼の原則），車両の停止距離との関係で衝突回避が不可能であれば，過失が否定されます。

　過失が認められるのは，「信号に従わずに横断しようとしている歩行者がいる」と認識・予見することが可能で，速度調節義務を課すことが相当と判断される場合に限られます。すなわち，先ほど例示したような，信号を無視してまさに横断を開始しようとしている歩行者を認めたとき（⇨Case29，189頁）などです。

　この点は，１項後段の場合も同様であり，このような横断者を認識・予見した場合は，横断歩道の手前で一時停止し，歩行者の横断を待って発進させる必要があります。現に横断中の歩行者がいる場合も同様です。

⑵　**右左折時の事故について**

　交差点を右左折中に，その交差点の右左折方向出口に設けられた横断歩道上の歩行者に衝突した事故の場合，道路交通法38条１項前段が規定する速度調節義務が問題になることはほとんどありません。交差点を右左折する際の車両の速度は，もともと時速10ないし20キロメートル程度の低速度であり，速度調節義務を課すまでもないか

らです。

　しかし，他方で右左折時の事故特有の注意点がいくつかあります。

ア　1 点目は，信号交差点における事故の場合，車両の運転者は，
　車両用対面信号機の青色表示に従って交差点に進入し，右左折
　進行して交差点出口に設けられた横断歩道を通過して交差点か
　ら離脱することになりますが，皆さんご存じのとおり，信号サ
　イクル上，車両用対面信号機よりも歩行者用対面信号機の方が
　先に青色点滅を経て赤色になります。よって，次の Case32 の
　ような事故が起こり得ます。

> **Case32**　車両が青色信号で右折進行中，青色点滅信号や赤色信
> 号に従わずに横断を開始した歩行者と衝突した事故

　　このように，衝突時の信号表示が車両用と歩行者用で異なる
ことがありますので，このような事故の車両の運転者の取調べ
を行う場合，同人が見た車両用対面信号機の表示を確認するこ
とに加えて，「歩行者用対面信号機の表示を見たか」，「見たと
してその表示は何だったか」の確認をする必要があります。

　車両用対面信号機の赤色表示に従って交差点手前で一時停止
後，青色に変わったのを見て発進し，右左折した先の横断歩道
上の歩行者と衝突した事故の場合，タイミング的に歩行者用対
面信号機はまだ青色のままだと思われますので，それほど問題
とはならないのですが，青色に変わって発進後，対向直進車両
の通過を待つため，相当程度の時間，交差点内で停止していた
ような場合や，交差点進入時，既に車両用対面信号機が青色で
あったことから交差点手前で一時停止することなく交差点に進

入して右左折した場合，歩行者用対面信号機が青色点滅や赤色になっている可能性がありますので，必ず確認する必要があるのです。

これを怠ると，後日，検察庁における取調べや起訴後の裁判所における被告人質問において，「実は，右左折時，歩行者用対面信号機を見たところ，既に赤色だった。歩行者は信号無視をして横断してきた。警察官に対する供述調書にそのことが書かれていないのは，聞かれなかったので言わなかっただけだ。」などと弁解されたときに対応が難しいことがあるからです。もちろん，前述したように，この場合であっても，車両等の運転者は，横断歩道を通過する前に，前方左右を注視して横断歩行者の有無を確認し，横断しようとする歩行者や横断している歩行者がいた場合，横断歩道の手前で止まらなければならず，通常，過失が否定されることはありませんが，例えば，「横断歩道手前の歩道上に立っている被害者を事前に発見したが，歩行者用対面信号機が赤色だったので，横断を開始することはないと思ってそのまま進行したところ，赤色信号を無視して飛び出してきた被害者を避けきれずに衝突した。」などといった弁解が出てきて，これを覆す証拠がない場合，過失が否定されることがあります。また，過失自体は認められたとしても，情状面で大きな違いがあり，量刑に影響してきます。被害者に落ち度ありということで量刑が下がる可能性が大きいのです。よって，被疑者を取り調べる際は，必ず確認するようにしてください。
イ　2点目は次のような場合です。

Case33　交差点を右折進行中の車両が，対向直進車と横断歩行者との両すくみになった事故

　信号交差点を青色信号に従って右折進行する場合や信号機のない交差点を右折進行する場合，時差式信号機等の特殊なケースを除き，対向直進車も青色ですし，右折先横断歩道の歩行者用信号機も青色ということになります（そうでない場合もあることは先ほど解説しました。）。

　よって，右折進行する車両の運転者は，優先通行権を持つ対向直進車と横断歩道上の歩行者の両方の安全を確認しながら右折進行すべき注意義務を負いますが，時折，対向直進車との安全確認のみに気を奪われ，遠方から進行してくる直進車を認め，先に右折を完了できると判断して右折を開始したところ，横断歩道上の歩行者の安全確認が不十分であったため，同歩行者を発見したのが対向車線上に進出した後になってしまうことがあ

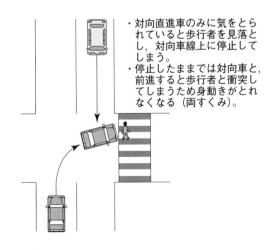

・対向直進車のみに気をとられていると歩行者を見落とし，対向車線上に停止してしまう。
・停止したままでは対向車と，前進すると歩行者と衝突してしまうため身動きがとれなくなる（両すくみ）。

ります。

　この場合，対向車との衝突を避けるためには進行を継続しなければならず，その結果，横断歩行者との衝突を回避できなくなり，逆に横断歩行者との衝突を避けるため横断歩道の手前で停止すると，今度は対向直進車との衝突が避けられなくなってしまいます。まさに「両すくみ」の状態になってしまうのです。

　では，どうしたらこのような状態に陥るのを防止できるかといいますと，**対向車線に進出する直前で止まれる地点に進行するまでの間に，対向車の安全と歩行者の安全を両方確認**し，両すくみの状態になるおそれがある場合は，対向車線に進出する直前で停止して直進車を先に行かせた後，再発進し，**必要があれば，横断歩道直前でもう一度停止する**といった事故回避措置を講じる必要があります。このような**注意義務が重畳的かつ二段階で課せられる**ことになるのです。

　ですから，この種の事故の捜査においては，この点に留意した取調べ等が必要になります。

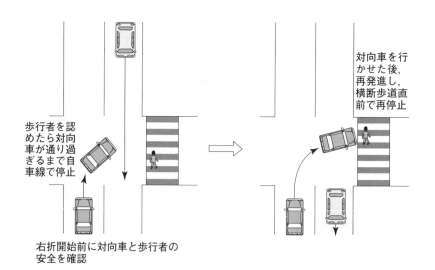

歩行者を認めたら対向車が通り過ぎるまで自車線で停止

右折開始前に対向車と歩行者の安全を確認

対向車を行かせた後，再発進し，横断歩道直前で再停止

　ウ　3点目は，発生頻度としては低いですが，車両が横断歩道上
　　の歩行者の通過を待つため，横断歩道手前で停止中，運転者が
　　目を離している間に横断歩行中の歩行者が車両の前部直近で転
　　倒して死角に入ってしまい，運転者において，このことに気付
　　かず発進した結果，転倒者をれき過してしまうという事故があ
　　ります。転倒者は幼児や高齢者のことが多いようです。

　　　この場合の注意義務はどう捉えるべきでしょうか。まず，前
　　提として，転倒して自車の死角に入ってしまうような歩行者の
　　存在を予見できたことが必要になります。

　　　次のCase34は実際にあった事故です。

Case34　小学校の登校時間帯に，小学校近くの交差点の横断歩
道を大勢の小学生が信号に従って横断し，被疑者（車両の運転者）
は，自車を横断歩道の手前に止めて歩行者が途切れるのを待って
いたところ，やがて歩行者用信号機が青色点滅を経て赤色になり，
歩行者が途切れたので発進した。被害児童は，青色信号で横断を
開始したが，途中で青色点滅に変わったことから，急いで横断を
終えようと走り出したところ，被疑車両の前面で転倒してしまい，
起き上がろうとしている間に，このことに気付かなかった被疑者
が，自車を発進させ，れき過した事故

　　　この事故では，多くの小学生が自車の前方を横断する姿を見
　　ており，その中には急に走るとバランスを崩して転倒する可能
　　性がある低学年の児童も含まれていることを認識していました
　　ので，予見可能性を肯定することができました。よって，この
　　ような事態の発生を予見すべき義務があり，事故回避のために
　　は，横断歩道で停止後，発進して進行するまでの間，目をそら

すことなく継続して前方を注視し，全ての歩行者が自車の前方を通過するのを確認する必要があります。背の低い低学年の児童であっても，転倒さえしなければ被疑者の死角に入ることはありませんから，このような結果回避義務を履行していれば，被害者が転倒する姿を視認でき，発進を差し控えることで事故を回避できたのです。実際，この事故では，このような注意義務を認定した上で，被疑者の過失を認めています。

それでは，もともと死角の大きな大型車両と歩行者の事故の場合はどうでしょうか。

Case35 自車前面の死角を解消するためにはアンダーミラー等を丹念に見なければならない大型貨物自動車が，横断歩道の手前で停止し，発進する際，自車の直前の横断歩道上を横断中の歩行者に気付かず，衝突した事故

この場合は，アンダーミラー等によって安全確認すべき注意義務があり，これを行うことによって被害者の早期発見が可能であり，衝突を回避できたことを立証するため，事故車両を使用した見通し見分を実施する必要があります。通常は，見通し見分の結果，アンダーミラー等により自車前面の死角が解消できることが解明され，過失の認定に特に問題は生じませんが，まれに運転席に座ったままでは死角を完全には解消できず，死角内を通行してきた歩行者と衝突する事故も想定され得るところです。この点，この後解説する対自転車事故に関する福岡高裁の裁判例は，「運転席から助手席側に移動するなどして死角を解消しつつ安全確認を行うべき注意義務」を認定しています。

　　歩行者は自転車よりも要保護性が高いですから，対歩行者事故
　　で過失が否定されるケースはほとんどないと思います。

> **Check Point**　死角の大きい大型車両による事故の場合，運転席に座った
> ままでは解消できない死角をどのような方法を講じれば解消
> できるのか，実際にそのような方法を講じることは可能なのかといった
> ことを解明するための捜査を丹念に行うことが必要です。

3　対自転車事故について

⑴　道路交通法38条について

　先ほど，道路交通法38条の説明をする際，便宜的に省略しました
が，同条の規定は，「車両等は，横断歩道又は自転車横断帯に接近
する場合には」，「横断しようとする歩行者又は自転車が」といった
具合に，**自転車横断帯上を横断する自転車に対しても，横断歩道上
の歩行者と同等の手厚い保護をしています。**

　このような自転車と衝突する事故が発生した場合，捜査事項や過
失の認定の仕方は，基本的には，歩行者の場合と変わりありません。
唯一変わるとすると，自転車の場合，歩行者よりもずっと速い速度
で進行しますので，**「横断しようとする自転車」の範囲が広がる**点
です（横断歩道から離れた地点を走行している自転車であっても，
これに該当し得るということです。）。

Case36 自転車横断帯の併設されていない横断歩道を横断中の
自転車と衝突した事故

　道路交通法38条の規定から見て，横断歩道上の自転車を自転車横
断帯上の自転車や横断歩道上の歩行者と同視することはできず，**横
断歩道上の自転車は，当然には同条の対象にはなりません**。

　ただし，自転車横断帯が併設されている横断歩道を横断中の自転
車については，同条による保護の対象になると思います（少なくと
も同条の準用がある。）。併設横断歩道上の自転車は，自転車横断帯
の直近を横断する自転車ということになるところ，横断歩道直近を
横断する歩行者及び自転車横断帯直近を横断する自転車も，同条の
保護が及ぶと考えるのが相当だからです（この点，同条の対象外で
あるとした初版本の見解を修正します。）。

　実際，横断歩道上を横断する自転車は，横断歩道を通過する車両
に対して，道路交通法上当然に優先権を主張できる立場にはないと
明示した裁判例もあります（東京高判昭56.6.10）

　なお，平成20年6月1日施行の改正道路交通法で，歩道を通行で
きる自転車の範囲を広げた（同法63条の4第1項）ことで，自転車
横断帯が併設されていない横断歩道を横断する自転車の増加が見込
まれたことから，道路交通法施行令2条も改正され，信号の設置さ
れた横断歩道を通行しようとする自転車は，「人の形の記号を有す
る信号（筆者注：歩行者用信号機）の規制に従わなければならない」
旨規定されました。そして，これに伴い，国家公安委員会告示第3
号「交通の方法に関する教則」も改正され，「横断歩道は歩行者の
横断のための場所ですので，横断中の歩行者がいないなど歩行者の
通行を妨げるおそれのない場合を除き，自転車に乗ったまま通行し

てはいけません」等とされました。このことから，横断歩道上の自
転車にも道路交通法38条による保護が及ぶ（同条が適用あるいは準
用される）と解釈することも不可能ではないでしょう（実際，後述
するように，これを肯定した裁判例もあります。）。しかし，前記改
正の際も同条の改正はなく，横断歩道が歩行者専用の場所である旨
の規定（同法2条1項4号）もそのままですので，むしろ，この解
釈は難しい（少なくとも明文の規定に反する旨の反論が可能である）
のではないかと私は考えています。

⑵　**自動車運転死傷処罰法上の過失の認定**

　しかし，これはあくまで道路交通法上の問題であって，道路交通
法上の義務と自動車運転死傷処罰法上の義務とは一致するのが望ま
しいとはいえ，必然的に一致するわけではありません。自動車運転
死傷処罰法上の過失の認定の場面においては，道路交通法の明文上
は課されていない義務を課すべき場合があります。

　横断歩道は，あくまで歩行者専用（同法2条1項4号）ですから，
本来，横断歩道を利用して道路を横断しようとする自転車の運転者
は，自転車から降りて自転車を押しながら歩いて横断歩道を横断す
べきなのですが，実際には，自転車の運転者が自転車に乗ったまま
横断歩道を横断するというのが，いわば「当たり前」になっていま
すので，車両の運転者としても，横断歩道を自転車に乗ったまま横
断する者がいることを念頭に置いて運転する必要があります。

　ですから，このような自転車との衝突事故を回避すべき義務があ
り，前方左右の注視義務を怠った結果，横断歩道上の横断自転車の
発見が遅れ，あるいは未発見のまま衝突させて自転車の運転者を死
傷させた場合，過失運転致死傷罪が成立する場合が多いと思います。
前述の東京高裁の判決も，結論としては，自動車側の過失を認めて
います。

しかし，横断歩道上の歩行者の場合とは異なり，常に自動車運転者側の過失が肯定されるわけではありません。交通の実態として，自転車に乗ったまま横断歩道を横断することが許容されているといっても，自転車は軽車両であって（道路交通法2条1項11号），歩行者ではありませんので，横断歩道を利用して道路を横断する場合は，下車した上で自転車を押して徒歩で横断するというのが原則（法の建前）であり，例外的に自転車に乗ったまま横断する場合，歩行者の通行を妨害してはならないのはもちろん，対車両に関しても，相応の危険を負担しなければならない場合があると思います。自転車は歩行者に比べてずっと高速度で移動可能ですので，自動車運転者側でも対歩行者以上に注意を払わないと衝突の危険があり，よって，自転車という交通手段の利便を享受する以上，自動車運転者側にも，適正な危険の分配をするのが相当と考えるからです。これは信頼の原則の基本的思想と同源であり，具体的には，被害自転車側の不適切な走行態様が事故発生に相当程度寄与したような場合は，量刑上考慮されることはもとより，自動車運転者側の予見可能性や結果回避義務自体が否定されることもあると思います。

(3) 過失が否定された事例

　この点，やや古いですが，下級審の裁判例で，横断歩道上の自転車と衝突した事故に関し，過失を否定したものがあります。

判例⑲	東京地判昭47.8.12

＜事案の概要＞

　交差点を左折進行しようとした大型貨物自動車が，同交差点の左折方向出口に設けられた横断歩道上の歩行者を認めて横断歩道手前で一時停止し，この歩行者が自車の前方を通過するのを待って発進したところ，左方歩道から進行してきてそのまま横断歩道の横断を開始した自転車に自車左後輪付近を衝突させたという事故

＜要　旨＞
　自転車の運転者が，道路を横断するに当たって横断歩道を利用する場合には，自転車に乗ったまま疾走し，飛び出すような形で横断歩道を通行することは厳にしてはならないというべきであって，自動車運転者は，このような無謀な横断者はいないものと信頼して運転すれば足りる。

　ただし，この事故は，事故車両が自転車運転者側からも容易に認識可能な大型貨物自動車であったこと，被害者において，同車の発進を認めた時点でブレーキをかければ，横断歩道手前で停止することが容易な位置関係にあったこと，衝突部位が大型貨物自動車の左後輪付近であって，衝突時，既に同車が横断歩道の相当範囲を塞いだ状態であったことなどの事情があり，言うなれば，自転車運転者の方が，著しい前方不注視により大型貨物自動車が発進して進路前方を塞いでいる状況に気付かず，その横っ腹に激突した事故でしたので，事故発生の主因は，かかる自転車運転者の無謀な運転にあったといわざるを得なかった事案でした。

　他方，左側に死角のある大型貨物自動車を運転して交差点を左折進行中，左折方向出口に設けられた横断歩道の手前で一時停止後発進した際，死角内を進行してきた自転車と衝突したという類似の事故に関し，助手席側に移動するなどして死角を解消し，四囲の安全を確認して発進すべき注意義務を認めて運転者の過失を認定した裁判例もあります（福岡高判昭52.4.26）。この事案では，①事故時，当該横断歩道を利用する通行者が比較的多かったこと，②大型貨物自動車の運転者において，交差点の左折を開始する前に，自車左側の歩道上を同横断歩道に向かって進行してくる被害自転車を認めていたことなどを理由に挙げて前記注意義務を認定しました。具体的衝突状況までは判文上明らかではありませんが，被害自転車が横断歩道上を横断中に被疑車両と接触した事故のようですので，横断歩

206

道を自転車に乗ったまま進行したことを除いては，被害者側に落ち度はなかった事案と思われます。こういった事情の違いが，前述の東京高裁の判決と過失の有無についての判断が分かれた理由でしょう。

⑷　道路交通法38条1項前段の速度調節義務について

　それでは，自転車横断帯の併設されていない横断歩道を横断中の自転車との衝突事故に関し，自動車の運転者に道路交通法38条1項前段の規定に基づく速度調節義務を課すことはできるでしょうか。

> **Case37**　交差点入口に横断歩道が設けられ，同横断歩道の左方が石垣により見通しが悪く，同横断歩道を左方から右方に向けて横断しようとする歩行者等の有無の確認が困難な信号機のない交差点を時速約50キロメートルで直進しようとしたところ，折から同横断歩道を左方から右方に向けて自転車に乗って横断してきた被害者を進路前方約15メートルの地点に発見し，急ブレーキをかけたが間に合わずに衝突した事故

　前述のように，自転車横断帯の併設されていない横断歩道を横断する自転車は，当然には道路交通法38条に基づく保護の対象にはなりませんが，自転車に乗ったまま横断歩道を横断する人が当たり前のように存在し，それを前提にした規定（前記した道路交通法施行令2条等）もあることから，道路交通法38条の適用ないし準用があると解する余地もないではなく，実際，Case37の題材とした交通事故に関し，神戸地裁は，被告車両の運転者に同条1項前段の速度調節義務を認めました（神戸地判平16.4.16）。

　しかし，この点に関する最高裁判所の判断は出ておらず，公刊物未登載ですが，自動車運転者には，自転車横断帯が併設されていな

い横断歩道上の自転車に対しては同法38条 1 項の速度調節義務は課されないと明示した裁判例もあります（東京高判平22. 5 .25）。

　とは言っても，何度も述べるように，道路交通法上の義務と自動車運転死傷処罰法上の義務は常に一致するとは限らず，前記東京高判も，次のとおり判示して，結論としては，被告人に速度調節義務違反の過失を認めています。

判例⑳　　　　　　　　　　　　　　　　　　　　　　**東京高判平22. 5 .25**

＜事案の概要＞

　被告人が，普通乗用自動車を運転し，交通整理が行われておらず，出口付近に横断歩道が設置された左方道路（フェンス等で見通しが悪い）と交差する丁字路交差点を時速約55キロメートルで直進中（被告車両進行道路は優先道路，制限速度は時速40キロメートル），左方道路から進行してきて，前記横断歩道を左方から右方へ徐行して渡り始めた被害者運転の自転車を左前方約17メートルの地点に発見し，急ブレーキをかけたが間に合わずに衝突した事故。左方道路の交差点手前には一時停止の標識があったが，被害者は一時停止することなく横断歩道上に進出した。

＜要　旨＞

　優先道路を進行していた被告人には，道路交通法42条による徐行義務はない。また，同法38条 1 項は，自転車横断帯の併設されていない横断歩道上を横断中の自転車との関係では適用がない。しかし，自動車運転者として，このような自転車に対しておよそその安全を配慮する必要がないというわけではなく，同法70条による安全運転義務があるのはもちろん，交通の実情を踏まえた注意義務が求められるのは当然である。多くの自転車が自転車横断帯の併設されていない横断歩道を利用して横断しているのが交通の実情であり，道路交通法施行令 2 条 1 項や国家公安委員会告示第 3 号「交通の方法に関する教則」も自転車が一定の場合に横断歩道を利用して道路を横断することを想定している。このような交通の実情を踏まえれば，自動車運転者としても，歩行者はもちろん，歩行者の通行を妨げることのない場合に徐行して自転車が横断歩道を利用して道路を横断するかもしれないと予見することは十分に可能であり，

> 従って，被告人には，適宜速度を調整し，横断歩道による歩行者及び自
> 転車の有無及びその安全を確認して進行するべき注意義務が認められる。

　この裁判例の事案では，被害自転車は徐行して横断歩道を横断して
きたのですが，仮に，被害自転車がもっと高速度で横断歩道上に
飛び出してきたような場合，裁判所は，同様に被告人の過失を認め
たでしょうか。徐行とは，一般に時速10キロメートル程度の速度を
意味しますが，自転車が普通に走行する速度は時速17キロメートル
といわれており（『図解交通資料集』18頁），スピードを出せば時速
20キロメートルを大きく上回る速度で走行することも十分可能です。
この点，歩行者は横断歩道を走って横断することも許されるところ
（判例⑱），人の走る速度は時速18キロメートルといわれていますし
（『図解交通資料集』18頁），全力疾走すればそれ以上の速度も出せ
ることを考えると（なかなかお目にかかれないと思いますが，100
メートルを10秒で走れるスプリンターの速度は時速36キロメートル
です），被害自転車が徐行していなくても結論は変わらないと考え
ることもできるでしょう。しかし，横断歩道を渡る歩行者の多くは
歩いて横断しており，時々走って渡る人がいてもせいぜい小走り程
度であることを考えると，「出そうと思えば出せる速度が同程度」
であるからといって，同じ結論というのは疑問があります。先程も
申し上げたように，道路交通法上，全面的な保護が与えられている
歩行者とは異なり，自転車には，適正な危険の分配をするのが相当
であり，道路交通法が，自転車が歩道を通行できる場合も，徐行し
なければならないと規定していること（同法63条の４第２項）に照
らし，自転車が横断歩道を横断する場合も，徐行義務があると考え
るのが相当ではないでしょうか。よって，私は，それ以上の速度で
横断する自転車の場合，自動車運転者側の予見可能性ないし結果回

避義務が否定される場合があると思います。

　ただし，被害自転車の速度もケースバイケースであり，この裁判
例の事案は，見通しの悪い左方道路から進行してきていますので，
速い速度での飛び出しを予見するのは困難かもしれませんが，例え
ば，左右に歩道のある道路を走行中の被疑車両の左前方の歩道上を
被害自転車が走行しており，被疑者も被害自転車の存在を事前に認
識していたところ，同自転車が歩道から進路前方の横断歩道に進出
して道路を横断しようとしたようなケースでは，同自転車が徐行義
務を守らずに相当程度の速度で歩道を走行し，そのままの速度で横
断歩道に進出した場合であっても，被害自転車の横断の予見可能性
を肯定できることがあると思いますので，個別の検討が必要になっ
てくるでしょう。

> **Check Point**　以上のとおり，横断歩道上の歩行者と自転車とでは，道路
> 交通法上の保護の程度が違いますし，かつ，自転車は歩行者
> に比べてずっと速い速度で走行しますので，「横断歩道上の事故＝過失
> あり」とまではいえず，よって，自転車が被害者となった事故の場合，
> 慎重な吟味が必要になってくる場合もあることに留意してください。

～～ 最後に ～～

　この講では，横断歩道上の事故について解説しました。何度も繰り返すとおり，横断歩道は，歩行者にとっての聖域ですので（自転車の場合もこれに準じる。），車両の運転者の過失が否定されることはほとんどなく，よって，捜査上の留意点もそれほど多くはありませんが，個別の事案によっては，慎重な捜査と過失の認定が必要になってくる場合もありますので，決して気を抜かないようにしてください。

　この講では，車道上における車両対歩行者の事故のうち，横断歩道（その直近を含む）以外の場所における事故について解説します。前講でも解説したように，横断歩道は，いわば歩行者にとっての「聖域」であり，道路交通法38条によって，歩行者が手厚く保護されていますが，これ以外の場所（車道）は，基本的に自動車が走行する場所であり，歩行者は，歩道があれば歩道上を，路側帯があればその内側を通るべきであって，道路を横断する必要がある場合は，「交差点又はその直近で横断歩道の設けられていない場所」（同法38条の2）を除き，横断歩道を横断するか（同法12条1項），歩道橋があればこれを利用すべきです。ただし，車両の直前直後や道路標識により歩行者の横断が禁止されている道路（同法13条）を除き，車道を歩行者が横断すること自体が禁止されているわけではなく，残念ながら，近くに横断歩道がないとか，歩道橋はあるが階段の上り下りが面倒といった理由で，横断歩道以外の場所を横断する歩行者が相当程度いるというのが現実であり，中には，歩行者横断禁止の規制がかかった片側何車線もあり中央分離帯もある幹線道路を横断する歩行者もいます。

　詳細はこれから解説しますが，このようなリスクの高い行動に出る以上，歩行者の方にも自己の生命や身体を守ることについて応分の負担があり，車両の運転者の不注意と歩行者の不注意とが相まって事故が発生した場合，情状において考慮する必要があるほか，車両の運転者の過失が否定される場合もあります。

　ところで，車道を横断中の歩行者と車両とが衝突する事故が発生しやすいのは，夜間であり，また，昼夜間を問わず，歩行者の直前横断も事故になりやすいケースです。

　そこで，まず，夜間の事故に特有の問題点と，これに応じて捜査上留意すべき事項や過失の認定の仕方について解説し，次に，直前横断による事故について，同様に捜査上留意すべき事項と過失の認定について解説します。

1 夜間の事故について

1 見通し見分

(1) 夜間，横断歩道以外の場所を横断する歩行者との衝突事故が発生する頻度は，幹線道路よりも住宅街の生活道路の方が高いようです。

　その理由は，幹線道路に比べて生活道路の方が街灯や店舗等の明かりが少なく，暗いですし，交通が閑散としていて，自動車の運転者の緊張のレベルが下がりやすく，他方で，歩行者側も高いリスクを感じることなく安全確認不十分なまま安易に横断してしまいがちだからでしょう。

　いずれにせよ，夜間の事故が発生した場合，まず例外なく必要になってくる捜査は，被疑者立会いによる見通しの実況見分です。

　実際にどのような方法で実況見分を行っているかというと，被害者が横断を開始した（車道に進出した）地点から衝突地点までの間にいくつかのポイントを設けて仮装被害者を立たせ，被疑車両あるいは被疑車両と同一車種の代替車の運転席に被疑者を乗せ，衝突地点手前のどの地点から被害者の姿を視認できるかを確認させるというのが一般的でしょう。

　この際，被疑者や被害者の供述等から被害者の歩行速度と被疑車両の走行速度を認定した上，衝突1秒前，2秒前といった具合に時間を遡らせて双方の位置を特定して行うことが多く，実際の被疑車両が前照灯を下向きにしていた場合も，下向きの視認可能状況とともに，仮に上向きにしていた場合の視認可能状況も確認

することになります。

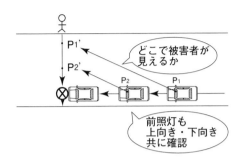

　その結果，被疑車両の実際の走行速度での停止距離よりも遠く
で視認可能であれば，前方不注視の過失が認められ，この距離よ
りも近づかないと視認できない場合には，前方不注視の過失に加
え，速度調節義務違反の過失を検討することになるのです。

⑵　ところが，時折，この見通し見分の信用性が裁判で争われるこ
とがあります。争われるケースをいくつか紹介します。

　ア　1つ目はアイポイントの違いです。

> **Check Point**　見通し見分を行うに当たっては，被疑車両を使用するのが
> ベストですが，同車が事故で破損してしまった等の事情で使
> 用できない場合，同車種の代替車を使用するという次善の方法を採るこ
> とが必要です。

　なぜ同車種かというと，車種が違ってしまうと，運転席に座っ
た状態でのアイポイントが違ってしまうからです。この点に留
意せず，別車種の車両を使用したり，あるいは，前照灯を付け
た車両の横に被疑者を立たせて見通し見分を実施すると，その
信用性が裁判で争われることになりますので，注意が必要です。
なお，自動車の場合，画一規格で大量生産していますので，前
照灯の照射範囲は，同一車種であればほぼ同じだと思われます

214

が，回避可能性の有無が微妙なケースでは，同一車種であって
も争われることがありますので，可能な限り，被疑車両を使用
してください（被疑車両のバルブが純正のものではなかった場
合，模擬車両の照射範囲と異なってしまいますので，要注意で
す。）。

イ　2つ目は，視認状況の確認方法であり，実際の事故において
は，当然ながら，被疑車両はある程度の速度で進行しており，
被疑者は，動いている車両の運転席から前方の状況を確認して
いるのに対し，見通し見分においては，衝突地点から1秒単位
で遡らせるなどして，停止した状態で視認の可否を確認させる
ことになりますが，弁護人から，この違いを指摘されることが
あります。確かに，止まっているときの方が走っている時より
視認条件が向上することは説明するまでもないでしょうから，
弁護人の主張には理由があります。よって，現実問題として，
事故当時と同じ速度で走行させた上で見通し見分を実施するの
は極めて困難か不可能ですので，やむを得ないのですが，可能
であれば，徐行程度のゆっくりした速度でいいですから，動い
ている車両の中から確認させる方法が採れればベターです。し
かし，いずれにせよ，全く同じ条件での再現は不可能ですから，
見通し見分を実施する際は，次の点に留意する必要があります。

Check Point　決して被疑者を誘導することなく，本人の見たとおりの状
況を生の言葉で語らせ，実況見分調書上も，「何も見えない」
「目を凝らすと何かがあるのが分かる」「目を凝らすと人であることが分
かる」「人だとはっきり分かる」といった具合に，視認状況の違いが明
確に分かるような記載をする必要があります。

　また，弁護人から，「見分の際は，歩行者がいることが分かっ
た上で，そちらに意識を集中するから早期に発見できたにすぎ

ず，実際に運転する際は，前方左右に満遍なく注意を向けなければならないから，早期に発見できなかったとしてもやむを得ない。」などといった主張がされて，見通し見分の信用性を争われることもあります。この点も，言われてみればそのとおりなのですが，全くの予断を排除して見通し見分を行うことは不可能です。

> **Check Point**　次善の策としては，見通し見分時，被疑者に対しては，「普通に運転しているつもりで前を見てください。その上で，仮装被害者が見えるかどうかを答えてください。」といったような注意をしておくことが必要だと思います。

　なお，当然のことながら，視認能力は，視力の影響を受けますので，見分を行うに当たっては，あらかじめ被疑者の視力を明らかにしておく必要があります（第三者に立会ってもらう場合には，その人の視力と被疑者の視力が大きく異ならないよう注意することも必要です。）。

ウ　3つ目は，実施時刻であり，深夜に発生した事故であるにもかかわらず，暗ければいいだろうということで，日没後，比較的早い時刻に行われた見通し見分は，時として，明るさの違いを争われます。実際にあった事故で，被疑者を検察庁に呼んで取調べを行った際，見通し見分時の写真を被疑者に示したところ，「事故当時はこんなに明るくなかった。」という弁解が出たことから，その理由を尋ねたところ，街灯の状況は同じだったのですが，深夜の事故時には閉まっていた店舗が，見分時にはまだ開いており，その明かりが道路を照らして視認条件を良くしていたことが判明しました。この事案では，その後，事故時と同じ時間帯に再度見分をやり直してもらうことになりましたが，これでは完全な二度手間ですので，はじめから事故時と同

216

じ時間帯に実施するようにしてください。なお，視認状況は時
間とともに天候にも左右されますが（雨天時や降雪時，濃霧時
等），この条件を一致させるのは，時としてかなり難しいこと
もありますので，別の条件下で実施することもやむを得ない場
合があると思います（ただし，できるだけ同じ条件で行うこと
が望ましいですから，例えば，濃霧時の事故の場合，事故直後，
霧が晴れる前に実況見分を行い，その際，見通し見分も併せて
行うといったことを心がけてください。）。その場合，視認条件
の違いを考慮に入れた視認可能性の吟味が必要になってきます。
要するに，実際の事故時よりも視認条件が良いわけですから，
かなり余裕を持って視認可能でなければ過失の認定が難しいこ
とがあるということです。

エ　4つ目は，被害者の身長や服装です。小柄な高齢の女性が黒っ
ぽい服装をしているのと大柄な男性が明るい色の服装をしてい
るのとでは，発見しやすさが違うことはいうまでもありません。

Check Point　見通し見分を行う際は，できるだけ被害者と背丈の近い警
察官に被害者の服装に近い服装をさせることが必要です。

オ　5つ目は，対向車があるときに，被疑者が「対向車の前照灯
の明かりがまぶしくて歩行者が見にくかった。」という供述を
した場合です。歩行者が進路前方を右方から左方に向かって歩
行している場合，対向車の前方を通過しますので，その前照灯
の明かりの中に歩行者の姿が紛れてしまうというのは，実際に
あり得るところです。ですから，

Check Point　見通し見分を実施する場合は，あらかじめきちんと被疑者
の話を聞き，対向車があった旨の供述が出た場合には，その
車種が分かれば同一車種を，分からない場合も，被疑者の見た状況とあ

まり齟齬をきたさず，被疑者が納得するような別の車種の車両を準備し，前照灯を点灯させた車両を対向車線に配置した状態で，見通し見分を実施する必要があります。

　　なお，対向車の前照灯によるげん惑事故に関しては，最終講3「げん惑による事故」で説明します。

2　過失の認定

(1)　夜間，暗い道路で発生した事故の場合，前述のような見通し見分を行った結果，被疑車両の実際の走行速度における停止距離よりも相当程度余裕をもった地点から被害者を視認可能であったことが判明すれば，事故時，被疑者が前方注視義務を尽くしていれば被害者を早期に発見し，制動措置を講じることで衝突を回避できたと認定でき，前方注視義務違反の過失が認められます。このケースでは，特に問題となることはありません。

　　では，次のような場合はどうでしょうか。

Case38　被疑車両の実際の走行速度では，前方注視義務を尽くして発見可能地点で遅滞なく被害者を発見しても，既に停止距離内であるため衝突回避が困難か不可能であった事故

　　当時，前照灯を下向きにしていたが，仮に上向きで走行していれば，より早く被害者を発見でき，衝突回避が可能ということであれば，前照灯を上向きにしなかった過失が問題となりますし，事故当時，対向車両や先行車両があって，上向きにすることが相当性を欠くような場合は，速度調節を怠った過失が問題になります。

　　この点に関しては，下級審レベルの裁判例が数多く出されてお

り，代表例を2つ紹介します。

判例㉑	東京高判平15.4.10

＜事案の概要＞

　被告人は，本件車両を時速約50キロメートルで運転して進行中，その進路前方を右方から左方に向け斜めに横断中の被害者2名に全く気付かないまま，自車前部を両名に衝突させた。事故当時は夜間で，現場付近は暗く，前照灯によらずに進路前方の人や物の有無を確認することは困難であるところ，本件車両の前照灯は下向きに照射されていた。

＜要　旨＞

　本件車両の照射距離は約20.6メートルにすぎず，時速約50キロメートルの車両が停止するのに要する距離は，空走時間を0.8秒，摩擦係数を0.7とすれば，約25.2メートルであり，本件車両の前照灯を下向きに照射したまま，この速度で走行した場合には，進路前方の人や障害物を照射距離内に達した瞬間に発見したとしても，もはや衝突を回避することはできない。

　本件車両の運転者としては，事故発生回避のためには，㋐前照灯を上向きにして照射距離を伸ばし，早期に進路前方の人や障害物の有無等の安全確認をできるようにするか，㋑前照灯を下向きのまま走行するのであれば，その照射距離（約20.6メートル）に応じて安全に停止等の回避措置がとれるような速度に減速することが求められることは明らかである。このうち，㋐の前照灯を上向きにして走行する注意義務については，被告人は，この措置を講じていないが，本件公訴事実に記載されていない上，本件車両の前照灯を上向き照射した場合の照射距離も立証されていないことにかんがみ，本件

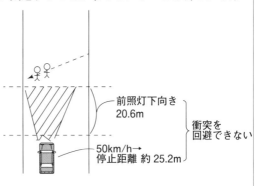

において過失と認定することは相当ではない。

　他方，被告人が，本件道路の制限速度である時速40キロメートルで進行したならば，空走時間を0.8秒，摩擦係数を0.7とした停止距離は，約

17.9メートルであり，照射距離約20.6メートルの前照灯（下向き）でも，前方注視を尽くしていれば，衝突回避が可能であると認められる。そうすると，夜間，前照灯によらずに進路前方の人や物の有無を確認することは困難であるのに，照射距離が約20.6メートルにとどまる前照灯下向き照射のまま，本件車両を運転進行したという状況下においては，被告人が，制限最高速度（時速40キロメートル）を上回る時速約50キロメートルで進行したことが過失の内容となることは明らかである。

　また，被告人は，衝突の瞬間まで，被害者両名に気付かなかったことを自認しているところ，被告人が前方を十分注視していれば，前照灯の照射距離内に入った前方約20.6メートルの地点に被害者らを発見できたはずであり，発見できなかったのは，まさに前方を十分注視していなかったからにほかならない。そして，前方を十分注視し，かつ，前記のとおり本件道路の制限速度である時速40キロメートル以下の速度で進行したならば，急制動の措置を講ずることにより，衝突を回避できたと認められ，被告人には，前方注視義務違反の過失があったことも明らかである。

　本件における速度調節義務は，前照灯の照射距離との関係で求められるものであって，たまたま，それが制限速度を遵守することによって履行されることになるという関係に立つものである。原判決は，一般的な交通規制の問題と同視して，時速5ないし10キロメートルの超過が許容の範囲内であり，注意義務違反を決定的に基礎付ける事情とはならないと説示しているが，本件車両の前照灯の照射距離，事故現場の道路状況等から見て，指定最高速度を遵守することが結果回避のために求められていたのであるから，これを超過した過失が認められるのであり，この程度の速度超過は過失を基礎付けないとする原判決は，誤りである。

判例⑳　　　　　　　　　　　　　　　　　　　　　　**千葉地判平7.7.26**

＜事案の概要＞

　深夜午後11時50分頃，車道総幅員16.8メートルと比較的広い片側2車線の幹線道路で，幅1メートルの中央分離帯も設けられており，近くに横断歩道や交差点はなく，周囲の施設もまばらであり，両側に歩道があって，横断禁止の規制はなく，ときおり横断歩行者がいるにすぎない制限速度時速50キロメートルの道路において，被告人は，大型貨物自動車を時速約65キロメートルで運転し，道路前方を横断中の歩行者と衝突した事故。時速約36キロメートル以下の速度で走行していれば衝突の回避が可能であった。

<要　旨>
　一般に，自動車の運転者には，障害物の認知可能距離や道路の状況に応じて，自車の速度を，障害物を発見した際にブレーキ及びハンドルの操作等によって衝突を回避し安全に走行できる範囲に適宜調節し，ときには制限速度以下に減速して進行すべき注意義務がある。しかしながら，いかなる場合においても，衝突を回避できるだけの速度に調節すべき義務を課すことは高速交通手段としての自動車の性格上妥当でなく，当該状況において，そこに障害となりうる物（人間，自動車等）が存在する蓋然性や，それが自車と衝突するような行動をする蓋然性の程度によって，運転者に課される速度調節・減速義務の程度は限定されるというべきである。
　前記のような道路を歩行者が横断してくるということは，運転者にとってかなり稀な事態であるといわざるを得ない。実際上，多くの運転者が，深夜の横断者は稀であることを前提に，横断者があるとしても，それ相応の注意を払って横断してくるであろうと考えて運転していることが窺われる。
　また，当時，雨といっても格別強かった訳ではなく，被告人はフロントガラスに油膜が張ったと述べているものの，途中2回薬品を使って取り除いたとのことであるから，被告人車両からの視界が特段に悪かったとも認められない。
　前記のような現場道路及びその周囲の状況，本件事故の時間帯，当時の視界等を考慮すると，被告人に対し，制限速度である時速50キロメートルないし若干それを下回る速度であればともかく，これを約10キロメートル，確実なところでは約14キロメートル下回る速度に調節・減速すべき義務を課すことは，通常運転者に要求，期待されている注意と掛け離れた義務を課すものであって，相当でない。被告人が制限速度を上回る時速約65キロメートルで走行したことは，安全運転一般の見地からは非難されるべきである。しかし，前記のとおり，被告人に対して衝突回避に必要な時速約40キロメートル，確実なところでは更に時速約36キロメートルへの速度調節・減速義務を課すことはできず，言い換えれば，被告人が遵守すべき速度，例えば制限速度ないし若干それを下回る程度の速度で走行したとしても，衝突が回避できたとは認められないのであるから，被告人に速度調節・減速義務違反の過失を認めることはできない。

(2)　この2つの裁判例からもお分かりのとおり，夜間における道路

横断歩行者との衝突事故の場合，事故現場の状況によって速度調節義務を課すことができる程度に差が出てきます。

> **Check Point**　この種の事件においては，道路状況や事故の時間帯の日頃の交通量を調べるなどして，どの程度までの速度調節義務まで課すことができるかを検討することが必要です。

なお，東京高裁の判決（判例㉑）は，「本件車両の前照灯を上向き照射した場合の照射距離が立証されていない」として，前照灯を上向きにしなかった過失を認定してくれませんでした。実は，千葉地裁の事案（判例㉒）でも，前照灯を上向きにした場合の視認状況について立証を欠いており，この立証に成功していれば過失が認定された可能性があったように思われます。

実際，前照灯を下向きにした状態で発生した事故の場合，前照灯を上向きにしていれば被害者の早期発見と衝突回避が可能だった場合が相当程度あるでしょう。ですから，

> **Check Point**　見通し見分においては，前照灯を上向きにした場合の視認状況についても見分を行う必要があるほか，本件事故時，被疑者に対し，前照灯を上向きにすべき義務を課すことができたかについても捜査を尽くすことが必要です。

道路交通法52条2項は，「車両等が，夜間，他の車両等と行き違う場合又は他の車両等の直後を進行する場合において，他の車両等の交通を妨げるおそれがあるときは，車両等の運転者は，政令で定めるところにより，灯火を消し，灯火の光度を減ずる等灯火を操作しなければならない。」と規定していますので，被疑車両の前方を先行車両が走行している場合や対向車両がある場合は，前照灯を下向きにする必要があり，上向きにせよとの義務を課すことはできませんが，このような事情がない場合は，街灯等の明かりが乏しく，暗い道路を走行する場合，前照灯を上向きにした

状態で走行すべきですから，同義務を課すことができます。よって，

> **Check Point**　前照灯を下向きの状態にしていた際の事故の場合，被疑者の取調べ等を通じて，事故現場の明るさがどのくらいだったか，事故前に先行車両や対向車両が存在したかを明らかにすることが必要です。

3　横臥者のれき過事故

　夜間に発生する対歩行者事故のうち，最もやっかいなのが，横臥者のれき過事故です。

　道路上に人が横臥している（横になっている）ケースというのは，大きく分けると2つあり，1つは，泥酔横臥で，もう1つは，二重れき過事故です。後者については，第9講で解説することとし，ここでは，泥酔横臥事故について解説します。

　横臥者のれき過事故の場合も，前述した横断歩行者との衝突事故の場合と同様，見通し見分の実施が不可欠です。

　では，どのような方法で見通し見分を実施すべきでしょうか。

(1)　注意義務の内容

　まず，横臥者のれき過事故における注意義務の内容を検討しておく必要があります。

　この種の事故に関しても多くの裁判例がありますが，比較的最近に出たものを紹介します。

判例㉓　　　　　　　　　　　　　　　　　　　　東京高判平20.7.16

　＜要　旨＞
　自動車運転者には，進路前方の障害物の発見に努め，進路前方に正体不明の障害物を発見した場合には，それが『人』であればその者に危害

を及ぼすことになるから，『人』でないことが積極的に分かっている場合を除き，『人』である可能性が残っている限り，適宜減速するなどして『人』であるかどうかの解明に努めるとともに，その時の状況に応じて当該障害物との衝突を回避するため進路変更，制動等の措置を講じるべき義務がある（同趣旨のものとして，大阪高判平24.11.16等）。

　すなわち，横臥者のれき過事故においては，次の2段階の注意義務があるのです。

①　進路前方の障害物の発見に努め，正体不明の障害物を発見した際は，それが「人」ではないと積極的に分かる場合を除き，適宜減速するなどしてその正体を突き止めるべき注意義務

②　それが「人」であると判明した段階で，急制動の措置を講じるなどしてれき過を回避すべき義務

　なお，①に関し，「急ブレーキまでには至らない減速」（適宜減速）をすることは不可欠でしょうが，この段階で，直ちに急制動の措置を講ぜよという注意義務まで課するのは，やや無理があると思います。自動車を運転する人は誰でも経験があると思いますが，道路上にはいろいろな物が落ちていることがあります。例えばゴミの集積場から風で飛ばされてきたゴミ袋など，それを踏んだりすることはしない方がいいに決まっているものの，仮に踏んでしまってもハンドルを取られたりするおそれが低い物も結構ありますので，前述の裁判例のように，とりあえずは急ブレーキまでには至らない減速をして正体解明に努め，それが「人」だと分かった段階で急制動の措置等を講じてれき過を回避すべき，という2段階の注意義務を課するのが妥当だと思います（常にこのような2段階注意義務で検討すべきとは限らないことは，(3)で解説します（⇨230頁)。）。

　ここで「人」だと分かったというのは，「人に間違いない」といった確定的認識までは必要なく，「人かもしれない」といった未必的

認識で足りると考えます。人であることの未必的認識があれば，急制動の措置を講ずべき義務を課しても酷とはいえないからです。ただし，言葉の問題ですので，微妙ですが，「ひょっとしたら人かもしれない」といった程度ではややおぼつかなく，「多分人だと思う」といった程度の認識は必要なのではないかと思います。

なお，「急ブレーキまでには至らない減速」（適宜減速）とは，どの程度の減速でしょうか。自動車が急ブレーキをかけた場合の動摩擦係数は，乾燥路面で「0.7～0.8」ですので，動摩擦係数が「0.4」程度の減速が「適宜減速」だとするのが妥当ではないかと思います。

⑵　見通し見分の方法

続いて，横臥者れき過事故における見通し見分の方法について解説します。基本的には，先ほど解説した横断歩行者との衝突事故と同じですが，異なる点が4点あります。

ア　1点目は，見通し見分は，被疑者を運転席に乗せた自動車を衝突地点から秒単位に遡らせて停止した状態で見分するのではなく，低速度で構いませんので，実際のれき過地点に向かって走行させながら実施する必要があるということです。立って歩いている歩行者と比較して，道路上に倒れている横臥者は，当然のことながら発見しにくいですから，過失の認定が微妙になるケースが多く，法廷において，弁護人が見通し見分の信用性について争うことも多く，よって，できるだけ実際の事故時の視認条件に近づける必要があるからです。歩行者事故の場合，被疑車両だけではなく歩行者も動いていますので，現実問題として双方を動かしながら見通し見分を行うのは技術的に難しいのですが，横臥者事故の場合，横臥者は移動しませんので，技術的な問題はそれほどないはずです。ただし，事故時の走行速度よりもかなり遅い低速度での実施を理由の一つとして，実況

見分調書の信用性に疑問を呈した裁判例もあり（東京高判平25.
6.7），その信用性判断は個別具体的な事例によって様々であっ
て，実際の事故と全く同じ状況で実況見分を実施することは，
そもそも不可能なのですから，この方法にも限界があることを
忘れないでください。後述するように，実況見分の結果，相当
な余裕をもって事故回避が可能な場合を除き，公判維持は難し
いと思います。

イ　2点目は，前述したように，横臥者れき過事故の注意義務は，
2段階ですので，実際のれき過地点に仮装被害者を置き，遠方
から被疑者の乗った自動車を進行させていき，まず，仮装被害
者が「正体不明の障害物」として認識できた地点を特定し，次
に，更に自動車を進行させていき，それが「人」だと識別でき
る地点を特定する必要があるということです。具体的には，道
路脇にカラーコーン等を等間隔に置き，助手席のほか後部座席
にも警察官を配置した上で見分を行い，被疑者に対しては，あ
らかじめ，「前方の路上に何か見えたら声に出して言ってくだ
さい。」等と指示し，見分開始後，被疑者に低速度で自動車を
運転させ，被疑者が，「はい。今何か見えました。」といった瞬
間の自動車の位置を後部座席の警察官がカラーコーン等の位置
から割り出して記録し，被疑者のアイポイントと後部座席の警
察官のアイポイントの距離を考慮に入れて地点を特定する，と
いった方法で実施します。

ウ　3点目は，実はこれが一番難しいのですが，被疑者に対し，
路上だけに意識を集中させないようにする必要があるというこ
とです。何度も申し上げますが，横臥者れき過事故の裁判では，
前述した夜間の歩行者衝突事故よりも，被告人による見通し見
分の信用性が争われるケースがより多く，かつ，実際に裁判所

によってその信用性が否定される場合があります。なぜかとい
いますと、自動車を運転する場合、運転者は、終始、前方左右
（必要に応じて後方左右）の注視を怠ってはなりませんが、そ
の際、注意して見るのは、主に歩行者や自動車、そして信号機
であって、視線は水平ないし上方（信号機の場合）です。とこ
ろが、横臥者は路上に倒れていますので、視線を下方に向けな
ければ見落とすおそれがあります。

　それでは、一般の運転者は、横臥者のいることを予想して、
常に下方にまで十分な注意を向けるかといいますと、横臥者の
いること自体、通常はほとんどありませんので、現実問題とし
ては、そこまでの注意を払うことはありません。逆に下方にば
かり注意を向けていたら、上方にある信号機の表示を見落とす
結果になりかねません。もちろん、まったく見ないでいいわけ
ではなく、視界には入っていますから、前方左右の注視を怠ら
なければ早期の発見は可能なのですが、「発見しにくい」こと
は否定できないのです。

　ところが、事故後に実施する見通し見分の場合、被疑者は、
前方の路上に仮装被害者が倒れていることを知っていますので、
本来であれば前方左右に満遍なく注意を払うところ、路上の仮
装被害者を見付けることに意識を集中してしまいがちであり、
実際の被疑車両よりも遅い速度で実施せざるを得ないことと相
まって、実際よりも遠方で発見可能という結果になる可能性が
あり、これを裁判官に指摘されかねません。

　この点、視認実験の信用性を否定した神戸地判平30.10.24は、
否定する根拠として、次のとおり判示しています。

判例㉔　　　　　　　　　　　　　　　　　**神戸地判平30.10.24**

＜事実関係＞

　被告人運転車両は，本件事故当時，片側 2 車線の道路の第 1 通行帯を時速約45kmで走行中，同通行帯上の横臥被害者をれき過した。

＜検察官の主張＞

　本件事故現場において，被害者と同じ服装をした人形を用いてなされた視認状況に関する実況見分で，被告人は，本件事故現場の手前約48.2mの地点（筆者注：急制動の措置を講じることで事故回避可能な地点）で同人形の存在を認識できた旨指示説明しており，この指示説明は信用できる。

＜裁判所の判断＞（筆者注：本題との関連性が薄い部分は省略）

①　同実況見分は，前方に人形があると分かった上で，静止した状態でどの程度手前から障害物の存在を認識できたかを確認したものであって，本件事故時のように路上に被害者が横臥しているとは知らずに時速45kmで走行している状態での視認状況とは前提条件が異なる。

②　事故当時と同じ下向きの場合の被告人運転車両の前照灯の照射距離は約27.3mであって，上記の視認可能距離よりも相当短い。本件事故現場付近の街灯は，被害者が横臥していた地点からは一定の距離があること，本件事故の直前に現場を通過した自動車の運転手らが本件事故現場は明るくはなかったと証言していること，本件事故の直前に現場を通過した自動車のドライブレコーダーの映像と実際の視認状況との間の差異について，同ドライブレコーダー搭載自動車の運転手は，実際の現場はドライブレコーダーの映像よりも暗かったと証言していることから，被告人の前記指示説明は信用できず，被告人運転車両の前照灯の照射範囲内に被害者が入らない限り，その存在を確認することはできなかったことを前提に回避可能性の有無を検討すべきである。

　あくまで事例判断ですが，本件実況見分を，被告人運転車両を静止状態ではなく低速であっても進行した状態で実施していた場合，同様に信用性を否定したかどうかは定かではなく，「前方に人形があると分かった上で」というのは，内在的な限

界であって如何ともし難いですが，できるだけ信用性を高める
ような方法で実施することが不可欠でしょう。

　ところで，この裁判例では，被告人運転車両の先行車両に搭
載されたドライブレコーダーに横臥被害者の姿が録画されてお
り，客観証拠として重要だったのですが，先行車両の運転手が
「実際の現場はドライブレコーダーの映像よりも暗かった」と
証言したことで，実況見分の信用性を否定する材料になってし
まっています。明暗の差異を人間の主観的印象で認定している
点で曖昧さが残る判決であり，ドライブレコーダーの映像が残っ
ていたのであれば，実際の現場の明るさとの差異を「主観的印
象」ではなく科学的根拠をもった「客観的事実」として証拠化
することが必要ではなかったかと思います（少なくとも，捜査
段階において，被疑者に対し，後記「エ」のような配慮はでき
たでしょう。）。

　なお，この裁判例の事例で，上記先行車両は，事前に横臥者
に気付き，第1通行帯から第2通行帯に車線変更することでれ
き過を回避できています。この点，裁判所は，被告人も同じ方
法で事故回避が可能だったか否かについて，「第2通行帯を別
の車両が走行している可能性がある以上，進路変更による回避
行動を運転者に期待するのは相当ではない。」旨判示していま
すが，実際に，第1通行帯を走行していた被告人運転車両の隣
の第2通行帯を別の車両が走行していたか否かについて，証拠
上不明です。この辺りもきちんと詰めていれば，回避可能性を
認定してもらえたかもしれません（ハンドル操作による回避に
ついて232頁参照）。また，被告人運転車両の先行車両との距離
や対向車両の有無によっては，前照灯を上向きにして照射範囲
を長くする義務を課すこともできたかもしれません。

　このように，横臥者れき過事故の見通し見分は，本当に難しく，現実問題としては，見分時における発見可能地点からの検討を行った結果，相当な余裕をもって，れき過回避が可能という認定ができなければ，公判維持が難しいと思います。

Check Point　皆さんが見通し見分を実施する場合，このことを肝に銘じ，被疑者に対しては，事前に，「路上にばかり意識を集中せず，いつも運転しているのと同じように前を見て運転するようにしてください。」といった注意喚起をするとともに，1回だけではなく複数回にわたって実施するなどして，見分結果の信用性を高める工夫をすることが必要です。

路上一点だけに集中せず

いつもどおり，前方左右に満遍なく注意を払うようにさせる

　そして，具体的視認状況についても，被疑者を誘導したりすることは厳に慎み，被疑者の生の言葉を良く聞き取り，「ひょっとしたら人かもしれない」「人のような気がする」「多分人でしょう」「人です。間違いない」といった発言を忠実に記録にとどめるようにしてください。

エ　4点目は，見通し見分の結果作成する実況見分調書に添付する写真に関する工夫です。皆さんが作成する実況見分調書には，「被疑者が障害物を認めた地点」といった説明付きで写真を添付するでしょう。この実況見分調書の信用性が争われた場合，裁判官は，この写真を見て心証を採ります。ところが，このような裁判では，被告人から，「この写真は，実際に見た感じと違う。見分時は，こんなに良くは見えなかった。もっと暗かった。」といった弁解が出ることがあるのです。確かに，光学カメラで撮影すると，絞り等の調節の仕方次第で実際の見え方と微妙に異なる写真ができあがってしまうリスクを完全に排除することはできません。もちろん，皆さんは，プロフェッショナ

ルですから，実際には，ほぼ変わらない写真を撮っていると思いますが，この点に関する留意は必要不可欠です。しかし，いくら皆さんが肉眼に近い写真を撮っても，被告人にこのように言われてしまうと，見分に立ち会っていない裁判官の心証を揺らがせてしまうおそれがあります。実際，写真だけでは心証がとれないため，裁判官の職権による検証によって，裁判官も立ち会った上での見通し見分を実施したケースがあります。よって，前述したように，実際の事故時と同じ時間帯に実施する必要があることはもちろん，一つの工夫としては，可能であれば，光学カメラとともにデジタルカメラで撮影し，見分終了後，被疑者にデジタルカメラの画像を見せて，肉眼での視認状況と同じであることを確認させ，例えば，「もう少し暗いと思う。」といった発言があった場合には，明暗を微調整して被疑者が納得するような画像にした上，これをプリントアウトして実況見分調書に添付するといった方法を採るのはどうでしょうか（澁澤敬造『わかりやすい交通事故の捜査』捜査研究62巻7号45頁）。

　ただし，この際，被疑者の言い分のみに依拠するのは相当ではなく（自己に有利にするため実際よりも暗かったと弁解するおそれも否定できません。），照度計等を使用するなど科学的根拠をもった客観的証拠との整合性をもって，その供述の信用性を吟味してください。

(3)　**2段階注意義務検討の方法**

　次に，こうして実施した見通し見分の結果に基づき，前述した2段階注意義務の有無を検討する方法を解説します。

 Case39　時速50キロメートルで走行していた被疑車両が，横臥

者をれき過したが，見通し見分の結果，れき過地点の50メートル手前の地点で，仮装被害者を「正体不明の障害物」として認識でき，れき過地点の20メートル手前の地点で，それが「人」であるとの認識ができた場合（路面は乾燥，平坦とします。）

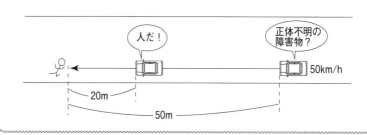

　この場合，被疑者が，障害物を発見し，平均的な空走時間0.75秒を経て動摩擦係数0.4で減速し，それが人と分かるまで30メートル進行するわけですから，れき過地点の20メートル手前では，時速22.6キロメートルまで減速することとなります（計算式は省略します。）。

　そして，この地点で「人」だと認識して急ブレーキに切り替えるわけですが，その際の動摩擦係数は0.7で計算し，空走時間は,0.5秒で計算します。第1講のコラムで解説した（⇨14頁）ように，空走時間は，さらに，反応時間，踏替時間，踏込時間に分けられるのですが，障害物を発見した段階で，既に足をアクセルペダルからブレーキペダルに踏み替えていますので，踏替時間の0.25秒が不要になるからです。

　そうすると，停止距離は，6メートルです（計算式は省略します。）。つまり，この地点かられき過地点までは20メートルですから，かなり余裕をもって停止できたことになります。

　以上から，被疑者が前方注視義務を尽くしていれば，本件事故は回避可能だった，という結論になります。

コラム　ブレーキ操作による回避とハンドル操作による回避

　走行する車両が事故を回避しようとする場合，急ブレーキを踏む方法が一般ですが，これ以外にハンドルを左右に切って進路を変更することで事故を回避する方法もあります。しかし，ブレーキの場合，アクセルペダルに乗せていた足をブレーキペダルに乗せ替え，あとは，思い切り踏み込むだけという単純な作業であるのに対し，ハンドルを切る場合，まず，右に切るのか左に切るのかを瞬時に判断しなければなりません。また，切りすぎると反対車線に進出したり歩道に乗り上げたりして別の事故を起こしてしまう危険性があり，どのくらい切るかについても瞬時の判断が要求されます。そのため，ハンドルを切る（転把）ことによって事故を回避できたかどうかを検討することは，通常あまり行われておらず，実際，とっさの場面で急ハンドルを切るべき注意義務を否定した裁判例もあります（東京高判平14.12.3。城祐一郎『実例交通事件捜査における現場の疑問』立花書房・155頁）。

　しかし，横臥者のれき過事故の場合，相当程度遠方の地点で，少なくとも横臥者を「正体不明の障害物」と認識することができる場合があり，その際は，安全策を採って直ちにハンドルを切って進路変更することが可能ですし，とりあえず減速しながら正体を見極めた上で進路変更するにしても，ある程度の時間的余裕がありますから，急ハンドルでなくても回避可能な場合があります。また，横臥者は移動しませんので，歩行者等の移動する対象を避ける場合と比較し，ハンドルを右に切るか左に切るかの判断も容易です。

　したがって，横臥者れき過事故の場合，ブレーキ操作による結果回避義務のほか，ハンドル操作による結果回避義務が認められることがあり，よって，ハンドル操作による結果回避可能性を検討することには意味があります。

　ちなみに，ハンドル操作における進路変更の可否を検討する上での計算式は，

$$X = \sqrt{4YR-Y^2}$$

　　　X＝有効な操舵を行うのに必要な距離（メートル）
　　　Y＝進路変更するのに必要な横方向の距離（メートル）
　　　R＝旋回半径（メートル）

であり，R（旋回半径）は，

$$R=\frac{V^2}{\mu g}$$

　　　V＝被疑車両の走行速度

　　　　　　　　　（m／s）

　　　μ＝転把時の摩擦係数（道路
　　　　　状況にもよりますが，乾
　　　　　燥した平坦道路では，安
　　　　　定した操舵で0.3，限界
　　　　　に近い操舵で0.5程度に
　　　　　なると思います。）

　　　g＝重力加速度（9.8m／s²）

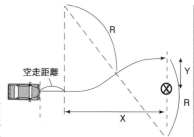

例えば進路を左に変更して回避する場合，空走距離を経てまずハンドルを左に切り，引き続きハンドルを右に戻すことになります。

です（林洋・上山勝・大慈弥雅弘『改訂自動車事故鑑定の方法』技術書院・46頁，茄子川捷久・宮下義孝・汐川満則『改訂自動車の走行性能と試験法』山海堂・53頁，『工学的検査法Ⅲ火災・交通事故』科学警察研究所・270頁）。なお，Xについては，空走距離を加算する必要がありますが，ハンドル操作の場合，「踏替時間」に相当する時間が不要ですので，空走時間0.5秒で計算することで求められます。
　　そして，その結果，被害者を「正体不明の障害物」ないし「人」として認識・識別できる地点から実際のれき過地点までの距離が，Xに空走距離を加算した距離よりも遠ければ，ハンドル操作による進路変更によってれき過回避が可能ということになり，被疑者の過失を問うことができるのです。
　　実際の横臥者れき過事故においては，現場の状況は様々です。例えば，現場が，片側1車線のあまり道幅の広くない道路であり，かつ，対向車線を通行する車両があったような場合には，ハンドル操作による回避は事実上極めて困難か不可能です。そのため，ブレーキ操作のみによる回避可能性の有無を検討することになります。他方，例えば，片側3車線の幹線道路の第2車線を進行中，進路前方に障害物を発見したようなケースで，第1車線と第3車線に他の車両がなかったような場合には，ブレーキ操作による回避可能性のほか，ハンドル操作による回避可能性を検討することになるでしょう。そして，どちらの操作を行っても回避可能ということになれば，過失の存在は明らかですし，ブレーキ操作では回避困難だがハンドル操作であれば回避可能な

234

場合，被疑者に対して後者の措置を講ずべきことを要求することが酷とはいえないような事情が認められれば，過失を認定することができるのです。

　横臥者れき過事故においては，2段階の注意義務があると説明しましたが，正体不明の障害物を発見した段階で，それが「人」ではないと確信が持てるような事情がない場合であって，逆に，それなりに大きな物体であり，「人」である可能性が相当程度ある場合，その正体を見極めるまでもなく，即座に急制動の措置やハンドル操作による進路変更を行うべきことを要求しても酷ではないこともあり，その場合，そのような回避措置を行うことによって，れき過回避が可能であれば，過失を認定できることもあると思います。

　しかし，これとは逆に，進路前方に障害物を発見した場合に，適宜減速するなどしてその正体を突き止めるべき注意義務を否定した裁判例もあり，大分地判平18.11.29（判タ1280号340頁）は，「被告人が衝突地点手前で認め得た物は，何かの形をした白い物というに過ぎず，被告人も『ゴミが落ちているのではないかという程度にしか思い浮かばなかった。』旨供述しているように，その白い物が人である可能性まで予見して減速せよという法的義務まで課すのは無理があるように思われる。」旨判示しています。発見した障害物の形状や色等によっては，上記した注意義務が否定されてしまう場合もあり得るのであって，横臥者れき過事故における過失認定の難しさを認めざるを得ません。

Check Point れき過事故の捜査をするに当たっては，道路状況や明るさ，他の車線や周囲の状況等に関し，できるだけ多くの情報を集め，被疑者に対して課すことができる結果回避義務の内容を丹念に検討する必要があります。

2　直前横断と過失の認定

　夜間における事故に限らず，昼間起きる事故でも多いのが，歩行者の直前横断による事故です。

　直前横断というのは，文字どおり，被疑車両が接近している状況で同車の進路前方を横断しようとする行為であり，このような事故の被害者は，子供や高齢者，お酒を飲んでいる人が多いです。

　横断歩道以外の場所を横断する以上，歩行者の方でも，当然，危険を承知しており，車道を横断するに当たっては，左右から進行してくる自動車の有無や距離を確認し，安全だと思って横断するはずですが，子供や高齢者，お酒を飲んでいる人は，こういった安全確認能力が低いため，安全だと思って横断を開始したものの，その判断が誤っていて事故になってしまうのでしょう。

　直前横断者との衝突事故の場合，前方注視が不十分であったため，被害者に全く気付かず，あるいは直前まで気付かずに衝突してしまう場合と，事前に被害者を発見したものの，動静注視が不十分であったため，被害者が自車の通過を待ってくれるものと軽信してブレーキをかけなかったため衝突してしまう場合の 2 態様があります。そこで，態様ごとに過失の認定の仕方について解説します。

1　前方不注視による未発見（発見遅滞）事故について

　この態様の事故の場合，夜間であれば見通し見分を行い，視認状況を確認し，これに問題がない場合，被害者が横断を開始した，つまり車道に進出した時点における被疑車両の走行地点を特定します。もともと視認状況に問題のない昼間の事故の場合も同様です。この作業を

236

する前提として，当然，被害者の歩行速度と被疑車両の走行速度を特定する必要があり，被疑者や被害者，目撃者の取調べ，ドライブレコーダー映像等の客観証拠の保全と解析といった捜査が必要です。衝突地点と被害者の転倒地点が特定できれば，被害者の飛翔距離から被疑車両の速度を推認することが可能な場合もあります。

コラム　被疑車両の速度を推認するための実験式

　被害者の飛翔距離（Xメートル）から被疑車両の速度を推認するための実験式として，被害者が大人の場合，

$$V = \sqrt{10X} \ (m/s)$$

　被害者が子供の場合，

$$V = \sqrt{7.5X} \ (m/s)$$

があります（山﨑俊一『交通事故解析の基礎と応用』東京法令出版・146頁）。

　例えば，大人の被害者が衝突地点から30メートル前方の地点に転倒していた場合，$V = \sqrt{10 \times 30} = 17.3(m/s)$ となり，時速に換算すると約62キロメートルとなります。

　この実験式を知っていると，被疑車両の速度をある程度推測することができます。ただし，被疑車両が衝突前に減速していたか加速していたか等の諸条件によって結果に差異が生じる可能性がありますので，正確な速度を解明する必要がある場合には，専門家に速度鑑定を依頼することが必要です。

　被害者が車道に進出した時点における被疑車両の走行地点と速度が分かれば，あとは同速度の停止距離から，被疑者が前方注視義務を尽くした場合に衝突回避が可能だったかを検討することになります。回避が可能であれば前方不注視の過失が認められ，回避が困難か不可能であった場合，被疑者の過失が否定されることになります。この際，被疑車両に速度調節義務を課すことができるような特段の事情がある

かどうかを別途検討し，かかる事情が認められ，本来遵守すべき速度
で走行していた場合の停止距離であれば回避可能ということになれば，
前方不注視の過失と速度超過の過失が併存した過失を認定することが
できます。「特段の事情」は，夜間の事故においては，前照灯の照射
範囲の問題があり，昼間の事故においては，制限速度を大きく上回る
高速度で走行していたようなケースが考えられます（夜間の事故とは
異なり，制限速度を多少オーバーしていたとしても，そのことだけで
過失を問うのは困難です。歩行者側でもその程度のことは予想して横
断すべきであり，一種の信頼の原則が働くからです。）。しかし，個別
の事故ごとに様々な事情があるでしょうから，この点に留意した捜査
が必要になってきます。なお，濃霧（216頁）や朝日等によるげん惑
（295頁）の場合も「特段の事情」に当たるでしょう。

　前述では，回避の可否の前提としての双方の位置関係を，被害者が
車道に進出した時点を基準にしましたが，被害者が左方から右方に向
かって横断してきたときはこれで問題ないものの，右方から左方に向
かって横断してきたときには，常にこの基準でいいとは限りません。

　第1講の総論の中でも解説しましたが，片側何車線もあり，広い中
央分離帯が設けられているような幹線道路の場合，被害者が車道に進
出したとしても，いまだ反対車線上や中央分離帯上を横断している段
階では，被害者が中央分離帯上で立ち止まるなどして自車の通過を待っ
てくれると期待することが不合理とまではいえず（⇒31頁），被疑者
において，被害者が自車の進路前方に進出してくるであろうことを直
ちに予見するのが困難な場合があります。そういったケースでは，仮
に被疑者が前方注視義務を尽くして被害者を早期に発見したとしても，
その時点で結果回避義務を課すことができず，結果回避義務発生時点
を被害者が中央分離帯から自車線上に進出した時点と捉えざるを得な
い場合もあるのです。

次の Case11－2 は実際にあった事故です。

歩行者横断禁止の規制のある幹線道路を右方から左方
に向かい小走りで横断中の被害者の発見が遅れて衝突させた事故

　この事故では，捜査の結果，被疑車両が衝突回避可能地点を走行中，
被害者はまだ反対車線上にいたことが分かりました。しかし，この被
害者は，横断先の停留所に止まっていたバスに乗ろうとして小走りで
横断していたものであり，被疑者は，この道路を通り慣れていて進路
前方道路の左側端にバス停があることを知っており，かつ，被害者の
発見遅滞はあったものの，前記バスについてはかなり手前で気付いて
いました。このような事情を総合考慮し，仮に被疑者が前方注視義務
を尽くして反対車線上を横断中の被害者を発見した場合，バスに乗る
ことに気を奪われた被害者が左方の安全確認をしないまま被疑車両の
進路前方に進出してくることを予見することは十分可能だったと判断
し，この時点では既に結果回避義務が発生していたと認定した上で，
被疑者の過失を認定しました。

　事故当時の状況下において，一般人であれば認識し得た事情と被疑
者が特に認識していた事情を総合考慮した上で，結果予見可能性の有
無を検討し，結果回避義務発生時点を特定する必要がありますので，
このような事情の有無及び内容を解明するための捜査が必要です。

　直前横断事故の場合，実際に発生する事故の中には，衝突地点や被
疑車両の速度に関する認定に苦慮することがまれにあります。その多
くは，目撃者やドライブレコーダー映像等の客観証拠がなく，被害者
は死亡してしまったか，あるいは頭部を強打して事故前後の記憶が残っ
ていない場合で，被疑者の方も著しい前方不注視や脇見で，衝突まで

被害者に全く気付かず，あるいは直前でようやく気付いたような事故です。

　被疑者が突然の事故でパニックになってしまい，事故後，実況見分を行っても被害者との衝突地点を特定できないことがありますし，事故時の速度についても不正確な場合があり，時には自己の罪責を免れようと，これらの点に関し意図的に記憶と異なる供述をするおそれもあります。

　車両対車両の衝突事故の場合とは異なり，人対車両の事故の場合，被害者の傷害の部位や程度，車両の損壊の部位や程度から衝突時の速度を正確に推認するのは困難であり，多くの場合，被害者の飛翔距離から被疑車両の速度を推認することになるのですが，飛翔距離とは衝突地点から被害者の最終的転倒地点までの距離ですから，転倒地点が分かっても衝突地点が分からなければ飛翔距離が分からず，よって，被疑車両の走行速度を推認することもできないのです（被疑者から衝突直後に急ブレーキをかけて停止した旨の供述を得られれば，実際の停止距離から走行速度を推認することは可能ですが「他の車両の邪魔にならないよう途中からブレーキを緩めて道路左側端にゆっくり止めた」などと供述した場合，この方法による推認もできません。）。そして，走行速度が分からなければ，停止距離が分かりませんので，結局，前方注視を尽くしていれば衝突を回避できたか（結果回避可能性）も判断できないことになり，その結果，被疑者の過失を認定できないことがあります。

　ですから，このような事故の場合，衝突地点を特定するための捜査が不可欠になるのですが，いかんせん，タイヤ痕やガウジ痕等によって衝突地点を特定することが可能な車両対車両の事故とは異なり，人対車両の事故の場合，現場にこのような痕跡が残ることはまれです。

　それでは，どうすればよいのか？　立証責任を負担するのは検察官

ですので，証拠が不十分な場合，どうしようもありません。しかし，重傷事故や死亡事故が発生した場合，それで被害者や遺族が納得してくださるでしょうか？　否です。

よって，とにかく，このような事故が発生した場合，

> **Check Point**　初動捜査が全てといっても過言ではなく，草の根を分けてでも目撃者を探し出す，現場道路の表面を丹念に調べて，ほんのわずかでも痕跡が残っていないか確認する

といった地道な捜査だけが真相解明のための手段です。

現場の警察官の皆さんは，どうかこのことを肝に銘じてください。

2　動静注視義務違反による事故について

> **Case40**　進路前方の左側の歩道上に立っている被害者を早期に発見したが，同人が進路前方を横断することはないだろうと判断して減速等の措置を講じずに進行したところ，被害者が直前横断してきたため，直ちに急ブレーキを踏んだが間に合わずに衝突した事故

(1)　横断することはないだろうと判断したことが合理的（結果予見可能性なし）であれば過失が否定されるのに対し，合理的とはいえない場合には，被害者が横断することを予見して減速等の措置を講じ，衝突を回避すべき注意義務が認められ，過失が肯定されることになります。

　この合理性（結果予見可能性の有無）の判断は，まさにケースバイケースであって，一見似たような態様の事故であっても裁判所による過失の有無の判断が分かれることがあり，決して容易ではありません。しかし，基本的な考え方は，前述の前方注視義務

違反の過失で解説したのと同じであり，一般人であれば認識し得た事情と当該被疑者において特に認識していた事情を総合考慮して判断することになります。

⑵　この種の事案に関しては，いくつもの裁判例が出ており，その中には，過失の有無を判断する上で，参考になるものがありますので，紹介しましょう。

　　まずは，過失が認められた事案です。

判例㉕　　　　　　　　　　　　　　　　　**高松高判昭51.3.30**

＜事案の概要＞

　被疑者が，自動車を運転して，幅員約6メートルの狭隘な道路を進行中，進路前方の道路脇に自車に背を向けて立ち話をしている歩行者を認め，クラクションを鳴らした上で，同人の側方を通過しようとしたところ，突然，自車の前方を横断してきた同人に衝突した。

＜要　旨＞

　次の事情を考慮して結果予見可能性があるとした。

　被害者が立ち話に夢中でこれに気を奪われており，クラクションに気付かず，よって被疑車両の接近にも気付いていない可能性があることを被疑者が認識していた。

　　被害者が幼児や児童，高齢者のケースでは，運転者が被害者の年齢を事前に認識していた場合，過失を問いやすくなります。進路前方道路の左側端に被疑車両に背を向けてしゃがみ込んで遊んでいた児童の側方を通過しようとした際，その児童が突然，立ち上がって右斜め前方に駆け出したため同人に衝突した事故に関し，東京高裁は，「容易に不測の行動に出ることを予想できた」として被疑者に動静注視義務違反の過失を認定しました（東京高判昭42.9.21）。

　　しかし，相手が幼児だったからといって，常に不測の事態を予

想できるかというと，そうではなく，大人が同伴していた幼児が飛び出してきた事故に関し，被疑者の前方注視義務の過失を否定した裁判例もあります（名古屋高判昭34.3.16）。

　次の事案も，過失が否定されたケースです。

判例㉖	大阪高判昭47.7.26

＜事案の概要＞

　被疑者が，自動車を運転して，幅員が比較的広く交通量も多い道路を進行中，進路前方左側端の路側帯を自車と同一方向に歩いていた被害者が，一旦後方を振り向いて再び同方向に歩いて行くのを見て，その側方を通過しようとしたところ，突然，自車の前方を横断してきた同人に衝突した。

＜要　旨＞

　被疑者において，相手がどのような行動に出るか予測困難な幼児である場合は格別，成人男性である被害者の前記のような行動を見て，同人がそのまま前方に向かって歩いて行くと信頼したことは不合理とはいえない。

　この裁判例は，信頼の原則を適用して過失を否定していますが，結果予見可能性がないという判断と，結果的には同じです。

　要するに，現場の道路状況や交通量といった四囲の状況に加え，当該被害者の様子，年齢等に関し被疑者が認識し，認識し得た事情を総合考慮し，直前横断を予見することが可能かどうかを判断していることがお分かりいただけると思います。

3　渋滞車両間等からの横断

 Case41 連続して停止している渋滞車両の間から横断してきた歩行者に衝突した事故

　事故態様としては，例えば，片側 2 車線道路の第 2 車線を進行中，第 1 車線の連続渋滞車両の間から横断してくる場合や，片側 1 車線道路を進行中，対向車線の連続渋滞車両間から横断してくる場合が考えられます。類似の事案で，渋滞停止車両ではなく，対向進行してきた車両の直後を横断してくる場合もあるでしょう。

　道路交通法13条 1 項は，「歩行者等は，車両等の直前又は直後で道路を横断してはならない。」と規定していますが，この規定があるからといって，運転者の過失が常に否定されるわけではありません（同条 2 項は，横断禁止道路の横断を禁止していますが，そのような道路を横断してきた歩行者と衝突した場合に過失を問われる場合があるのと同様です。）。

　なお，今般の道路交通法の一部改正（令和 4 年 4 月27日法律第32号）で，同法13条の規制対象が，「歩行者」から「歩行者等」に変更されましたが，別の場所でも申し上げたように，以降，当面の間は，「等」（遠隔操作型小型車）は考慮に入れないで解説をします。

　いずれの場合も，渋滞停止車両等によって歩行者の早期発見が困難な状況での衝突事故ですから，可能であれば見通し見分を行うことになります。しかし，第 6 講 1 「路外施設から道路への進出時における

244

事故」で解説しましたが，被疑者の視界を遮蔽した停止車両等の運転者を確保できたり，あるいは目撃者がいる場合などを除き，当該停止車両等の車種等の特定は難しく，信用性の高い見通し見分を実施することができないことがあります。

　よって，被害者が，停止車両等の側面の延長線上から被疑車両の進路前方に進出してきた時点における被疑車両の走行位置を特定し，同車の停止距離外で発見が可能だったかどうかを検討することにより過失の有無を判断せざるを得ない場合もありますが，この種の事故では，早期に発見していれば衝突を回避できただろうというケースはむしろ少なく，前方不注視の過失を認定できないケースの方が多いように思います。

Case42 被疑車両の速度が遅ければ回避可能だったが，被疑車両が制限速度を超える速度で走行していたため起きた事故

　仮に同車が制限速度を遵守していたら回避できたか，といった検討を行うことになりますが，道路事情や事故発生の時間帯によるものの，制限速度を若干超過して走行することが不合理とまではいえない場合で，例えば，制限速度なら何とか止まれたが，制限速度を10キロメートル超過する速度だと止まれなかったといったケースでは，被疑者の過失を認定するのは困難です。

　また，制限速度を下回る速度であれば回避可能だったとしても，被疑者において，渋滞停止車両間から歩行者が右左方の安全確認をしないで進出してくることを予見すべき特段の事情がない場合には，制限速度を下回る速度で走行せよとの注意義務を課すことはできません。

　また，予見可能性は辛うじて認められる場合であっても，自動車の

直前直後から道路を横断しようとする歩行者側において，自己防衛のため安全確認をした上で横断するだろうと信頼することが相当な場合がほとんどでしょうから，信頼の原則によって結果回避義務が免除され，減速徐行義務を課すことは困難です。

　以上のとおり，このような事故で被疑者の過失を認定することができるケースは，むしろ少なく，被疑車両の走行車線もある程度渋滞しており，被疑車両の速度がもともと低速度であったような場合に限定されると思います。

　とはいえ，渋滞車両間から歩行者が横断してくることが予見可能な特殊な場合もあり得ると思います。例えば，停止車両間から子供が飛び出してきて自車の進路前方を横切ったような場合，その子供の友達が続けて飛び出してくる可能性ありと予想できるようなケースで，1番目の子供が飛び出してきた時点で減速等の措置を講じていれば，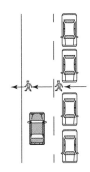

2番目の子供との衝突を回避できた場合，過失を認定できることもあるでしょう（相手が子供の場合，信頼の原則も否定されやすくなります。）。よって，この種の事件を捜査する場合，そのような事情の有無（一般人には認識し得なくても，当該被疑者において認識していた事情を含みます。）を丹念に捜査する必要があることは言うまでもありません。

　ところで，渋滞車両間からの飛び出しと似てはいますが，丹念に事実関係を詰めないと過失の有無が判断しにくい事故類型があります。それは，次のような場合です。

Case43 停留所等に停止して乗降客の取扱中の乗合バスや観光バスの側方を通過しようとした際，バスを降りた客が道路を反対側に横断しようとして被疑車両の前方に飛び出し，避けきれずに衝突した事故

　停止しているのが一般車両の場合，渋滞車両間からの飛び出しの場合と同様，自動車の直前直後から道路を横断しようとする歩行者側において，自己防衛のため安全確認をした上で横断するだろうと信頼することが相当な場合が大半であり，その側方を通過しようとする車両の運転者に対し，停止車両の直前直後から不用意に飛び出してくる歩行者のあり得ることを予見して減速徐行し，進路の安全を確認しながら進行せよと要求するのは酷です。

　なお，一般車両の場合であっても，横断歩道等が設けられている場所に停止している場合には，その側方を通過する前に一時停止する義務が課されること（191頁），乗客の乗降のため停止中の路面電車の側方通過の場合は特例があること（道路交通法31条）に注意してください。

　しかし，乗合バスや観光バスの場合，通勤途中のサラリーマンが，降車後，道路反対側の鉄道の駅に向かって急いで横断しようとする，遠足のため観光地を訪れた小学生が担任の先生の注意を聞かずに先を急いで飛び出す，なんていうことがままありがちであり，予見可能性が認められ，かつ，信頼の原則が働かない場合もあるでしょう。

　この類型の事故について，過失が肯定された事案と否定された事案を一つずつご紹介します。

判例㉗　　　　　　　　　　　　　　　　　　　　東京高判昭54.4.11

＜事案の概要＞

　幅員5.7メートルの直線道路を進行中，右前方の反対車線に乗合バス
が停止して乗降客の客扱い中であることを進路前方約29メートルの地点
に認めた被告人が，自車の速度を時速約60キロメートルから時速約52～
53キロメートルに減速したのみで進行したところ，同バスの後方から飛
び出してきた被害者を前方約6メートルの地点に発見し，急制動の措置
を講じるも間に合わずに衝突させた事故

＜要　旨＞

　本件道路状況，交通量（交通頻繁とまではいえない），バス停止中の
客扱いの状況等に照らし，降車した客が同バスの後方から道路を横断し
ようとして不用意に被告車両の進路前方に飛び出してくることは通常容
易に予想されるところであり，かつ，被告人自身，本件以前，そのよう
な客を見たことがあったのであるから，客の飛び出しは予見可能であり，
降車客において注意して横断するであろうと信頼するに足りる相当な理
由もないから，バスとの間隔に留意し，減速徐行した上，進路の安全を
確認しながら進行すべき注意義務があり，被告人にはこれを怠った過失
が認められる。

判例㉘　　　　　　　　　　　　　　　　　　　名古屋高判昭37.2.12

＜事案の概要＞

　被告人は，観光バスを運転し，幅員約11.2メートルの幹線道路である
国道1号線（最高速度は時速60キロメートル。見通しのよい直線道路。
車道と歩道の道路区分あり。交通頻繁）を時速30～40キロメートルで進
行中，進路左前方のバス停に2台の乗合バスが停止して，それぞれ相当
多数の乗降客の客扱いをしているのを認識しながら，これらのバスと約
2メートルの側方間隔を空けて時速約25キロメートルに減速して進行し
ていたところ，2台のバスの間から進路前方に飛び出してきた歩行者を
避けきれずに衝突した事故

＜要　旨＞

　2台のバスが停止していた道路の反対側には鉄道の駅があったことか
ら，被告人としても，各バスの降客が反対側の駅の方に向かって道路を

248

横断しようとすることを当然予見すべきであったといえるが，各バスの前後には，約3.3メートルの間隔をおいて同道路を横断するための横断歩道が設けられていたことから，被告人は，降客が道路を横断する場合，前記横断歩道を利用することを期待し，2台のバスの間から自車の進路前面に出てくる歩行者の存在を予見できなかったものである。もっとも，被告人としては，2台のバスの降客中には，交通道徳に無関心のため，横断歩道を利用することなくバスの間から自車の進路に出てくる者のあることは予見できないことはないが，本件のような交通頻繁な幹線道路で無謀にも自車の進路に疾走して飛び出してくる（それは自殺行為といつても過言でない）ような場合まで予見し，これに対処することを要求するがごときは，もはや自動車運転者に対し要求される通常の注意義務の程度を超える過大な要求というべきである。思うに自動車運転者に対しかかる注意義務までを認めることになれば，自動車の高速度交通機関たる性能を完全に没却しさることとなり，その社会の利器としての効用も失われることとなるからである。道路交通の危険に対しては，歩行者もまた，自らその責の一端を負わなければならないわけである。被告人としては，速度を時速25キロメートルにまで減速しており，対向車がなく右側に余裕があったから，2台のバスの間から自車の進路前方に徒歩で出てきた（筆者注：飛び出しではなく歩いて出てきたという意味。）場合のように予見可能な危険な事態に対しては，右にハンドルを切って急停車の措置をとることによって衝突回避が可能だったのであり，徐行しなかったことをもって注意義務違反ということはできない。また，被告人は，前記した手前の横断歩道を通過する辺りで警笛を吹鳴しているから，警笛吹鳴義務違反も認められない。

東京高判昭54.4.11については関連事実の摘示が不十分なため詳細な分析まではできないものの，詳細な指示がなされている名古屋高判昭37.2.12を前提に，他の類似事案に関する判決（東京高判昭47.5.1）も参考にして分析すると，結果予見可能性の有無及び内容並びにこれに応じた結果回避義務の有無及び内容，更に信頼の原則の適否の基準

は，次のようになると思います。

　すなわち，結果予見義務の有無及び内容については，道路の状況（道路幅員の広狭，交通頻繁か否か），周辺の状況（降客が停止したバスの直前直後から道路を横断しようとする蓋然性の高低）という客観的状況によっては，停止したバスの前後から道路を横断するために自車進路前方に出てくる降客（歩行者）があること自体は予見可能であるが，通常，そのような歩行者は，交通閑散で，かつ，横断すべき道路が狭いような場合を除き，危険を回避するため歩いて出てくるのであって，不用意に疾走して飛び出してくる歩行者があることまで予見することは困難であり，よって，バスの側方を通過しようとする運転者に課すことのできる結果予見義務は，前者の範囲までである，ということです（現場の状況をよく知っており，そのような歩行者がいることを知っていたという特別な事情がある場合は，当該運転者に限って後者の予見義務まで認められることもありうるでしょう。東京高判昭54.4.11は，この点を重視したようです。）。

　そして，これとの関係で，運転者は，不用意に疾走して飛び出してくるような歩行者はいないと信頼してよく（信頼の原則），このような歩行者との衝突まで回避すべく減速徐行して進行すべき結果回避義務を課すことはできない，ということになります。

　その上で，歩いて出てくる歩行者があり得ることが予見できる場合，道路の状況（幅員や対向車両の有無）に照らし，できるだけバスとの側方間隔を広くとり，適宜速度を落とし，事前にクラクションを鳴らして自車の接近を知らせる措置を講じた上で進行すれば，結果回避義務を果たしたといえ，降客が不用意に飛び出してきたため衝突回避ができなくても，過失責任を負うことはない，という結論になります。

　なお，逆に幅員が狭いためバスとの側方間隔をほとんどとれないような場合は，歩いて出てくる歩行者であっても衝突回避が困難ですか

ら，徐行義務を課すべき場合もあると思います。詳細は不明ですが，過失を認定した東京高判昭54.4.11の事例は，このようなケースではなかったかと思われます（被害者は飛び出していますが，時速50キロメートル以上の速度で走行中，前方6メートルの地点で進路前方に出てきた歩行者との衝突を回避するのは，仮にその歩行者が歩いて出てきていたとしても不可能だったという点で異なりません。）。

最後に

この講では，横断歩道以外の道路における横断歩行者との衝突事故に関する捜査上の留意点や過失の認定の仕方を解説しました。このような事故の場合，他の事故態様に比べて，過失が争われるケースが多く，他方で，被疑車両の速度が出ており，重傷事故や死亡事故になることが少なくないことから，被害者や遺族の処罰感情が強いことが多いのが特徴です。よって，このような事故の捜査を行うに当たっては，信用性の高い見通し見分の実施，被疑者の注意義務の有無や内容判断の基礎となる事実を立証するための証拠の収集等に，より一層の意を尽くす必要があると思います。

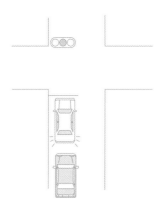

　この講では，二重れき過事故と追突事故に関し，捜査上の留意点と過失の認定の仕方などについて解説します。これらの事故は，事故態様としては全く異なりますが，過失と結果（人損）との間の因果関係の有無が問題となることがあるという点で似通っていますので，交通事故における「因果関係」の考え方を理解してもらうため，まとめて解説します。

1 二重れき過事故

二重れき過事故というのは，道路を横断中の歩行者に先行車両が衝突して同人を路上に転倒させ，路上に横臥している状態で後続車両が同人をれき過してしまったような事故です。さらに，その後，3台目の車両もれき過してしまうといった三重れき過事故（場合によってはそれ以上の多重れき過事故）もまれに発生しますが，過失の有無等に関する検討手順は，より複雑になるものの基本的には同じですので，今回は，このうち，二重れき過事故について解説します。

二重れき過事故において，問題となるのは，

①　先行車両の運転者の過失の有無

②　後続車両の運転者の過失の有無

③　それぞれの過失行為と致死傷の結果との間の因果関係の有無

の3点です。このうち，①については，捜査上の留意点や過失の認定の仕方は，単独事故の場合と変わりありません。②については，第8講1の3で解説した「横臥者のれき過事故」の場合と同じです。ただし，先行車両が衝突した直後に後続車両がれき過してしまったような場合，後続車両の運転者の過失を認定するのは，困難なことが多いでしょう。

二重れき過事故で最も問題となるのは，③の因果関係ですので，以下，この点について，被害者が傷害を負ったものの死亡しなかった場合と死亡した場合に分けて解説します。

1　被害者が傷害を負った場合

被害者が歩行者の場合，先行車両による衝突は，立った状態の被害

者に被疑車両の前部が衝突し，その衝撃で路上に転倒した後，後続車両が転倒横臥した被害者をれき過するという機序をたどりますので，傷害の部位及び状態を見ることで，先行車両による傷害と後続車両による傷害を区別することは比較的容易です。よって，被害者の治療に当たった医師から事情聴取するなどして，各傷害及びその各加療期間等を特定できれば，先行車両の運転者については，傷害全体について過失運転致傷罪が成立し，後続車両の運転者については，同車によるれき過によって生じた傷害についてのみ過失運転致傷罪が成立します。

　先行車両の運転者について，傷害全体について責任を負わせることができる理由は，先行車両による衝突で被害者を路上に転倒横臥させなければ，後続車両によるれき過という結果が発生しなかったと認められ，よって，後続車両のれき過によって生じた傷害についても，先行車両の運転者の過失行為との間に因果関係が認められるからです。後続車両の運転者について，同車のれき過によって生じた傷害についてのみしか責任を負わせられないのは，先行車両の衝突による傷害は，自己が関与する前の他人の行為に基づく結果であり，後続車両の運転者の過失行為は何ら影響を及ぼしておらず，因果関係がないからです。

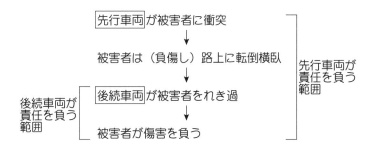

　他方，このような区別ができなかった場合は，先行車両の運転者については，同じく傷害全体に対する因果関係を肯定できますが，後続

車両の運転者については，過失行為と傷害との間の因果関係の立証ができないことになりますので，同人の責任を問うことはできません。転倒横臥した被害者をれき過した事実は明らかであり，自動車でれき過してまったくけがを負わないということはあり得ないはずなのに，何で責任を問えないのかといった疑問があるかもしれませんが，刑事裁判において立証責任を負担しているのは検察官ですので，立証できない以上，「疑わしきは被告人の利益に」という大原則に従うしかないのです。

> **Check Point**　この種の二重れき過事故の捜査においては，各事故車両の運転者の供述や被害者，目撃者の供述といった供述証拠に加え，各事故車両の損傷状況，被害者の傷害の部位及び状態，被害者の治療に当たった医師からの詳細な事情聴取（必要に応じてカルテ等の証拠保全）等を通じて，因果関係の立証に意を尽くす必要があります。

2　被害者が死亡した場合

先行車両の運転者と後続車両の運転者の過失の有無を検討する必要があることは，致傷事件の場合と同じであり，まずは，過失の認定に向けた捜査が必要です。

そして，双方の過失が認定できる場合，同じく因果関係が問題となり，双方の過失行為と死亡との因果関係の有無に関する捜査が必要になります。

場合分けすると，次の Case44から47のような場合が考えられます。

> **Case44**　先行車両の衝突によって被害者が傷害を負ったが，それほど重篤なものではなく，後続車両によるれき過が致命傷となって死亡した事故

　Case44について，先行車両の運転者と後続車両の運転者の双方の過失行為に被害者の死亡との因果関係が認められることについては，皆さん，すぐにお分かりになると思います。すなわち，両名とも過失運転致死罪が成立します。

　最近，このケースの事故に関する高裁判決が出ました。被告人がとった第2事故発生回避のための措置が因果関係を否定する事情となるかどうかも争点となった事案であり，参考になると思いますので紹介します。

　なお，因果関係の有無の判断基準については，従来から，判例・学説上，様々な考え方が議論されていますが，最近は，この高裁判決が示した「当該結果が，当該行為によって生じた危険性が現実化したものと評価できる場合に因果関係を肯定する」という基準が一つの有力な考え方として定着しつつあるようです（『研修』835号21頁）。

判例㉙　　　　　　　　　　　　　　　　　　　　　　**東京高判平29.7.13**

＜事案の概要＞

　被告人は，南北方向道路を南方から進行してきて信号交差点を青色信号に従って東方に向け右折進行中，前方不注視の過失により，同交差点右折方向出口に設けられた横断歩道上を信号に従い横断歩行中の被害者に自車を衝突させ，同人を同横断歩道から約7メートル離れた東西方向道路の東進車道上に転倒させた（第1事故）。

　第1事故により，被害者は，重篤ではないが，自らすぐに起き上がって移動できない程度の傷害を負った。

　被告人は，直ちに自車を止めて下車し，被害者に声をかけるとともに，東西方向道路の信号機が青色に変わり，東進してくる車両を止めるべく，横臥した被害者のそばに立って両手を高く上げ左右に振って合図を送ったが，第1事故の約2分後，東西方向道路を青色信号に従い東進してきた車両の運転手が，前方不注視の過失により被告人及び被害者に直前まで気付かず，被告人はとっさに身をかわしたが被害者をれき過し（第2事故），同人は，これが原因で死亡した。

<要　旨>

本件において，被告人は，第1事故を起こした後，後続車による衝突等の事故の発生を回避するための措置を一応講じていたと認められるが，被害者が横臥していた場所は，通常は人が立っていたり，ましてや横臥していたりするような場所ではないことに加え，本件発生時は日の出前の時間帯であって視認状況が良くなかったことなどからすれば，青色信号に従って直進進行してくる後続車の運転手が，被害者と被告人に気付くのが遅れ，被害者に衝突，れき過するということは十分にあり得ることであったといえる。そして，現に，第2事故が発生し，被害者が死亡していることに照らしても，被告人の上記行為は，後続車による衝突等の事故やそれによる被害者の死亡という結果を回避するための措置としては不十分であったといわざるを得ない（路外の安全な場所に移動させるべきであった。）。

第1事故に続いて，上記のような過失による第2事故が発生することは，決して特異な事態とはいえないから，第2事故の発生とそれによって生じた被害者の死亡という結果は，被告人の過失による第1事故によって生じた危険性が現実化したというべきであり，被告人の過失と被害者の死亡との間の因果関係は否定されない。

Case45　先行車両の衝突によって被害者が傷害を負い，これと後続車両によるれき過が相まって死亡した（先行車両の衝突のみでは死亡しなかった）事故

Case45については，先行車両の運転者について，過失運転致死罪が成立することは問題ないと思いますが，後続車両の運転者については，どうでしょうか。結論としては，同じく過失運転致死罪が成立すると考えます。「心臓疾患のある被害者に暴行を加えたところ，同人が急性心臓死したという強盗致死事件」に関する最高裁判例が二重れき過の場合にも応用できると思われますので紹介します。

判例⑳　　　　　　　　　　　　　　　　　　　　最判昭46.6.17

＜要　旨＞
　致死の原因たる暴行は，必ずしもそれが死亡の唯一の原因または直接の原因であることを要するものではなく，たまたま被害者の身体に高度の病変があったため，これと相まって死亡の結果を生じた場合であっても，右暴行による致死の罪の成立を妨げないと解すべきである。（他に類似の判例多数あり）

 Case46　先行車両の衝突によって被害者が致命傷を受け，後続車両によるれき過は死期を早める程度の影響しか及ぼさなかった事故

　Case46については，同じく先行車両の運転者について，過失運転致死罪が成立することは問題ないと思いますが（大阪南港事件（最決平2.11.20）（⇒260頁）），後続車両の運転者に致死の結果についてまで責任を問えるでしょうか。結論としては，肯定すべきと考えます（大阪高判昭29.6.10（『最高裁判所判例解説刑事篇平成２年度』244頁（上記大阪南港事件に関する最高裁判所の調査官解説）））。本来生存可能だった時間を失わせた（早めた）という点で，その分の生命を奪った（侵害した）と評価できるからです。余命わずかな重病人を殺害した場合であっても殺人罪が成立するのと同じ理屈です。ただし，後続車両の運転者の量刑を決める段階では，同人の過失行為が死亡という結果に寄与した度合いが低いことを考慮する必要があると思います。

> **Case47** 先行車両の衝突によって被害者が死亡し，後続車両は死者をれき過したにすぎない事故

　Case47については，先行車両の運転者に過失運転致死罪が成立し，後続車両の運転者は，過失による死体損壊罪が不可罰である以上，罪に問われないという結論自体は問題ありません。しかし，実際の事故では，実は，一番悩ましいのがこの場合です。その理由は，先行車両の衝突によって死亡したかどうか判然としない場合があるからです。二重れき過による死亡事故の場合，司法解剖の実施は不可欠であり，解剖の結果，先行車両による衝突で死亡した後に後続車両がれき過したことが判明すれば問題ないのですが，衝突とれき過の時間的間隔が短いため，先行車両による衝突のみで致命傷になったことは明らかであっても，即死とまではいえず，後続車両によるれき過時の被害者の生死が不明な場合，司法解剖の鑑定書のみによる立証ができません。

　この場合，先行車両及び後続車両の運転者，事故の目撃者等の取調べによって，先行車両の運転者から，「事故直後，車から降りて倒れている被害者に駆け寄ったところ，被害者は，苦しそうに唸り声を上げており，手足も動いていました。」といったような供述を得ることができ，これが司法解剖の鑑定結果に照らしても矛盾しない場合には，後続車両によるれき過時，いまだ被害者は生存していたという立証が可能になります。

　しかし，このような供述が得られない場合で，司法解剖を行っても後続車両によるれき過時に被害者が生存していたか不明の場合（既に死亡していた可能性を排除できない場合），後続車両の運転者の責任を問うことはできません。

> **Check Point**
>
> 　この種の事故の捜査を行うに当たっては，司法解剖が必須であることはもちろん，解剖医からの補充の事情聴取が必要になる場合がありますし，また，その際は，事件関係者から，被害者の生存を推認させる事実の聴取を行うことが必要不可欠であり，それらの捜査が尽くされないと，後続車両の運転者の刑事責任を問えなくなることがあるので注意してください。

コラム 大阪南港事件（最決平2.11.20）

＜事案の概要＞

　被告人は，昭和56年１月15日午後８時頃から午後９時頃までの間，自己の営む三重県内の飯場において，洗面器の底や皮バンドで被害者の頭部等を多数回殴打するなどの暴行を加えた結果，恐怖心による心理的圧迫等によって，被害者の血圧を上昇させ，内因性高血圧性橋脳出血を発生させて意識消失状態に陥らせた後，同人を大阪市内の建材会社の資材置場まで自動車で運搬し，同日午後10時40分頃，その場に放置して立ち去ったところ，被害者は，翌16日未明，内因性高血圧性橋脳出血により死亡した。上記資材置場においてうつ伏せの状態で倒れていた被害者は，その生存中，何者かによって角材でその頭頂部を数回殴打されているが，その暴行は，既に発生していた内因性高血圧性橋脳出血を拡大させ，幾分か死期を早める影響を与えるものであった。

　最高裁判所は，「このように，犯人の暴行により被害者の死因となった傷害が形成された場合には，仮にその後第三者により加えられた暴行によって死期が早められたとしても，犯人の暴行と被害者の死亡との間の因果関係を肯定することができ」るとし，被告人には，傷害致死罪が成立すると判示しました。この事案では，被告人の暴行後，更に暴行を加えた「何者か」は結局未検挙でしたが，仮に検挙されていれば，Case46と同じ問題が生じたはずです。

2　追突事故

1　追突事故の過失の内容

　次に，追突事故について解説します。

　追突事故の場合，過失の内容は，前方不注視か動静不注視の場合がほとんどです。すなわち，前方不注視（脇見を含む。）により前方の停止車両の発見が遅れ，あるいは未発見のまま追突してしまうケースと，事前に先行車両を認めていながら，その動静注視が不十分であったため，停止しているのに気付くのが遅れて衝突してしまうといったケースがあります。これに加えて速度超過の過失を問うべき場合もあります。

　また，時折発生するのが，車間距離不保持による衝突（Case48）とブレーキの操作ミスによる衝突（Case49）です。

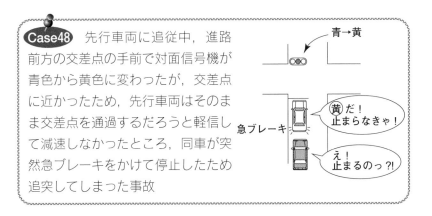

　この場合は，第1講総論の中でも解説したように，先行車両が急ブ

レーキをかけたりはしないだろうと信頼することは許されません（最決昭57.12.16）ので，車間距離不保持の過失が認められます。この場合，動静不注視の過失が重畳的に認められることもあります。

> **Case49**　先行車両が前方で停止しているのに気付くのが遅れ，慌ててブレーキペダルを踏もうとしたところ，ペダルに乗せた足が滑ってしまった，あるいは間違ってアクセルペダルを踏み込んでしまって追突した事故

　この場合も第1講総論で解説しましたが，停止車両に気付いた時点で，既に停止距離内まで近づいてしまっていた場合（結果回避可能限界時点を通過してしまった場合）は，ブレーキの操作ミスがなくても追突は回避できませんので，過失の内容は前方不注視ないし動静不注視であり，ブレーキの操作ミスは，結果発生に至る因果の流れにすぎません。他方，停止車両に気付いた時点で停止距離よりも遠ければ，適切なブレーキ操作を行うことで衝突が回避できますので，ブレーキの操作ミスが過失の内容になります。この中間形態の場合，前方不注視等の過失と競合することもあれば，前方不注視等の過失しか認定できない場合もあります。

2　多重衝突事故

　追突事故でやっかいなのは，多重衝突事故（いわゆる玉突き事故）です。先ほど，二重れき過事故は，因果関係の立証が難しいことがあると解説しましたが，玉突き事故の場合も同様です。

Case50　何らかの理由で停止したＡ車の後続車両であるＢ車，
Ｃ車，Ｄ車が次々にその先行車両に衝突するという玉突き事故が
発生し，Ａ車，Ｂ車及びＣ車の運転者であるａ，ｂ及びｃがそれ
ぞれ頸椎捻挫等の傷害を負った事故

　Ｂ車等の追突原因については，前方不注視か，動静不注視か，車間
距離不保持か，速度超過かはともかく，各車両の運転者の過失はいず
れも認められたとして，ａら３名の傷害結果を誰に問うことになるの
でしょうか。ａの場合，Ｂ車，Ｃ車及びＤ車による追突を合計３回受
けていますので，これらのうちどの追突で傷害を負ったのか分からな
ければ，ｂ，ｃ及びｄの各過失行為との因果関係が立証できないとい
うことになってしまい，結局，誰にも刑事責任を問えなくなってしま
うのです。そんな馬鹿なと思うかもしれませんが，共同正犯が成立す
る故意犯であれば格別，単独の過失行為が３つ重なっただけの過失犯
では，「誰かは分からないが，誰かの過失行為で傷害を負ったことは
間違いない。」では立証として足りないのです。

Check Point　玉突き事故の場合，Ｂ車，Ｃ車及びＤ車の衝突状況（衝突
部位や衝突時の速度），各車両の衝突後の移動距離や損傷の
程度等の客観証拠をきちんと収集・解明するとともに，各車の運転者か
らの詳細な事情聴取が必要不可欠です。

　その結果，例えば，Ａ車，Ｂ車，Ｃ車の順に後部の損傷程度が軽く
なっており，衝突時の速度もＢ車が一番速く，ａから，「最初の衝撃
は，不意に襲ってきましたし，かなり強く，シートベルトをしていま
したが，上体が激しく前後に揺すられました。しかし，私は，その直
後，玉突きになる可能性があると思い，上半身に力を入れて両手でしっ
かりハンドルを握りましたし，続く２回の衝撃は，最初の衝撃に比べ

ればずっと弱かったです。よって，私が負った頸椎捻挫の傷害は，最初の追突の時に生じたといえます。」といったような供述が得られれば，ａの傷害結果をｂに問うことが可能になるのです。

最後に

　以上，二重れき過事故と追突事故について解説しましたが，過失運転致死傷罪は，いわゆる「結果犯」（一定の結果が発生しないと犯罪が成立しない）ですから，いくら過失が認定できても，その過失と結果（人損）との間に因果関係が認められなければ犯罪として成立しません。そして，因果関係の有無は，因果関係があると認定できるだけの事実（因果関係の存在を基礎付ける事実）の有無によって決まりますので，皆さんが交通事故の捜査を行う際は，これらの事実の存在を証明するための証拠の収集とその検討を怠らないようにしてください。

第 10 講
運転中止義務違反
の過失による事故

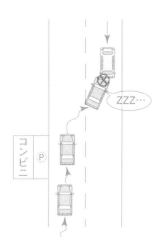

　この講では，運転中に眠気等を感じるようになった際の運転中止義務違反の過失による事故について，解説します。この態様の事故の一部については，自動車運転死傷処罰法の施行に伴い，過失運転致死傷罪ではなく危険運転致死傷罪によって処断されることになると思いますが，この点に関しては，特別講で解説します。

運転中止義務違反による過失の認定

1 事故の類型

運転中止義務が問題となるのは，旧法（刑法211条2項）の時代は，自動車を運転中に，

ア　疲労や寝不足によって強い眠気を感じたにもかかわらず，運転を継続した結果，仮睡状態に陥って事故を起こした場合

イ　飲酒や薬物服用によって意識が朦朧としてきたにもかかわらず，運転を継続した結果，仮睡状態等の意識喪失状態に陥って事故を起こした場合

ウ　てんかん等の病気によって意識が朦朧としてきたにもかかわらず，運転を継続した結果，意識喪失状態に陥って事故を起こした場合

などでした。

しかし，平成26年5月20日に施行された自動車運転死傷処罰法においては，イの類型の事故は，通常，同法2条1号又は同法3条1項の，ウの類型の事故は，同法3条2項の危険運転致死傷罪にそれぞれ該当しますので，これらの事故を道路交通法違反（酒気帯び運転罪等）と過失運転致死傷罪（自動車運転死傷処罰法5条）の併合罪として処罰するケースは，かなり減少したと思います。ただし，ウの類型の事故については，証拠上，危険運転致死傷罪の故意が認定できない場合，過失運転致死傷罪として構成することもあり（I型糖尿病に基づく低血糖症による意識障害に起因する事故に関する大阪地判令元.5.22等参照。），また，同法施行令で定める病気以外の疾病（例えば，低血圧

症）を原因とする事故の場合，同じく過失運転致死傷罪として処断することになる（東京高判令2.11.25等）ことに注意してください。

　以下，アの事故類型に関する解説を行い，イとウの事故類型については，特別講で解説することにします。

2　運転中止義務とは何か

　過労運転等で事故を起こした運転者は，実際に事故を起こす直前は，仮睡状態に陥っていますので，その時点において結果予見義務や結果回避義務の履行を求めることはできませんし，そもそも刑事罰を科す前提となる「行為」とは評価できません。

　そこで，そのような状態に陥る前に運転を中止すべき注意義務に違反した過失を検討することになるのです。

　すなわち，自動車を運転中，強い眠気を感じた場合，そのまま運転を継続すると，いずれ仮睡状態に陥り，何らかの事故を起こすおそれがあることを予見することは可能ですので，結果予見義務が認められます。そして，そのまま運転を継続することなく自車を路肩に止めるなどして運転を中止し，仮眠を取る，あるいは第三者に連絡して代わりに運転してもらうといった方策を講じることで結果（事故の発生）を回避することが可能なので（前提として，自動車を止める場所と時間的余裕があることが必要になります。），結果回避義務も認められます。これが運転中止義務です。ところが，被疑者は，かかる結果回避義務を履行せずに運転を継続したために仮睡状態に陥り，事故を起こして相手方を死傷させてしまったわけですから，運転中止義務違反と結果との間の因果関係も認められ，よって，被疑者に過失運転致死傷罪が成立するのです。

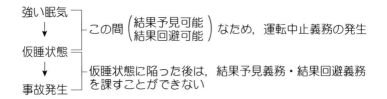

ちなみに，運転中止義務と類似する注意義務として，「運転避止義務」があります。運転中止義務は，例えば，運転開始時には，特に眠気を感じなかったが，運転中に眠気を感じるようになった場合，その時点で，「運転を中止しなさい。」という義務が発生するのですが，疲労や睡眠不足により，運転開始時，既に強い眠気を感じているような場合，その時点で，「運転を開始してはいけません。」という義務が発生します。これが運転避止義務であり，このような状態であったにもかかわらず，運転を開始した結果，案の定，ほどなく仮睡状態に陥って事故を起こした場合，運転避止義務違反の過失運転致死傷罪が成立します。以下，運転中止義務に関する解説をする中で，適宜，運転避止義務に関する解説を付け加えていくことにします。

3 解明すべき事実及び捜査方法

次に，過労等による居眠り運転中の事故について，運転中止義務違反の過失を認定するために解明すべき事実及び捜査方法についてお話しします。

(1) 解明すべき事実

① 過労や寝不足の原因（夜遊び，家族の看病等）
② 運転経路（運転開始地点～事故地点）
　被疑者が最初に眠気を感じた地点，強い眠気を感じた地点，自動車を止めて仮眠を取るなどすることが可能な地点，仮睡状態に陥った地点等，各区間における走行速度，交通状況（交通量，停止した信号交差点，その間に物損事故等を起こしていないか等）

③　事故状況（仮睡状態に陥らなければ事故回避が可能だったか）
④　仮睡状態に陥った原因が過労や寝不足以外にはないこと

　これらのうち，②が運転中止義務発生地点等の特定や中止義務履行の可能性（結果回避可能性）の存在を明らかにするために必要なことはすぐにお分かりいただけると思います。運転開始時点で既に強い眠気を感じていた場合は，運転避止義務違反の過失で構成することになります。

　なお，各区間の走行速度や交通量等を解明するのは，仮睡状態に陥るまでの間の被疑者の意識レベル（どの地点で中止義務が発生したと認定するか）を判断するとともに，事故発生時間から遡って中止義務発生時間を特定するためです。例えば，捜査の結果，事故発生が午後11時頃であり，運転中止義務が発生した地点（強い眠気を感じた地点）から事故現場までの距離が約1.5キロメートル（1500メートル），その間の被疑車両の平均走行速度が時速約40キロメートル（秒速11.1メートル）であったと認定できた場合，1.5キロメートルの距離を時速40キロメートルの速度で走行するために必要な時間は，約2分間（1500÷11.1＝135秒）ですので，運転中止義務が発生した時間は，午後10時58分頃ということになります。

　③は，中止義務違反で運転を継続した行為と発生した結果との因果関係の問題です。例えば，対向車線の渋滞車両の間から飛び出してきた歩行者に衝突した事故で，仮睡状態に陥ることなく正常な運転をしていたとしても避けられない事故であった場合，因果関係が認められませんので，被疑者に過失責任を問うことができないのです。

　④は，例えば，飲酒や病気が原因で仮睡状態に陥った場合，後ほど特別講で説明するように，解明すべき事実が異なってくる上，成立する罪名も変わってきますので，単なる居眠り運転による事故で

間違いないことを判断するために必要なのです。この点，特に過労状態にあったとは認められないにもかかわらず，運転中に強い眠気を感じて仮睡状態に陥ってしまったような場合，病歴や病識のない睡眠障害等の疾患（356頁）である可能性がありますので（例えば，睡眠時無呼吸症候群は，体格のよい方に多いというのが一般的印象かもしれませんが，細身の人でも同症候群にり患している人がいますので，体格だけで判断するのは危険です。），安易に「ただの居眠り運転だろう」などと即断することは厳に慎み，被疑者やその家族，被疑者の日常の様子をよく知る仕事場の同僚等から詳細な事情聴取を行い，精神鑑定が必要なのではないかといった疑念が生じたときには，早期に検察官に相談してください。

⑵　捜査方法

　以上の事実を解明するためには，とにかく被疑者の取調べを丹念に行い，なぜ過労状態になったのか（前の晩夜遊びをした。仕事が忙しかった。家族の看病疲れ等）を聴取し，被疑者の勤務状況が分かる資料を収集するなどして，その裏付けをとります。

　そして，不可欠なのが，被疑者立会いによる引き当たり捜査です。具体的には，運転開始地点から事故発生地点までの経路を案内させ，初めて眠気を覚えた地点，強い眠気を覚えた地点，仮睡してしまった地点，事故地点等を特定し，各区間の走行距離を測定するとともに，各区間の走行速度や信号待ちの回数等を被疑者から聴取します。

　被害者や事故の目撃者から，事故状況や事故前後の状況を聴取する必要があることは，通常の交通事故と何ら変わりありません。

4　過失の認定

　運転中止義務ありと認定するためには，前提として，「このまま運転を継続すると，正常な運転が困難な状態に陥り，何らかの交通事故

を起こすおそれがある。」と予想できること（結果予見可能性）が必要になってきます。

　よって，過労や睡眠不足の場合，運転中に眠気が襲ってきて，最初のうちは窓を開けて外気を入れたり，暖房を止めたり，ガムをかんだりすることで何とか眠気を解消できていたが，程なく強い眠気が襲ってきて，「このままでは，そのうち居眠りしてしまい，事故を起こしてしまう。」と予想し得た時点で，結果予見義務が発生（後述するように，もっと早い段階で発生する場合もあります。）します。そして，事故を回避するためには，直ちに自車を路肩や路外施設（例えばコンビニの駐車場）に止めて仮眠を取るなどすればよく，「この道路は複数車線があるので，路肩に止めても他の交通をそれほど邪魔しない。」，あるいは「少し先にコンビニの看板が見えてきた。あそこの駐車場に止めよう。」といった状況であれば，結果回避が可能ですので，結果予見義務の発生と同時に，結果回避義務，すなわち運転中止義務が発生し，認定できるのです。

　さらに，「もう少しで目的地だから，それまで頑張ろう。」等と考えて運転中止義務違反で運転を継続した結果，程なく仮睡状態に陥り，自車を右側車線に逸走させて対向車と正面衝突し，同車の運転者を死傷させたような場合，被疑者に，過失運転致死傷罪が成立します。

272

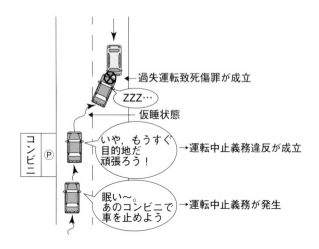

　運転避止義務違反の過失が認められるのは，前述したような結果発生の予想が運転開始後ではなく，運転開始前に既にあるときです。
　ところで，居眠り事故の場合，事前に感じる「眠気」は様々です。
　次のケースは，実際にあった事故です。

Case51　ある程度の眠気は感じたものの強い眠気までは感じなかったので運転を継続していたところ，その後，幹線道路から脇道に入って交通量が激減したことに加え，目的地に近づいたことで気が緩み，一気に強い眠気を感じて，その直後に仮睡状態に陥ったことで発生した事故

　この場合，強い眠気を感じた時点で，初めて運転中止義務が発生したとすると，その直後，運転を中止する時間的余裕なく事故が発生していますので，結果回避可能性が認められず，過失が問えないことになってしまいますが，その結論は，いかにも不合理でしょう。眠気という生理現象は，本人の体調や気候等によって様々であり，徐々に眠

気が強まる場合もあれば，急に眠気が襲ってくる場合もあります。後述するように，それが睡眠障害という病気に起因する予兆のない突発的なものである場合は格別，健康な人の眠気の場合，いまだそれほど強い眠気を感じない段階でも，その後，仮睡状態に陥る「おそれ」があることを予見することは一般人において十分可能ですので，この段階で運転中止義務を認めて差し支えありません。

　この点，参考になるのが，自動車運転死傷処罰法２条と３条の危険運転致死傷罪及び薬物運転等に関する道路交通法の構成要件の違いであり，自動車運転死傷処罰法２条１号は，「アルコール又は薬物の影響により正常な運転が困難な状態で自動車を走行させる行為」を処罰の対象としており，「正常な運転が困難な状態」で自動車を運転していることに関する認識がないと同号の構成要件に該当しないのに対し，同法３条は，「アルコール又は薬物（１項），病気（２項）の影響により，その走行中に正常な運転に支障が生じるおそれがある状態で，自動車を運転し」と規定し，また，道路交通法66条は，「過労，病気，薬物の影響その他の理由により，正常な運転ができないおそれがある状態で車両等を運転」してはならないと規定しており，正常な運転に支障が生じる（正常な運転ができない）「おそれ」がある状態になっていることを認識していれば処罰の対象になります。

　すなわち，実際に仮睡状態に陥れば，それは，まさに「正常な運転が困難な状態」に至ったことになりますが，自動車運転死傷処罰法（３条）及び道路交通法（66条）は，その前段階の「おそれ」を認識した状態での運転を禁止しているのであり，同様の趣旨から，居眠り運転の場合も，その状態に至った段階で運転中止義務を認定して構わないのです。居眠り運転の犯罪事実は，通常，その注意義務の内容を，「睡眠不足のため眠気を催し，前方注視が困難な状態に陥ったのであるから，直ちに運転を中止すべき自動車運転上の注意義務があるのに」

などと記載しますが，Case51の事例では，ある程度の眠気を感じた段階で運転中止義務が発生したと認定し，その注意義務の内容を，「睡眠不足のため眠気を催し，前方注視が困難な状態に陥るおそれがあったのであるから，直ちに運転を中止すべき自動車運転上の注意義務があるのに」として処理しました。

最後に

　本講では，運転中止（避止）義務違反の過失による事故について解説しました。新法（自動車運転死傷処罰法）の施行に伴い，この類型の事故からアルコール又は薬物，病気に起因する事故（⇨特別講）の多くが除かれることになり，その成立範囲は，グッと狭くなりました。しかし，一見すると居眠り運転による事故のように見えて，実は，睡眠時無呼吸症候群やてんかん等によって急激な仮睡状態や意識喪失状態に陥った結果発生した事故であった，ということもあり得ますので，この種の事故を捜査するに当たっては，「単なる居眠り事故だ。」といった先入観念を持つことを厳に慎み，被疑者の取調べ等を通じて少しでも疑問を感じた際は，「単なる居眠り事故ではない。」可能性を前提にした丹念な捜査を心がけてください。

　これまで，色々な態様の事故について解説してきましたが，最終講では，それ以外の事故態様について，捜査上の留意点と過失の認定の仕方について，解説します。

1 追抜き・追越し時の事故

まず，最初に，簡単に定義の説明をしますと，

○ 「追抜き」とは，

「自車の前方を進行している他の車両等の側方を通過して，その前方に出ること」（道路交通法38条3項参照）

をいい，

○ 「追越し」とは，

「車両が他の車両等に追い付いた場合において，その進路を変えてその追い付いた車両等の側方を通過し，かつ，当該車両等の前方に出ること」（同法2条1項21号）

をいいます。要するに，先行車両の側方を通過する前に進路変更したかどうかで区別されるのです。なお，注意していただきたいのは，いずれの場合も，先行車両は進行していることが前提であり，停止中の車両等の側方を通過してその前方に出る行為は，追抜きにも追越しにも当たりません（『道交法解説』69頁）。

道路交通法には，追抜きや追越しを禁止する場所や場合の規定，追越しの方法に関する規定がありますが（同法28条〜30条，38条3項），これらの規定については，法文を読んでいただければ，特に理解に苦しむところはないと思いますので，ここでは説明しません（『道交法解説』267〜282，367頁）。

以下，事故の相手が自動車の場合と自転車の場合に分けて解説をします。

1　対自動車事故

⑴　追抜き時の事故

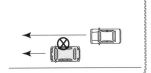

Case52　進路前方を進行中の自動車（バイクを含む。）や原動機付自転車（以下「自動車等」といいます。）の側方を追い抜こうとした際に起きた事故

　ほとんどの事故は，安全な側方間隔を取って追い抜くべき注意義務に違反した場合に発生します。この点は，特に問題ないでしょう。ただし，時折，被疑者から，「私は安全な側方間隔を取って追い抜こうとしたが，追抜き中に被害車両が自車の方に寄ってきたので接触してしまった。」といった弁解が出ることがあります。実際に事故の原因が被害車両の上記のような進路変更であった場合，被疑者において，このことを予見すべき特段の事情（例えば，先行車両が蛇行運転を繰り返しているバイクであった場合等。）がなければ，過失を問うのは難しいと思います。

> **Check Point**　被疑者からこのような弁解が出たのに対し，被害者が進路変更を否定しているような場合には，目撃供述やドライブレコーダー映像，双方車両の損傷状況から事故態様を特定できれば格別，これらの証拠がない，あっても不十分なため，どちらの供述が真実か判然としないといった場合，嫌疑不十分にせざるを得ないことがありますので，目撃者等を確保するための捜査に意を尽くしてください。

(2) 追越し時の事故

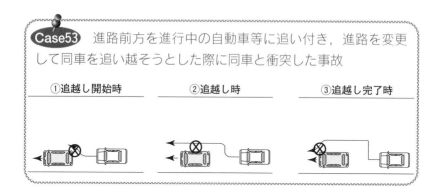

Case53 進路前方を進行中の自動車等に追い付き，進路を変更して同車を追い越そうとした際に同車と衝突した事故

①追越し開始時　　　　　②追越し時　　　　　③追越し完了時

　追越し時の事故の態様の主なものは，①進路を変更して同車の側方に出る際に同車との車間距離が狭すぎたため，同車後部に衝突してしまう場合，②追越し中に側方間隔不保持のため同車側面に衝突してしまう場合，③同車の前方に出た後，元の進路に戻ろうとした際，早く戻りすぎて同車前部に衝突してしまう場合の3種類です。お互いに動いていますので，双方の速度差や間隔を適切に判断しないとこのような事故が起きてしまいますが，通常は，過失の認定が特に問題となることはありません（側方通過時に被害車両が寄ってきたといった弁解が出ることがある点は，追抜き事故の場合と同様です。)。

　なお，追越し完了時の事故で気を付けなければならないのは，被疑車両が強引に被害車両の直近に割り込んできたような場合，通行妨害型の危険運転致死傷罪（自動車運転死傷処罰法2条4号）の成否を検討しなければならないことがあるということです（同罪については，後ほどあらためて解説します。)。

(3)　追越し時に対向車と起こす事故

Case54　先行車両を追い越そうとして対向車線にはみ出し，対向車両と正面衝突した事故

　追越し時の事故で，重大な結果が発生しやすいのはこのケースです。この場合，被疑者の過失の内容は，対向車両の存在を早期に発見し，自車と対向車両の距離，自車の速度と予想すべき対向車両の速度を勘案して，対向車両が来る前に対向車線から自車線に安全に戻れるかどうかの判断のミスです（追越し禁止場所における追越しの場合は，追越しを開始した行為自体も過失の内容に含まれます。）。

Check Point　被疑者及び対向車両の運転者の実況見分を行う際は，追越し開始時，対向車線進入時等における双方車両の位置関係を正確に特定するようにしてください。また，対向車両が制限速度を大きく上回る高速度で走行していたような場合は，追越し車両の運転者の過失が否定される場合がありますので，対向車両の速度を解明する必要があります。

Case55　対向車両を事前に認めながら、先行車両を追い越すため反対車線に進出して対向車両に著しく接近し、同車両の運転者に衝突を避けるため急制動等の措置をとらせて発生した死傷事故

　この場合も，通行妨害型の危険運転致死傷罪（自動車運転死傷処

罰法2条4号）が成立する可能性がありますので，この点を念頭に置いた捜査を心がけてください。

　同罪が成立するとした裁判例として，次のものがあります。

判例㉛　　　　　　　　　　　　　　　　　　　　　　**東京高判平25.2.22**

＜事案の概要＞
　窃盗の犯罪現場から車両を運転して逃走し，パトカーに追跡されたことから，これから逃れようと企て，対向車両を事前に認めながら，先行車両を追い越すため，対向車線に進出して事故を惹起した。

＜要　旨＞
　運転の主たる目的が人や車の自由かつ安全な通行の妨害を積極的に意図することにはなくとも，自己の運転行為によって人や車の自由かつ安全な通行の妨害を来すのが確実であることを認識して，当該運転行為に及んだ場合には，自己の運転行為の危険性に関する認識は，通行の妨害を主たる目的とした場合と異ならない。

　このケースでは，「車の通行を妨害する目的」（旧刑法208条の2第2項前段）を肯定しました（『研修』第789号15頁）。確定的な犯意（故意や目的）は，結果の発生を意欲した場合と，意欲まではしなくても，結果の発生が確実であることを認識した場合に認められるというのが一般的な考え方であり（例えば，相手の心臓を狙って拳銃を発射する行為は，「相手を殺したい。」と意欲していなかったとしても，殺人の確定的故意ありとされます。），この裁判例も同様の考え方によったものと思われます。

　その後，同種事案に関する積極判決がもう1つ出ました。それは，大阪高判平28.12.13であり，同判決は，本件罪において通行妨害目的が必要とされた趣旨について，「外形的には同様の危険かつ悪質な行為でありながら，危険回避等のためやむなくされたものを除外するためである」とし，前記東京高裁判決に関し，「自分の運転行

為によって通行の妨害を来すことが確実であることを認識していれば，後方からあおられるなどして自らに対する危険が生じこれを避けるためやむなく危険接近行為に及んだ場合であっても本件罪が成立することになり，立法趣旨に沿わない」と批判した上で，「本件罪の通行妨害目的には，人又は車の自由かつ安全な通行を妨げることを積極的に意図する場合のほか，危険回避のためやむを得ないような状況等もないのに，人又は車の自由かつ安全な通行を妨げる可能性があることを認識しながら，あえて危険接近行為を行う場合も含むと解するのが相当である。」旨判示しました。

　一般に，目的犯にいう目的は，一義的に定まった性質のものではなく，各犯罪類型によってそれぞれ異なった性質のものがあると考えられており，この種事案における「通行妨害目的」の認定基準に関しては，今後の裁判例の集積を待つことになると思いますが，前記東京高裁判決に関する判例評釈の中で，「本判決は，相手の自由かつ安全な通行の妨害を来すのが確実であることを認識している場合は，相手の自由かつ安全な通行を妨げることを積極的に意図することと同視できるという趣旨の理解に基づいたもののように思われるが，『相手の自由かつ安全な通行の妨害を来すのが確実であることを認識している』ことのほか，『他に安全な運転が可能であるのに，あえて当該危険な運転に及んだ』ことが必要であるという解釈を付加した方が，『目的』の文言により適合するといえたかもしれない。」旨の前記大阪高裁判決を先取りするような指摘がなされており（判タ1395号368頁），私は，この見解が妥当ではないかと考えています。この種事案の捜査を行う場合，参考にしてください。

2　対自転車事故

先行車両が自転車の場合も，過失の認定に関する基本的な考え方は，

自動車の場合と変わりません。

(1) 対自転車事故の特徴

　ただし，自転車の場合，登り勾配の坂道を片手に傘を持って運転している場合（高松高判昭42.12.22）など，被疑車両がその側方を通過しているときにふらついて被疑車両の方に寄ってくることがあります。また，幼児・児童や高齢者の運転する自転車は，平坦な道路でもふらついて運転することがあるほか，時に後方の安全確認を十分にしないまま被疑者の進路前方を斜めに横断しようとすることもありますが，このような自転車と衝突する事故が発生した場合，過失の有無の判断が微妙になってくるものもあります。

(2) 結果予見可能性の有無

　よって，被疑者において，先行する自転車が追越しや追抜き中に自車の方に進路変更してくることを事前に予想することができたか（結果予見可能性の有無）を判断するための捜査が必要となります。具体的には，自転車の運転者の年齢，その走行速度，運転態度（ふらつき等。東京高判昭55.6.12），道路の幅員，道路状況（自転車の進行する道路左側端に有蓋側溝があり，安定走行が困難な場合等。最決昭60.4.30），駐車車両の有無（自転車が駐車車両を避けるために進路変更することがある。），対向車両の有無（対向車両があるため十分な側方間隔がとれない場合がある。），被疑車両の速度（速すぎると自転車の運転者に心理的動揺等を及ぼしてふらつきの原因となることがある。仙台高裁秋田支判昭46.6.1）等を解明することになります。これに加えて，被疑車両が実際に追抜きや追越しをする際にとった側方間隔が，自転車の安全確保のため十分であったか否かを判断し，被害自転車の進路変更が予見可能であり，それを前提にすると，側方間隔が不十分であったと認定できれば，被疑者の過失を問えます。しかし，進路変更が予見困難であり，通常であれば

安全に側方を通過できるだけの間隔を空けていた場合，過失を問う
ことは難しくなります。なお，被害自転車が，進路前方を斜めに横
断して事故になったような場合は，事故回避の手段は，自車を停止
させるなどして被害自転車を先に横断させることであって，側方間
隔の保持による事故回避は著しく困難です。そのため，被害自転車
がこのような横断をすることが予見可能な特段の事情（後方を振り
返る素振りをした等）がない場合，減速や一時停止の義務を課すこ
とはできず，被害自転車が横断を開始した時点で遅滞なくこれを認
め，急制動の措置を講じた場合であっても衝突を回避できなかった
と判断された場合には，被疑者の過失は否定されます（下記奈良地
裁葛城支判昭46.8.10等）。

(3)　**被害者の年齢による結果予見可能性の有無**

　ところで，前述の自転車の運転者（被害者）の年齢ですが，幼児
や児童，高齢者の場合，経験則上，突然異常な行動に出ることが多
いことから，被害者の年齢は，そのような行動に出ることを予見す
べき積極事情となり得ます。もちろん，これは，被疑者において，
事前に被害自転車を認めており，背後からの観察で，その運転者が
幼児や児童，高齢者であると識別し得る場合に限ってのことである
ことは言うまでもありません。この点，幼児や児童の場合，体の大
きさから比較的容易に識別できるのに対し，高齢者の場合，識別困
難な場合があります。高齢者といっても60代の人と80代の人とでは
だいぶ違いますので，高齢者であることを認識し得たからといって，
直ちにその人が異常行動に出ることを予見せよとの義務を課すこと
はできません。

判例㉜	奈良地裁葛城支判昭46.8.10
＜要　旨＞ 幼児，児童の場合には身体の動作が激しく，また事前に危険を察知し得る能力に劣る点があるから突然異常行動に出る可能性は大きいといえるが，老人の場合は身体的動作の敏捷性に欠けるとはいえ，社会的経験は豊かであるから，よほどの高齢者でない限り，未然に危険を避け得る能力においては一般成人に劣るものとは考えられない。したがって，自動車運転者が，被害者が老人であることを認めた場合において，当該老人に安全な自転車操縦を期待できない状況が，その挙動などから判断し得る場合でない限り，当該老人が突然異常な行動にでる危険性はないものと判断したとしても，それを責めることはできない。	

このように，奈良地裁葛城支部では，道路左側を安定走行していた63歳の被害者が運転する自転車が突然自車の前方を横断して衝突した事故について，被疑者の過失を否定しています。

3　通行妨害型危険運転致死傷罪について

ここで，進行中の車両の直前への割り込みや幅寄せなどによる通行妨害型危険運転致傷罪（自動車運転死傷処罰法２条４号）と車間距離不保持等の過失による過失運転致死傷罪（同法５条）を区別するメルクマールについて，簡単にお話ししておきます。

同罪の構成要件である，人又は車の「**通行を妨害する目的**」とは，相手方に自車との衝突を避けるために急な回避措置をとらせるなど，相手方の自由かつ安全な通行を妨げることを積極的に意図することであり（なお，判例㉚参照。），よって，相手方が急な回避措置を講じたりすることについて未必的に認識・認容しているに過ぎない場合では足りず，例えば，何らかの事情でやむなく走行車線を変更し，他の車両の直前に進入したために衝突した場合や，交差点で直進車両の前を横切って右折する際に，場合によっては直進車両に急ブレーキを踏ま

せることになるかもしれないと考えていた場合等においては、「通行を妨害する目的」は認められません（『刑法解説』（法曹時報）71頁）。

　「走行中の自動車の直前に進入」する行為については、敢えて説明するまでもないでしょう。人又は車に「著しく接近」する行為には、幅寄せやあおり行為等があります。「直前」、「著しく」といえるかどうかは、双方車両の速度や接近状況等に照らし、相手方に回避措置をとらせることなどを余儀なくさせる程度に至っているかどうかで決せられるとされています（前同72頁）。

　「重大な交通の危険を生じさせる速度」とは、妨害目的で特定の相手方に著しく接近した場合に、自車が相手方と衝突すれば大きな事故を生じさせると一般的に認められる速度、あるいは、相手方の動作に即応するなどしてそのような大きな事故になることを回避することが困難であると一般的に認められる速度を意味し、被疑者においてそのような速度であることを認識していることが必要です（同上）。

　以上の要件を全て充たした場合には、通行妨害型危険運転致死傷罪が成立し、それ以外の場合は、車間距離保持義務違反等の過失運転致死傷罪が成立するにとどまるということになります。

　私の経験では、通行妨害型危険運転致死傷罪の場合、被疑者が、被害車両等への接近状況等の客観的事実を否認した上（例えば、「被害車両にはそれほど接近していないし、あおってもいない。」旨の弁解。）、妨害目的も否認することが多いです。

　よって、実際の捜査においては、とにかく現場の状況や現場に残されたタイヤ痕等、被疑車両・被害車両の損傷状況といった客観証拠及び被害者や目撃者の供述を総合して、事故態様を解明し、かかる客観的事故態様から、「直前に進入」、「著しく接近」、「重大な交通の危険を生じさせる速度」といえるかどうかを判断するとともに、被疑者の妨害目的の存在や速度の認識を推認するといった手順を辿ることが多

いと思います。

　そして，この類型の危険運転罪の場合，当該事故前に被疑者と被害者が交通トラブルになっていたり，また，被疑者と被害者が事故前からの知り合いの場合，両者の間に確執があり，被疑者が被害者のことを恨んでいたといった場合がほとんどですので，事故発生前の被疑車両と被害車両の走行状況（例えば，カーチェイスをしたりしていないか等）や被疑者と被害者の人間関係についての捜査は不可欠です。逆にいえば，前記（東京高判平25.2.22）のような特殊なケースを除き，交通トラブル等の原因が何もないのに，他人や他の車両に対して通行妨害目的で幅寄せ等を行うような「危ないドライバー」は，通常いないでしょうから，捜査を遂げても何ら動機がうかがえないような場合は，客観的には妨害目的があるように見えても，実際には，通行妨害型危険運転致死傷罪で起訴するのは難しいのではないかと思います。

　ちなみに事故態様としては，様々であり，いきなり被疑車両が直前に割り込んできたため，慌てて左急ハンドルを切った被害車両が歩道に乗り上げて通行人に衝突したりといった，衝突を避けるために急な回避措置を余儀なくさせて事故を惹起した場合が典型例ですが，被疑車両に後方からあおられた被害車両が前方不注視のまま高速度で交差点に進入した結果，対向右折車と衝突した（静岡地判平18.8.31）といった事故も通行妨害型危険運転致死傷罪に該当します。実際にあった事故で，事故現場に至るまでカーチェイスをしてきた被疑車両（四輪自動車）と被害車両（自動二輪車）が併走したまま高速度で右カーブに差し掛かった際，被疑車両が被害車両の右側方から幅寄せしたため，被害車両が右に車体を傾けることができず（バイクは，コーナリングの際は車体を内側に傾ける必要があります。），カーブを曲がりきれずに道路左側のガードレールに激突したという事故がありました。この場合も，相手方の自由かつ安全な通行を妨げた運転行為であると

いえますので，通行妨害型危険運転致死傷罪が成立します。

　ところで，皆さんの中には，「通行妨害型危険運転致死傷は，幅寄せや直前進入により被害者や被害車両に被疑車両との衝突回避のための措置をとらせた結果，事故を惹起した場合に成立するのであって，幅寄せや直前進入により被疑車両を被害者や被害車両に衝突させた事故の場合は成立しない。」と思っている方がいるかもしれませんが，これは勘違いです。

　通行妨害型危険運転致死傷は，①人又は車の通行を妨害する目的で，②走行中の自動車の直前に進入し，その他通行中の人又は車に著しく接近し，かつ，③重大な交通の危険を生じさせる速度で自動車を運転する行為を行い，④よって，人を死傷させた場合に成立するのであり，当該行為と人の死傷との間に因果関係（④）が認められれば，被疑車両を被害者や被害車両に衝突させた事故の場合も成立します。「相手方に衝突回避のための措置をとらせるなど，相手方の自由かつ安全な通行を妨げることを積極的に意図する」ことは，①の妨害目的として必要ですが，これはあくまで主観的要件であり，客観的・結果的に相手方が回避措置をとったことは要求されていないことに注意してください。

　その後，平成29年6月に神奈川県内の東名高速道路で発生したあおり運転に起因する死傷事故（後述するように同法2条4号の適否が争点となりました。）を一つの契機として，法改正が行われ，令和2年法律第47号により，通行妨害型危険運転致死傷罪に2つの新しい類型が付け加わり，令和2年7月2日に施行されました。

　それが，同法2条5号と6号であり，5号は，「車の通行を妨害する目的で，走行中の車（重大な交通の危険が生じることとなる速度で走行中のものに限る。）の前方で停止し，その他これに著しく接近することとなる方法で自動車を運転する行為」を，6号は，「高速自動

車国道又は自動車専用道路において，自動車の通行を妨害する目的で，走行中の自動車の前方で停止し，その他これに著しく接近することとなる方法で自動車を運転することにより，走行中の自動車に停止又は徐行（自動車が直ちに停止することができるような速度で進行することをいう。）をさせる行為」を危険運転致死傷罪の実行行為としました。なお，5号の「車」には，自転車等の軽車両も含まれます。

　東名高速道路における事故は，①加害車両が複数回の妨害運転を行った上，危険な速度で被害車両の直前に進入し，②被害車両の直前で停止したことから，③被害車両がやむなく停止し，その後，④第三車両との衝突によって死傷結果が発生したというものだったのですが，第一審の横浜地裁は，②の停止行為は，同法2条4号の実行行為には該当しないとしつつ，①の妨害行為はこれに該当し，③と④はこれに誘発されて生じたものであって，加害車両の①の行為によって生じた事故発生の危険性が現実化したものであるとして，①の行為と④の結果との間には因果関係が認められると判示し，同法2条4号の危険運転致死傷罪が成立するとしました（横浜地判平30.12.14）。なお，控訴審である東京高裁も，この横浜地裁の判断を概ね是認しましたが，その訴訟手続に判決に影響を及ぼすことが明らかな法令違反がある（公判前整理手続において因果関係を否定するかのような見解を述べながら，判決においてこれを肯定したのは，弁護人に対する看過しがたい不意打ちであるとしました。）として，原判決を破棄した上，横浜地裁に差し戻しました（東京高判令元.12.6）。なお，その後，令和4年6月6日，横浜地裁は，再度，同法2条4号の危険運転致死傷罪の成立を肯定しています。

　今回の改正法2条5号は，①の行為がなくても通行妨害型危険運転致死傷罪が成立するよう，②の停止行為を新たな実行行為とした上，その際に被害車両が危険な速度で走行していることを要件に加えたも

のであり，２条６号は，②によって③を招く行為を，被害車両の速度
を問わず処罰対象としたものです（第201回国会の法務委員会におけ
る橋爪隆教授の答弁。）。

　ところで，５号とは別に６号を新設したのは，高速自動車国道又は
自動車専用道路においては，そこを通行する自動車は，一般道よりも
かなり速い速度で走行しており，自動車を駐停車させること自体が原
則として禁止されていますので（道交法75条の８），加害者が妨害運
転をして被害車両を停止又は徐行させたりすれば，後方から走行して
くる第三車両の運転者にとって想定外の事態となり，回避措置を講じ
ることができずに重大な交通の危険が生じるおそれが類型的に高いか
らです。４号や５号と異なり，加害車両や被害車両に速度要件がない
のは，このような第三車両との関係で生じる危険性に着目した類型だ
からです。よって，条文上明記はされていませんが，むしろ第三車両
に速度要件（重大な交通の危険が生じることとなる速度）が必要であ
ると解されており，渋滞のため他の自動車が停止や発進を繰り返して
いるような場合は，その最中で６号の運転行為が行われ，死傷結果が
生じたとしても，同号固有の危険性が現実化したものとはいい難いた
め，当該行為と結果との間の因果関係が認められず，同号の危険運転
致死傷罪は成立しないとされています（『月刊交通2020年９月号』法
務省刑事局付岡田祐樹。）。

　具体的構成要件について，簡単に触れますと，「通行を妨害する目
的」（５号，６号）は，先ほど説明した４号の要件と同じですが，４
号の場合，実行行為の対象である相手方は「特定の車」である必要が
ありますが，５号と６号の場合，「車」の通行を妨害する目的であれ
ば足り，その対象が「特定の車」であることまでは必要ありません。

　「重大な交通の危険が生じることとなる速度」（５号）についても，
４号の要件と同じです。表現ぶりが４号と違うのは，４号が加害車両
の速度を指しているのに対し，５号は被害車両の速度を指しているか

らです。

　次に，「走行中の車（自動車）の前方で停止し」（5号，6号）の「前方」とは，4号の「直前」よりも空間的な距離が長く，加害車両が被害車両の進行方向の前方で停止したときに両車両が著しく接近することとなる範囲をいい，「停止」とは，停止しているという静的状態を意味するのではなく，走行している状態から車両の車輪の回転を完全に止める行為を意味します（前掲『月刊交通』。）。「停止又は徐行させる」（6号）の「停止」も同じ意味です。

　「著しく接近することとなる方法」（5号，6号）とは，加害車両及び被害車両の走行速度や位置関係等を前提とした場合に，加害者の運転行為がなされることにより，両車両が著しく接近することになる運転方法を指します。4号の「著しく接近し」とは異なり，実行行為の時点で加害車両と被害車両が実際に接近していることまでは必要とされていません。このような方法で運転すれば，その時点ではいまだ著しく接近していなかったとしても，被害車両の走行速度や両車両の位置関係等によっては，両車両の接近・衝突が不可避であり，重大な死傷の結果が生じる危険性が類型的に高いと考えられるからです（同上）。

　以上のとおり，同法2条4号，5号及び6号は，それぞれ異なる観点から運転行為の危険性を捉えて立法された類型ですから，相互に排斥し合うものではなく，加害者の妨害行為がこれら複数の構成要件に同時に該当することもあり得ます。このような場合，捜査機関は，立証の難易等を考慮して，いずれの類型で処理するのかを判断することになるでしょう（同上）。

　いずれにせよ，これらの通行妨害型危険運転致死傷罪は，新設され施行されたばかりであり，事案によっては，危険運転致死傷罪ではなく過失運転致死傷罪が成立するにとどまるような場合も想定されますので，今後の裁判例の集積を待ちたいと思います。

2　開扉事故

　開扉事故の過失認定の手順は，右左折時や進路変更時に後方から進行してくる車両の安全確認義務を怠った結果，これらの車両と衝突した事故とほぼ同じであり，ドアを開ける際の後続直進車の走行地点や速度を解明することによって判断できます。

1　運転者による開扉事故

> **Case56**　自動車の運転者が，右後方から進行してくる車両（バイクや原付，自転車）の有無及びその安全確認不十分なままドアを開けた結果，バイク等を同ドアに衝突させてその運転者を死傷させた事故（タクシー運転者が，乗客の乗降のために後部座席左側のドアを開けて左後方から進行してきた車両を同ドアに衝突させた場合も含む。）

　Case56（運転者による開扉事故）では，同人の後方安全確認義務違反の過失が認定できる場合，過失運転致死傷罪（自動車運転死傷処罰法5条）ないし業務上過失致死傷罪（刑法211条）が成立します。過失運転致死傷罪は，「自動車の運転上必要な注意を怠」った場合に成立するところ，

○　「自動車の運転」とは，

　　発進から停止までを意味することはもちろん，発進直前や停止直後の行為も含まれる

と解されています（清水勇男・佐藤隆文・日下敏夫『新・交通事故捜査の基礎と要点』東京法令出版・33頁）。また，「自動車の運転」に該

当しない場合であっても，自動車の運転者がドアを開け閉めするのは，「業務」（人が社会生活上の地位に基づき反復継続して行う行為であって，一般に人の生命，身体に対する危険を伴うもの）に該当しますので，業務上過失致死傷罪が成立します（東京高判平25.6.11）。

　ここで，停止直後の開扉行為が「自動車の運転」といえるかどうかの判断は，エンジンを切ったかどうかで区別することが多いですが，これだけではなく，当該自動車の運転をその場所で終了するつもりだったのか，それとも一時的に停車させるだけで運転を継続するつもりだったのかといった主観的事情や一時的に停車させるだけの場合，同車を離れて車外にいる予定の時間の長短も併せ考慮する必要があると思います。

　例えば，宅配便の運転者が路肩にトラックを止め，数か所の届け先に宅配便を届けようとして下車するためドアを開ける場合，仮にかかる作業の間，ずっとエンジンをかけっぱなしにしておこうと考えたとしても，相当時間，自動車を止めて同車から離れることになりますので，「自動車の運転」とは言い難いでしょう。逆に，道路脇に設置された自動販売機でジュースを買おうとして路肩に車を止めた運転者が，ごく短時間車を離れるにすぎないにもかかわらず律儀にエンジンを止めた場合，「自動車の運転」に該当しないと考えるのも少々違和感があります。結局はケースバイケースだと思いますが（前記東京高裁判決は，近くのコンビニエンスストアまで歩いて買い物に行こうと考えた被告人が，道路左側端に路上駐車し，エンジンを切った上，運転席ドアを開けた際に，右後方から進行してきた自転車に同ドアを衝突させて同自転車の運転者に傷害を負わせた事故に関し，業務上過失致傷罪が成立するとしています。），過失運転致死傷罪と業務上過失致死傷罪の法定刑は，罰金刑の上限は同じであり（100万円），懲役又は禁錮刑の上限は前者が7年以下であるのに対し，後者は5年以下と違って

いますが，懲役又は禁錮刑の法定刑の上限を求刑するような場合を除き，実質的な差異はありません（公訴時効期間は同じです。刑事訴訟法250条2項5号）。

　なお，前記東京高裁判決の事案は，いわゆるひき逃げを伴っていたことから，道路交通法上の不救護・不申告罪の成否も問題となり，裁判所は，被告人が運転席ドアを開けた行為は，自動車運転過失致傷罪（旧法）における「自動車の運転上」の行為には該当しないと判断しましたが（前述のとおり，業務上過失致傷罪が成立するとしています。），当該行為によって自転車運転者に傷害を負わせたことは，道路交通法72条1項の交通事故（車両等の交通による人の死傷）に該当するから，救護義務等が発生し，不救護罪等が成立すると判示しました（同条の「直ちに車両等の運転を停止して」の文言は，停止後の事故において不救護罪等の成立を妨げるものではないが，同法117条2項の「当該運転者の『運転』に起因するもの」には該当しないので，同項の適用はなく，同条1項が成立するにとどまるとしました（「研修」786号71頁）。）。

2　同乗者による開扉事故

> **Case57**　助手席や後部座席の同乗者が，安全確認不十分なまま助手席等のドアを開けた結果，後方から進行してきたバイク等を同ドアに衝突させてその運転者を死傷させた事故

　次に，Case57（同乗者による開扉事故）ですが，これに関しては，実際にドアを開けた同乗者の過失とともに，運転者の過失を問えるかどうかが問題になります。問えるとしたら，その注意義務の内容が問題となります。

> **判例㉝** 　　　　　　　　　　　　　　　　　　　　　**最決平5.10.12**
>
> ＜事案の概要＞
> 　被告車両の後部座席に同乗していた同人の妻が，後部左側のドアを開けた際，左後方から進行してきた原動機付自転車に同ドアを衝突させ，同車の運転者に傷害を負わせた
> ＜要　旨＞
> 　自動車運転者は，同乗者が降車するに当たり，フェンダーミラー等を通じて左後方の安全を確認した上で，開扉を指示するなど適切な措置を採るべき注意義務を負うというべきであるところ，被告人は，これを怠り，進行してくる被害者運転車両を看過し，そのため同乗者である妻に対して適切な指示を行わなかったものと認められる。この点に関して被告人は，公判廷において，妻に対して『ドアをばんと開けるな。』と言った旨供述するが，右の言辞が妻に左後方の安全を確認した上でドアを開けることを指示したものであるとしても，前記注意義務は，被告人の自動車運転者としての立場に基づき発生するものと解されるから，同乗者にその履行を代行させることは許されないというべきであって，右のように告げただけでは，自己の注意義務を尽くしたものとはいえない。

　すなわち，同乗者による開扉事故についても，前述した区分に従い，運転者に過失運転致死傷罪ないし業務上過失致死傷罪が成立します。他方，実際にドアを開けた同乗者には，重過失致死傷罪ないし過失致死傷罪が成立します。この場合，重過失になるのか通常過失になるのかは，注意義務懈怠の程度によりますので，ケースバイケースです。よって，通常過失にとどまる可能性がある以上，過失致傷罪は親告罪ですので（刑法209条２項），必ず被害者の告訴意思を確認し，これがある場合には，告訴期間内に告訴状の提出を受けるようにしてください。なお，同じ問題は，自転車による事故の場合も生じますので，同様の注意が必要です（信号無視や一時停止無視等による事故の場合は，通常，重過失が認定されますが，それ以外の事故の場合，通常過失しか認定されない場合がほとんどです。）。

3　げん惑による事故

　時折発生する事故態様として，げん惑による事故があります。げん惑の原因は，朝日や夕日によるげん惑の場合と，対向車両の前照灯によるげん惑の場合があります。また，げん惑によって進路前方の横断歩行者の発見が遅れて（あるいは未発見で）衝突してしまう場合や，げん惑によって信号表示や道路標識を見落とし，その結果事故が発生する場合があります。

　いずれにせよ，げん惑によって前方注視が困難な状況に陥るわけですから，朝日や夕日の場合は，サンバイザーを使用する必要があるほか，前照灯によるげん惑の場合も含め，前方で危険が発生しても適切な対処を行うことで事故の発生を回避することを可能にするため，減速や徐行，場合によっては一時停止するといった注意義務が課せられることになります。

　この点，直接判示した最高裁判例はありませんが，深夜，普通乗用自動車を運転して時速約40キロメートルで進行中，対向車の前照灯にげん惑されたにもかかわらず減速，徐行の措置をとらなかったため，進路前方の道路を横断中の歩行者の発見が遅れて衝突した事故に関し，減速徐行義務違反の過失を認定した原審の判断を正当であるとした最高裁決定があります（最決昭47.4.21）。

> **Check Point**　対向車両の前照灯によるげん惑によって自車を横断歩行者に衝突させたような事故の場合は，見通し見分が必要となりますが，その際は，事前に被疑者等の取調べを通じて対向車両の車種を解明し，これができなかった場合も，被疑者供述を前提に類似車種の車両を準備して，これを対向車線に配置し，実際に前照灯を点灯させた上

296

で，見通し見分を行う必要があります（⇒221頁）。
　また，朝日や夕日によるげん惑事故の場合は，「夕日がまぶしくて前がよく見えなかった。」等の被疑者供述の信用性を検証するため，事故から日にちをおかずに事故と同じ時間帯に実況見分を行い，視認状況を証拠保全しておく必要があります。日にちが経ってしまうと，太陽の位置が変わってしまうからです。なお，その時点における太陽の方向や角度を気象庁への照会（インターネットを利用すれば，ある程度の情報を得ることができます。）で確認する方法もあります。

　ところで，夜間，被疑車両と対向車両がともに前照灯を点けて走行中，両車の前照灯が交錯すると，道路中央付近の横断歩行者が見えなくなってしまうことがあり，これを「蒸発現象」と呼んでいます。特に，雨の日は，濡れた路面が前照灯の光を乱反射することで，いっそう見えづらくなります。同じ現象は，対向車が停止している場合も起こります。
　この点，確かに対向車の前照灯によって横断歩行者（被害者）が見えにくくなることはありますが，私が決裁した事案に限定すると，再現実況見分を行った結果，全ての事案において，少なくとも被害者の下半身は見えることが分かり，過失が否定されたことはありませんでしたし，蒸発現象の発生を認定して過失を否定した裁判例というのは，目にしたことがありません。ですから，実際には，蒸発現象が発生するケースというのは少ないのではないかと思います（双方車両の速度や接近状況等，その間を横断する歩行者の歩行速度や位置がタイミング的に合致するのは，統計学的にみて低いのかもしれません。）。しかし，蒸発現象は起こり得る現象であり，やや古い判決ですが，蒸発現象を考慮に入れて前方注視義務違反の過失を否定した裁判例もありますので（東京地判昭47.8.22。同裁判例は，現場が横断歩道のない深夜の交通頻繁な国道であり，横断歩行者のあることを予測することが

困難な場所であったことを理由に，減速義務違反の過失も否定しました。），被疑者から「蒸発現象」を理由とする無過失の主張が出た場合は，でき得る限り実際の事故状況に近い状況を再現した上で視認状況に関する実況見分を行うとともに，事故回避のため減速する必要があると認められる場合には，どの程度の減速義務を課すことができるのかを判断するため，現場の状況，当該時間帯における交通量等について捜査をする必要があります（⇒221頁。広島高判昭47.3.28）。

4 悪路等における事故

　雪道や凍結路面，激しい雨で水たまりができるほど湿潤した道路においては，適宜速度を調節し，かつ，ハンドルやブレーキを的確に操作して慎重に運転すべき注意義務（結果回避義務）があり，このような義務を怠って，速度を調節せず，あるいはハンドルを急に切ったりブレーキを強く踏むなどすることで，自車を滑走させて逸走させ，対向車線に進出させたり歩道に乗り上げさせるなどして対自動車事故や対歩行者事故が発生することがあります。路面状況や運転方法に加え，雪道であるにもかかわらずノーマルタイヤであったりチェーンを装着しなかったり，あるいは，タイヤ自体が摩耗していたりといった事情も相まって発生することもあります。

　このような事故において，運転者の過失を認定するためには，前述のような結果回避義務を課す前提として，結果予見可能性があったことの立証が必要になります。

　この点，雪道や凍結路面を走行中の事故の場合，運転者にとって，自車の進行している路面の状況を見て，高速度走行や急ハンドル等の不適切な運転操作により自車のコントロールを失うおそれがあることを予見することは容易でしょう。また，自己所有車両の場合，タイヤの状態（ノーマルタイヤかスタッドレスタイヤか，タイヤが摩耗しているか）も認識しているでしょうから，結果予見可能性の存在の立証について，特段の問題はないはずです。

判例㉞　　　　　　　　　　　　　　　　　　　　大阪高判昭47.5.12

＜事案の概要＞

　激しい降雨時に摩耗したタイヤで制限時速40キロメートルの道路を時速70キロメートルで走行中，先行車両の動きを見て危険を感じ，ブレーキを踏んだところ自車の後尾が右に振れたので，慌ててハンドルを右に切るとともに急ブレーキを踏んだ結果，自車を滑走させるなどして前記先行車両に衝突させた。

＜要　旨＞

　当時激しい降雨でアスファルト道路上に雨水が流れる状況下において，高速でしかもタイヤが摩耗した状態で自動車を走行させ制動措置をとるときは，車輪が滑走することのあることは自動車運転者として常識である。

　大阪高裁は，このように判示した上で，当該運転者には，「適当な速度に落とすとともに，急激な制動措置をすることを避け」るべき注意義務を認めています。

　ただし，寒冷地に居住していない者の場合，寒冷地の路面状況（凍結による滑走の危険性）に関する知識や経験が十分ではなく，地元の住民と同程度の予見可能性を認定することに躊躇を覚える事案もないとはいえません。

判例㉟　　　　　　　　　　　　　　　　　　　　東京高判平9.1.23

＜事案の概要＞

　千葉県在住の被告人が寒冷地である栃木県内で起こした凍結路面における滑走事故で，予見可能性の有無が争点になった。

＜要　旨＞

　被告人は，千葉県内に住んでいる者であって，本件事故当時の栃木県内や本件事故現場の気象状況や，それに伴う道路の状況等についての具体的な知識はなかったものと窺える。しかしながら，本件のような場合，自動車を運転する者の業務上の注意義務を考えるに当たっては，当該地

域において日ごろ一般に自動車を運転している通常人を基準とすること
を要し，かつ，それをもって足りるというべきである。したがって，そ
のような通常人に比し，道路の状況や気象状況などについて十分な知識，
経験を持たない者が本件のような道路で自動車を運転するときは，自車
の走行の安全を図るために，自車の走行する道路がどのような状況にあ
るのかなどにつき，より一層の注意を払いながら運転すべきことはいう
までもないことである。本件の場合，前夜から若干量の雨が降った上，
当日朝かなり冷え込んだという天候の様子などに照らし，付近に住む人々
にとってみれば，本件道路などの路面が凍結していることは十分に予見
可能であったことが認定できる。また，被告人としても，12月9日の午
前6時過ぎという早朝に，一般に寒冷地とされる栃木県内の道路を走行
しているということは，もちろん認識していたことであり，しかも，鹿
沼インターチェンジで東北自動車道を降りた後，本件事故現場に至るま
でに，コンビニエンスストアに立ち寄って買い物をしたというのである
から，当時，外気がかなり冷え込んでいたことも，十分に認識し得たも
のといえる。さらに，被告人は，本件事故現場付近の道路の轍部分が湿
潤していたこと自体は認識していたのである。したがって，被告人には
寒冷地での生活経験がなかったことや，本件当時，自動車運転者らに路
面の凍結を警告するための措置等がとられていなかったと窺われること
などを考慮しても，本件自動車を運転していた被告人としては，本件事
故現場に至るまでに，場合によっては車を止めるなどしてでも，路面が
凍結したりしていないかどうかなど，道路の状態等についてより一層の
注意を払っていれば，本件事故現場付近の道路の轍部分が湿潤していた
だけでなく，路面の一部が凍結していたことを予見することが十分に可
能であったことは明らかである。

　東京高裁は，このように判示して予見可能性ありと認定しました。
この種の事案を捜査する上で，参考になる裁判例だと思います。
　次の事案は，実際にあった事故です。

> **Case58**　自己が所有する車両のタイヤをインチアップ（ホイールサイズを大きくしてタイヤ幅を広くする。）した被疑者が，降雨時，一般道を高速度で走行中，ハンドルを切りながら加速したところ，後輪が横滑りしたことで慌ててしまい，急ハンドルを切るなどして起こした事故

　インチアップしたタイヤは，湿潤路面等では，ノーマルタイヤよりもグリップが低下して滑りやすくなることがあるところ，実際，この被疑者を取り調べたところ，同人は，インチアップタイヤにそのような傾向があること自体は知りませんでした。しかし，本件事故前，雨天時に走行中，ハンドルを切りながら加速した際に後輪が横滑りする経験を何度かした旨の供述を得ることができましたので，結果予見可能性ありということで起訴しました。

> **Check Point**　悪路等における事故が発生した場合，事故車両のタイヤ等の状態，当該事故時の路面の状況はもとより，気象状況や事故車両の状況等についてもきちんと証拠保全した上，被疑者の取調べを丹念に行い，結果予見可能性の有無を解明することが必要です。

　なお，降雨のため水たまりができていた道路で，摩耗したタイヤを装着した普通乗用自動車を時速約100キロメートルの高速度で運転中，自車を滑走させて道路外の電柱等に衝突させ，自車の同乗者を死傷させた事案で危険運転致死傷罪（旧刑法208条の2第1項後段）の成立を認めた裁判例があり（釧路地裁北見支判平17.7.28），道路状況や事故車の状況，走行速度によっては，その進行を制御することが困難な高速度での走行中の事故として危険運転致死傷罪（自動車運転死傷処罰法2条2号）の成否を検討する必要があるケースもあることに留意してください。

5 高速度走行型危険運転致死傷罪について

　自動車運転死傷処罰法2条2号は，「その進行を制御することが困難な高速度で自動車を走行させる行為」を行い，よって，人を死傷させた場合，危険運転致死傷罪が成立すると規定しています。

　この高速度走行型危険運転致死傷罪も故意犯であり，過失の認定という本書の目的からは外れますが，高速度走行中の事故が全て本罪に該当するわけではなく，速度超過やハンドル・ブレーキの操作ミスの過失を内容とする過失運転致死傷罪が成立するにとどまる場合もありますので，故意犯と過失犯の分水嶺という観点から，簡単に解説しておくことにします。

1　「その進行を制御することが困難な高速度で自動車を走行させる行為」とは？

　自動車運転死傷処罰法2条2号の危険運転致死傷罪が成立するための構成要件である「その進行を制御することが困難な高速度で走行」とは，速度が速すぎるため，道路の状況に応じて進行することが困難な状態で自車を走行させることをいい，具体的には，例えば，カーブを曲がりきれないような高速度で自車を走行させるなど，そのような速度での走行を続ければ，車両の構造・性能等客観的事実に照らし，あるいは，ハンドルやブレーキの操作のわずかなミスによって自車を進路から逸脱させて事故を発生させることとなると認められる速度での走行をいうとされています（『刑法解説』（法曹時報）69頁）。

2　具体的事故態様と捜査事項

⑴　カーブにおける事故

　先程も定義のところの例示で出てきたように，高速度であったためカーブを曲がりきれずに自車を逸走させて事故を起こした場合，例えば，左カーブを曲がりきれずに対向車線に逸走して対向車に衝突したり，右カーブを曲がりきれずに路外に逸走して歩道上を通行中の歩行者に衝突したりした場合，高速度走行型危険運転致死傷罪の成否を検討することになります。

　この際，もっとも重要なのは，道路に残されたタイヤ痕等の痕跡や車両の損傷状況，被疑者，被害者，目撃者の供述等から，事故態様，特に，事故直前の被疑車両の軌道及び速度を解明することであり，これと並行して，当該道路の「限界旋回速度」を明らかにする必要があります。

　限界旋回速度とは，当該カーブを道路に沿って曲がることが可能な最大限の速度のことであり，これを超えてしまうと車両が横滑りするなどして適正な進路を保持できず，道路から逸脱してしまうことになります。具体的には，当該カーブの旋回半径，横滑りの摩擦係数（路面が乾燥している場合と湿潤している場合等で異なってきます。），横断勾配（車両進行方向の道路勾配を「縦断勾配」と呼ぶのに対し，道路の直角方向の勾配のことを「横断勾配」といいます。旋回の中心に向かって内側に傾く横断勾配がある道路では限界旋回速度は上がり，逆の場合は下がります。）によって算出します。

　そして，捜査によって解明された被疑車両の速度が，当該道路の限界旋回速度とほぼ等しいかあるいは上回っていた場合，「その進行を制御することが困難な高速度で走行」させたと認定することは容易でしょう。

　これに対し，被疑車両の速度が限界旋回速度を相当程度下回っていた場合，進路逸脱の主因は被疑者の運転操作の「わずかなミスとはいえない」誤りであった可能性が高く，「ハンドルやブレーキの操作のわずかなミスによって進路を逸脱」させたとは言いがたいでしょうから，「その進行を制御することが困難な高速度で走行」させたと認定するのは困難であり，速度超過とハンドル・ブレーキ操作ミスの過失が併存する過失運転致死傷罪が成立するにとどまることが多いと思います（同様のケースで危険運転致死傷罪の成立を否定した裁判例として，千葉地判平16.5.7，松山地判平20.1.17等）。

　それでは，被疑車両の速度が限界旋回速度を下回っていたが，その差が僅かであった場合はどうでしょうか。

　この点，次のような裁判例があります。

判例㊱	東京高判平22.12.10

＜事案の概要＞

　被告人は，自動車を運転し，最高速度時速50キロメートルと指定された右カーブの道路に，限界旋回速度（時速約90〜100キロメートル）を下回っているが，ほぼそれに近い速度で進入し，僅かにハンドルを右に切りすぎて内小回りとなったため，車輪が滑走して進路を逸脱し，歩道上にいた歩行者3名を跳ね飛ばして負傷させたという事故

＜要　旨＞

　被告人車両の速度は，本件カーブの前記限界旋回速度を超過してはいないが，ほぼそれに近い高速度であったものである。また，本件事故は，被告人車両が高速度で本件カーブに進入したことに加えて，僅かにハンドルを右に切りすぎて内小回りとなったことによって発生しているが，このハンドル操作のミスの程度は僅かであり，しかも，本件では飲酒や脇見等の事実もなく，被告人がそのようなミスをしたのは，ひとえに，自車が高速度であったためであると考えられる。加えて，本件カーブを被告人車両と同じ方向に進行する48台の車の速度を調査したところ，平

均速度は時速約53キロメートルで，最高でも時速約71キロメートルであったのであり，被告人車両の速度は，指定最高速度はもちろんのこと，他の車両の実勢速度と比較しても相当程度速かったといえる。以上の点に鑑みると，被告人車両の速度は，本件カーブの限界旋回速度を超過するものではなかったが，ほぼそれに近い高速度であり，そのような速度での走行を続ければ，ハンドル操作の僅かなミスによって自車を進路から逸脱させて事故を発生させることになるような速度であったというべきであるから，進行を制御することが困難な高速度に該当すると認められる（同様の裁判例として，長野地判平16.3.17，福岡高判平21.10.20等）。

　この東京高判平22.12.10は，事故後に実施された実勢速度調査の結果も加味して，積極判断を行っていることからもお分かりのように，この類型の事故の場合，実勢速度調査を実施し，一般車両は，カーブを安全に曲がれるよう速度を落として走行しており，被疑車両のような高速度で本件カーブに進入した車両が存在しなかったことを解明することには，大きな意味があります。逆にいえば，被疑車両の速度が限界旋回速度を相当程度下回っており，かつ，実勢速度調査の結果，被疑車両と同程度の速度か，あるいはこれを上回る速度で本件カーブを通過した車両があった場合には，高速度走行型危険運転致死傷罪での起訴は難しく，過失運転致死傷罪で処理せざるを得ないことになるでしょう。

　なお，この類型の事故捜査の過程で，テストドライバーに事故現場道路を高速度で実際に走行してもらう実験を行う場合があります。この場合，一般ドライバーよりも明らかに運転技術が上であると客観的に認められるドライバー（例えば，運転技能の指導員をしている警察官等）の協力を得て，予断を抱かせないため本件事故の内容等を告知することなく実施する必要があります。もちろん，被疑車両と同じ速度で走行せよなどといった無茶な要求はできませんが，指定最高速度くらいから始めて徐々に速度を上げて実験を重ね，当

該ドライバーが進路逸脱の危険を感じた速度を特定することは，実勢速度調査と並んで有意義です。

(2) 中央が隆起した道路における事故

　カーブにおける事故ほど多くはありませんが，河川の上に架かった太鼓橋のような中央が隆起した道路を高速度で走行した結果，車両が空中に跳ね上がり，着地直後に制御を失って暴走し，進路を逸脱して惹起した事故に関して，高速度走行型危険運転致死傷罪の成立を認めた裁判例があります（東京高判平22.9.28等）。

　この類型の事故についても，捜査によって解明すべき事項は，カーブにおける逸脱事故の場合と大きく変わりませんが，カーブにおける限界旋回速度と異なり，どの程度の高速度であれば，着地後制御が著しく困難になる程度まで車両が飛翔するかの解明は容易ではなく，テストドライバーによる走行実験を踏まえた鑑定が必要になる場合が多いと思います（前記東京高判の事案でもこのような鑑定を行っています。）。

　実勢速度調査の実施が有意義である点もカーブにおける事故の場合と同じです。

　ただし，高速度走行型危険運転致死傷罪は故意犯ですので，「その進行を制御することが困難な高速度」で自車を走行させていることの認識が必要であるところ，カーブの場合，目の前に広がる道路状況を見れば，「この速度であのカーブに突入するのは危険だな」といった認識を持つのは容易であり，よって，この立証もそれほど難しくないのですが（仮に被疑者が認識を否定したとしても，道路の状況と速度から推認可能です。），中央が隆起した道路の場合，常に容易とは限りません。左右に大きく湾曲している道路と異なり，進路前方（しかも高速度走行ゆえ，かなり遠くの前方）に見える道路の凹凸の勾配を短時間に観察し，「このままの速度で突入したら

自車が跳ね上がって落下し，コントロールを失って暴走してしまうかもしれない。」との認識を持つのは，そう簡単ではないからです。

　この点，前記東京高判の事案では，被告人が以前も同じ道路を通ったことがあって，時速60キロメートル程度で進行しても，車体が浮き上がって落ちるようになることを認識しており，その上で，時速90キロメートルを相当程度超える高速度で走行して事故を惹起したことから，故意の認定にそれほど問題はありませんでした。

　なお，この類型の事故の場合，太鼓橋道路を高速度で走行し自車をジャンプさせることを楽しむといった遊びが若者の間で広まっている場所があり（○○さむロードと呼ぶそうです。○○部分は故あって伏せ字にしてあります。興味のある方は自分で調べてください。），日頃当該道路でスリルを楽しんでいた若者が事故を起こした場合，故意の認定はすこぶる容易です（富山地判平24.11.29等）。

　しかし，被疑者にとって，ほとんど初めてか，あるいはこれまで一度も通ったことのない道路であって，かつ，夜間で遠方の道路の凹凸が観察しにくいような場合，故意の認定は難しく，実際，この点を考慮し，速度超過の過失を内容とする過失運転致死傷罪で処理せざるを得なかった事例がありました。

　よって，この類型の事故が発生した場合，被疑者やその周辺者の取調べを丹念に行い，当該道路形状に関する被疑者の事前の認識をきちんと解明しておく必要があります。

(3)　その他の事故

　これまでお話ししてきたのは，道路の形状自体から，高速度で走行すると進路を逸脱する危険が高い道路における事故でした。それでは，起伏のない直線道路を高速度で走行した結果発生した事故に高速度走行型危険運転致死傷罪が適用される余地はないのでしょうか。

　私の知る限り，いずれも公刊物未登載ですが，平坦な直線道路等を高速度で走行中に自車を進路から逸脱させて事故を惹起したケースで，高速度走行型危険運転致死傷罪の成立を認めた裁判例が二つあり，他方，成立を否定した裁判例が一つあります（もちろん，私が知らないだけでほかにもあるかもしれません。）。まず，成立を認めた裁判例を紹介します。

判例㊲　　　　　　　　　　　　　　　　　　さいたま地判平22.4.28

＜事案の概要＞

　被告人車両の進行方向に向かってやや左にカーブした緩やかな上り坂になっているものの，ほぼ平坦なアスファルト舗装の直線道路であり，制限速度は時速50キロメートルの片側1車線道路で幅員は狭く（追い越しのための右側はみ出し通行禁止規制あり。），道路左側は法面になっており，周囲には空地等事故回避可能な余地は一切なし。被告人は，夜間，この道路を片側2車線の上り車線と勘違いして，右側車線（実際には下り対向車線）を時速約118キロメートルの高速度で逆走中，前方から進行してきた被害車両（実際には対向車）の前照灯を認めて驚き，左ハンドルを切ったところ（被告人供述によれば拳一つ分に満たない程度ハンドルを回しただけ。），制御を失って道路左側の法面に乗り上げた上，再び対向車線に自車を逸走させて被害車両に衝突したという事故。事故後，実勢速度調査を実施したところ，一般車両の平均速度は時速約54キロメートルであり，最速で時速約82キロメートルで走行する車両が40分間に僅か1台あったのみ。弁護人は，本件事故の原因は，被告人の勘違いによる逆走である（逆走が原因で発生した対向車両との衝突の危険を回避するため左転把した。）として，高速度走行と本件事故の発生との間には因果関係がない旨主張。

＜要　旨＞

　このような道路を，制限速度の2倍を超える時速約118キロメートルもの高速度で走行すれば，一般人であれば誰でも，僅かなハンドルの操作ミス等で自動車を制御不可能の状態になり得ることは常識的に知り得るところである。被告人は驚いて僅かに拳一つ分に満たない程度ハンド

ルを回しただけであると供述しているところ，この程度のハンドル操作
は，通常の法定速度内での走行であれば何ら法面に乗り上げる等の事故
を招くはずがないものであり，被告人車両が左転把して法面に乗り上げ
た末，反対車線に逸走した理由，原因は，被告人の節度を超えた高速度
走行にこそ求められると考えるのが自然で合理的である。故に，本件事
故時の状況下において，被告人が被告人車両を前記高速度で走行させた
行為は，本件事故現場道路及びその周辺の状況，夜間という時間帯，被
告人車両の構造・性能等の客観的事実に照らし，ハンドルやブレーキ操
作の僅かなミスにより被告人車両を進路から逸脱させ，制御不能となる
ような速度で被告人車両を走行させたことに他ならず，「その進行を制
御することが困難な高速度で自動車を走行」させたと認められる。被告
人が同方向に通行できる二車線道路と勘違いして走行していた可能性を
否定することはできないが，被告人が進行制御困難な高速度で本件事故
現場道路を走行したこと自体が交通事故発生の蓋然性の極めて高い危険
運転行為に他ならないのであるから，このような危険運転行為による危
険が現実化したことにより被害者らの死傷の結果が発生した以上，被告
人の高速度運転と本件事故との間の因果関係は優に認められる。（下線
は執筆者加筆）

　もう一つは，横浜地判平27.2.17ですが，この事案では，被告人
が事実を争わなかったので，裁判所による具体的判断は示されてい
ません。しかし，以下，説明するように，高速度走行型危険運転致
死傷罪が成立する事案であったことは，横浜地裁が起訴状どおりの
認定を行って同罪の成立を認めたことからも明らかでしょう。

　事案は，被告人が，夜間，普通乗用自動車を運転して，最高速度
が時速40キロメートルと指定されている片側1車線の直線道路を時
速約177キロメートルの高速度で走行中，本件信号交差点に設置さ
れた信号機の赤色表示又は同交差点手前で信号に従って停止してい
た先行車両を認めて急ブレーキをかけたところ，タイヤがロックし
て制御不能となり，自車を右前方に逸走させ，折から同交差点直進
方向出口の対向車線上の先頭に停止し，同信号機が赤色から青色表

示に変わったのを確認して発進した直後の被害車両に自車を正面衝突させるなどしたという死傷事案であり，被告人自身は，事故の衝撃で事故前後の記憶が曖昧でしたが，現場付近に設置された防犯カメラに録画された画像や被告人運転車両に搭載されていたＥＤＲの解析等から，前記のような事故態様であったことが推認されました。

　自動車（四輪車）のブレーキは，基本的には四つのタイヤに均等に制動がかかり，直進運動を続けたまま減速して停止に至るよう設計されているのですが，時速約177キロメートルという高速度走行中に不用意に急ブレーキをかけてタイヤがロックしてしまった場合，道路の僅かな凹凸や傾斜，各タイヤのすり減り方の違いなどの要因によって均等に制動がかからなくなって制御不能となり，右方や左方に逸走するおそれがあるということは，一般のドライバーにおいても比較的容易に予測できることであり，被告人も例外ではありません。そして，市街地を走行していれば，いくつもの信号交差点に遭遇するのは当たり前であり，全ての信号交差点を青色で通過できるはずなどありませんから，被告人としても，いずれ対面信号機が赤色表示になっている交差点に接近することになるであろうこと，その場合，信号に従って停止している先行車両があり得ること，そして，赤色表示を認めた場合，信号無視をするつもりでなければブレーキをかけて停止する必要があることを当然に予想しながら，同信号表示に従って交差点手前（先行停止車両があればその手前）で安全に停止することが困難な高速度で走行を続けたのですから，客観的にも主観的にも，「その進行を制御することが困難な高速度で走行」したと認められると思います。

　なお，赤色表示を認めた場合，「急ブレーキ」をかけるしか採るべき手段はありませんので，このブレーキ操作は，「ブレーキの操作の僅かなミス」ですらないと考えます。

　この二つの裁判例の共通点は、被告人車両の進行道路が平坦な直線道路等であったこと、進路逸脱の直近の原因となったハンドル操作やブレーキ操作ミスが、対向車両や先行車両との衝突回避のためであったことです。前記さいたま地判の事例において、弁護人は、逆走によって生じた対向車両との衝突の危険を因果関係の問題として主張していますが、「『進行を制御することが困難な高速度で走行』とは、速度が速すぎるため、道路の状況に応じて進行することが困難な状態で自車を走行させることをいうが、この場合、『道路の状況』とは、道路の客観的形状（湾曲や起伏等）や客観的状態（乾湿等）を意味し、当該道路を通行する歩行者や他の交通機関は含まれない。対向車両との衝突回避のためのハンドル操作がなければ進路逸脱は起きなかったから、被告人の高速度走行は、本罪の構成要件に該当しない。」といった主張をすることも可能であったと思います（平成13年の改正で刑法に危険運転致死傷罪が新設された際の法制審議会刑事法（自動車運転による死傷事犯関係）部会の議事録を読む限り、立法担当者は、基本的には、「道路の状況」には歩行者や他の走行車両（駐車車両は、ある意味で道路のカーブと同視できるとして、「道路の状況」に含まれると解しているようです。）は含めない趣旨であったと思われます。）。すなわち、この二つの裁判例は、結果的に、「道路の状況」に「他の交通機関」を含めた上で、制御困難な高速度による走行か否かを判断したという点で、非常に参考になる裁判例であるということです。ただし、いずれも地裁レベルの事例判断です（しかも、いずれの事案でも、この点が争点化されていません。）ので、他の事例に対する影響や射程範囲は不明です。

　実際、その後、高速度走行型の危険運転致死事件に関し、「その進行を制御することが困難な高速度」に該当するかどうかを判断す

るに当たり考慮すべき道路状況等には，他の自動車や歩行者の存在は含まれないと判示して高速度走行型の危険運転致死罪の成立を否定した裁判例が出ました（千葉地判平28.1.21）。

　この判決の事案は，第1事故を起こして逃走中の被告人が，被害者の追跡を気にして前方左右不注視のまま制限速度時速50キロメートルの直線道路を時速約120キロメートルの高速度で走行したため，道路左側の路外施設に向かい対向右折してきた原動機付自転車に直前まで気付かずに衝突し，その運転者を死亡させたという事故であり，検察官は，「危険運転致死罪の成否の判断に当たって考慮すべき道路状況等には路外施設の有無及びそれに応じた車両の存在可能性等も含まれる。」旨主張したのですが（被害車両の右折先路外施設は飲食店であり，本件事故が発生した午後10時過ぎ頃は，同飲食店に入るために対向右折してくる車両がある可能性があるのであるから，仮にそのような車両を遅滞なく発見しても止まれないような高速度で走行することは，「その進行を制御することが困難な高速度」での走行に当たるとの主張でした。），裁判所は，この主張を採用せず，「その進行を制御することが困難な高速度」とは，「自車の性能や道路状況等の客観的な事実に照らし，ハンドルやブレーキの操作をわずかにミスしただけでも自動車を道路から逸脱して走行させてしまうように，自動車を的確に走行させることが一般ドライバーの感覚からみて困難と思われる速度」であると定義付けた上，条文の語義，立法経緯，過失運転致死傷罪との関係を根拠に，「ここでいう道路状況とは，道路の物理的な形状等をいうのであって，他の自動車や歩行者の存在を含まない。」旨判示して，被告人には，危険運転致死罪ではなく過失運転致死罪が成立するにとどまるとしています（判時2317号138頁）。

　その後，「駐車車両」までは「道路の状況」に含めることができ

るが，「走行車両」は含まれない旨判示した裁判例が出ています（名古屋高判令3.2.12）。

　なお，直線道路に関するものではありませんが，左に湾曲する道路を限界旋回速度を時速53〜63キロメートル下回る時速116キロメートルで走行中，自車を対向車線に進出させ，対向車両と正面衝突して同車の運転者を死亡させたという事案で，検察官が，「本件現場付近道路は両側に建ち並ぶ建物によりカーブの出口方向を見通せない上，カーブを進むと，より左に湾曲しているため，ハンドルを更に左に切り足す必要があったという本件カーブの形状，事故現場付近の状況（一般道路であって歩行者や脇道からの車両等の進入なども考慮する必要があった。），指定最高速度が時速40キロメートルであることなどの事情に鑑みると，一般人が，カーブに沿って適切に操作して走行できる速度は時速100キロメートルが限界である。」旨主張したのに対し，裁判所が，「『進行を制御することが困難な高速度』か否かを判断するに当たって，周囲の状況から発生が想定される種々の危険性に対処するための心理的な要素を考慮することは相当ではない。」旨判示して，検察官の主張を排除し，高速度走行型の危険運転致死罪の成立を否定した裁判例もあります（宮崎地判平24.10.29）。

　これらの裁判例をみる限り，高速度走行型の危険運転致傷罪の成否は，原則的には，車両の性能や道路状況等の客観的事実のみで判断すべきであって，他の車両や歩行者の存在，運転者の主観的な事情を考慮に入れることについては，個別の事案ごとの慎重な検討が必要になると思います。

【補追】

　最近になって，興味深い下級審判決（那覇地判平30.6.20）が出ましたので，紹介します。

　事案は，被告人が，日中，普通乗用自動車を運転し，最高速度40キロメートルの片側１車線の緩やかに左に湾曲する道路を時速約100キロメートルで走行中，自車前方を同一方向に進行中の普通乗用自動車２台を反対車線に出て右側から追い越した後，左にハンドルを切って自車線に戻った際，自車線左側の外側線を越えてしまったことから，僅かに右ハンドルを切ったところ，突然横滑りして反対車線に再度進出し，折から対向進行してきた普通乗用自動車２台に順次衝突したという死傷事故でした（他の車両が関係していますが，普通に走行している追越し対象車両にすぎませんので，犯罪の成否には影響を及ぼしません。）。

　この事故に関し，那覇地裁は，「その進行を制御することが困難な高速度」に関し，「速度が速すぎるため自車を道路の状況に応じて進行させることが困難な速度をいい，具体的には，そのような速度での走行を続ければ，道路の形状，車両の構造，性能等の客観的事実に照らし，あるいは，ハンドルやブレーキの操作の僅かなミスによって，自車を進路から逸脱させて事故を発生させることになるような速度をいうものと解される。」と定義した上，「被告人車両の速度は，自車線において横滑りを開始した時点で時速約100キロメートルであり，追越しを完了した後，自車線と外側帯の間の白線を越えた際，自車線を維持して走行するためのハンドル操作を僅かに誤っただけでも，自車線を逸脱して対向車線に滑走するなどして事故を発生させることになる速度であったといえる。したがって，被告人は，被告人車両を，その進行を制御することが困難な高速度で走行させたと認められる。」と判示しました。

　この判決を踏まえて考えたとき，立法の過程で議論され，その後，この判決をはじめ多くの裁判例（東京高判平22.12.10等）で踏襲されてきた高速度走行型危険運転致死傷罪における「その進行を制御

することが困難な高速度」の定義について，法解釈上重要な点があることに気付きます。それは，「速度が速すぎるため自車を道路の状況に応じて進行させることが困難な速度をいい，具体的には，そのような速度での走行を続ければ」に続く，「道路の形状，車両の構造，性能等の客観的事実に照らし」と，「ハンドルやブレーキの操作の僅かなミスによって」が，「あるいは」（いうまでもなく，「又は」と同義語です。）という文言で並列的に繋がれているという点です。これが何を意味するかと申しますと，道路の形状に関し，急カーブや中央隆起道路といった特殊な道路状況ではなく，車両の構造，性能等に関し，磨滅したタイヤの装着，過積載といった特別な事情がなかったとしても，つまり，普通の車両が普通の道路を走行している場合であっても（もちろん，周囲の明るさや道路の幅員等の客観的状況を考慮に入れる必要はあります。），「ハンドルやブレーキの操作の僅かなミス」によって自車を進路から逸脱させて事故を惹起した場合で，事故の主因が高速度走行であり，それゆえ，通常であれば問題のないハンドル・ブレーキの僅かな操作ミスによって進路を逸脱して事故を起こしたと認定できる場合は，「その進行を制御することが困難な高速度」で走行したとして，高速度走行型の危険運転致死傷罪が成立すると考えてよいということになることです。逆にいえば，事故の主因はハンドル・ブレーキの「僅か」とはいえない操作ミスであり，高速度走行であったことと相まって事故を惹起したような場合は，「その進行を制御することが困難な高速度」とはいえないということになります。

　そう考えると，先ほどのさいたま地裁判決（判例㊱）の事案では，左ハンドルを僅かに切ることになった理由が対向車両の存在であったことは，必ずしも犯罪の成否に影響を及ぼさないということになります。同判決中の「この程度のハンドル操作は，通常の法定速度

内での走行であれば何ら法面に乗り上げる等の事故を招くはずがないものであり，被告人車両が左転把して法面に乗り上げた末，反対車線に逸走した理由，原因は，被告人の節度を超えた高速度走行にこそ求められると考えるのが自然で合理的である。」（下線は執筆者加筆）とは，まさにこのことを判示したものといえるでしょう。危険運転罪の成立を否定した前記千葉地裁判決は，このような事故態様ではなかったため，「その進行を制御することが困難な高速度」という構成要件を立証できなかったということになると思います。

　立法の過程で，「道路状況等に照らし，このような速度（執筆者注：速度が速すぎるため，自車を進路に沿って走行させることが困難な速度，すなわち，当該速度での走行を続ければ，ハンドルやブレーキの操作の僅かなミスによって自車を進路から逸脱させて事故を発生させることになると認められる速度のこと。）であると認められない場合においては，例えば，住宅街を相当な高速度で走行し，速度違反が原因で，路地から出てきた歩行者を避けられずに事故を起こしたようなときであっても，本罪には当たらないこと。」が確認されており（前掲『刑法解説』（法曹時報）45頁），千葉地裁のケースは，まさにこのタイプの事故であったといえます。

　ところで，さいたま地裁は，「拳一つ分に満たない程度ハンドルを回しただけ」という事実認定を，那覇地裁は，「ステアリング角度約7度」という事実認定をそれぞれした上で，これらをもって，「ハンドルの僅かな操作ミス」であると判断しています。「僅か」か否かは各事案ごとの個別の判断になると思いますが，この2つの判決は，ある程度の基準にはなるでしょう。いずれにせよ，この種事案の捜査においては，「ハンドル・ブレーキの操作ミス」の程度に関する事実の解明が必要不可欠ということになることに注意してください。

　ということで，先ほどお話しした「他の車両や歩行者の存在を考慮に入れることについては，個別の事案ごとの慎重な検討が必要になる。」旨の記述については，相当程度解決できたのではないかと思いますが，いまだ私見の域を出ていませんので，今後の裁判例の蓄積を待ちたいと考えています。

　なお，雨天で道路が湿潤し，水たまりができている直線道路を，タイヤが磨滅した車両を運転して時速約100キロメートルの高速度で走行中，自車を左側路外に逸走させて電柱に激突し，同乗者に死傷結果を負わせた事故に関し，高速度走行型の危険運転致死傷罪を認定した裁判例があります（釧路地裁北見支判平17.7.28判タ1203号300頁）。道路や車両の状態といった客観的事実を踏まえての判断であり，当然の認定だと思います。

～ 最 後 に ～

　これまで，何講かに分けて，いくつかの種類の事故態様に関する捜査の手順や過失の認定の仕方等について解説してきました。実際に発生する交通事故の態様は他にもいろいろありますが，それらの事故における過失の認定の仕方等は，おそらくこれまで解説した事故態様に関する知識を応用すれば，ほぼ解決できると思います。例えば，転回（Uターン）時の事故は，対向車と衝突した事故なら右直事故，右後方から進行してきた車両との事故なら右折時の後続車巻き込み事故，車線変更（進路変更を含む。）時に左右の後方から進行してきた車両に衝突した事故も右左折時の後続車巻き込み事故，離合（すれ違い）時に対向車と接触したなら被害車両の進行方向が逆ですが追抜きや追越し時の事故における過失の認定の仕方等に関する知識があれば対応できます。です

318

から，日頃見慣れない事故に遭遇しても，決して慌てたりする必要はありません。

　他方で，事故態様は種々様々であり，一見すると日頃見慣れた事故態様だと思われる中にも，当該事件ならではの特殊性が隠れていることがあります。

　これは第1講の最後でも解説しましたが，比較的発生頻度の高い交通事故では，どうしてもパターン化した思考で過失を考え，それを前提にした捜査を行いがちです。ほとんどの事故の場合，それで特に問題ないとは思いますが，思考が硬直化してしまうと，個別の事故の「特殊性」に気付かず，誤った初動捜査により大切な証拠を散逸させてしまうことがあり得ますので，一つひとつの事故ごとに，丁寧に過失を認定する習慣を身に付けてください。

　その方法も第1講の中で解説しました。いわゆる帰納法的発想です。「なぜ事故が起きたのか。」，「どうしたらこの事故を避けることができたか。」という問いかけを，被疑者はもちろん，皆さん自身に対しても，常に発するようにしてください。

特　別　講

アルコール又は薬物，病気に起因する危険運転致死傷罪について

　この講では，アルコール又は薬物，病気に起因する危険運転致死傷罪について，解説します。本書は，過失の認定に関する解説書ですので，故意犯である危険運転致死傷罪についてお話しするのは，本書の目的から外れるのではないかと思い，初版本では簡単な解説をするにとどめました。しかし，飲酒運転等による事故が全て危険運転致死傷罪になるわけではなく，故意犯である危険運転致死傷罪と過失犯である過失運転致死傷罪の違いについてきちんと理解しておくことは，過失の認定を行う上でも大切なことではないかと思い，二訂版で，独立した講を設けて詳しくお話しすることにしました。

1 アルコール又は薬物に起因する交通事故について

　飲酒運転や薬物運転中に交通事故を起こした場合，成立する犯罪は，法定刑の重い順に，①自動車運転死傷処罰法2条1号の危険運転致死傷罪，②同法3条1項の危険運転致死傷罪，③過失運転致死傷罪（同法5条）の3種類です。これ以外にも過失運転致死傷アルコール等影響発覚免脱罪（同法4条）がありますが，交通事故自体の類型としては，③の過失運転致死傷罪に含まれます。

　なお，①と②は，「危険運転致死傷罪」という同じ罪名ですので，これ以降は両者を区別するため，便宜上，それぞれ「2条危険運転致死傷罪」，「3条危険運転致死傷罪」といいます。

1　2条危険運転致死傷罪の成立要件

　2条危険運転致死傷罪は，「アルコール又は薬物の影響により正常な運転が困難な状態で自動車を走行させる行為」が実行行為であり，この行為を行い，「よって，人を死傷させた者」に成立します（自動車運転死傷処罰法2条柱書）。すなわち，2条危険運転致死傷罪が成立するためには，客観的に「アルコール又は薬物の影響により正常な運転が困難な状態」で自動車を走行させ，その結果（因果関係の存在）生じた事故であることが必要であり，かつ，同罪は故意犯ですので，主観的にも，運転者自身がこのような状態に陥っていることを認識していたことが必要となります。

　「アルコール又は薬物の影響により正常な運転が困難な状態」とは，アルコール又は薬物の影響により道路及び交通の状況等に応じた運転操作を行うことが困難な心身の状態（アルコール等の影響により前方

を注視してそこにある危険を的確に把握して対処することができない状態を含む）を意味すると定義され（『刑法解説』（法曹時報）67頁，後出最決平23.10.31参照），例えば，酒酔いの影響により前方の注視が困難になった状態や，ハンドル・ブレーキ等の操作の時期やその加減について，これを意図したとおりに行うことが困難な状態がこれに当たります。

　なお，過労等の他の原因と競合してこのような状態になった場合も含みます（『刑法解説』67頁）。この点に関し，東京高裁は，「アルコールの影響により正常な運転が困難な状態と認められるためには，その状態が専ら又は主としてアルコールの影響によることまでを要するものではなく，正常な運転が困難な状態であることについてアルコールの影響が実質的に認められる場合であれば，他の原因と競合して正常な運転が困難な状態となったのであっても危険運転致死傷罪が成立すると解すべきであり，飲酒していなくても仮睡状態に陥った可能性が皆無であることまで立証される必要はない。」旨判示しています（東京高判令4.2.22）。

　そして，この状態にあることの主観的認識ですが，「自分は，今，正常な運転が困難な状態にある」といったような法的評価を含む認識まで必要なわけではなく，運転の困難性を基礎付ける事実を認識していれば足り，具体的には，例えば，ハンドルを思うように操作できずに蛇行してしまうとか，目の焦点が合わなくなっているとか，意識がもうろうとしてきたとかいった運転時における事実のほか，自動車に乗り込む前，足がふらついていたとか，酔っ払って危ないので運転をやめるよう人から注意されたとかいった事実を総合的に評価して判断することになります（前同68頁）。

　なお，「意識がもうろうとしてきた」という状態には，「強い眠気を感じた」場合も含まれます。

2　3条危険運転致死傷罪の成立要件

　他方，3条危険運転致死傷罪は，「アルコール又は薬物の影響により，その走行中に正常な運転に支障が生じるおそれがある状態で，自動車を運転し」，「よって，そのアルコール又は薬物の影響により正常な運転が困難な状態に陥り，人を死傷させた者」に成立します。

　すなわち，3条危険運転致死傷罪は，「その走行中に正常な運転に支障が生じるおそれがある状態で，自動車を運転する行為」が実行行為であって，主観的要件である故意も，この状態にあることの認識が必要ですが，2条危険運転致死傷罪とは異なり，正常な運転が困難な状態に陥り，その状態で自動車を走行させる行為は実行行為ではなく，結果発生に至る因果の経過の中に位置付けられていますので，この点に関する認識は不要です。

　「正常な運転に支障が生じるおそれがある状態」とは，①アルコールや薬物の影響により自動車を運転するのに必要な注意力，判断能力又は操作能力が，そうではないときの状態と比べて相当程度減退して危険性のある状態のほか，②そのような危険性のある状態になり得る具体的なおそれがある状態の両者を含むと定義されています（森本宏「研修」806号22頁）。

　なお，アルコールや薬物が他の要因（過労等）と競合してこの状態になった場合も含みます（髙井良浩『自動車の運転により人を死傷させる行為等の処罰に関する法律について』捜査研究760号10頁）。

　そして，そのような状態であることを認識しながら運転を中止することなく継続した結果，「正常な運転が困難な状態」に陥り，交通事故を起こした場合，3条危険運転致死傷罪が成立するのです。

3　2条危険運転致死傷罪と3条危険運転致死傷罪の相違点

　以上，説明したように，2条危険運転致死傷罪と3条危険運転致死傷罪は，「アルコール又は薬物の影響により，正常な運転が困難な状態に陥って死傷事故を起こした」という事故態様の客観面は同じであり，違うのは，2条危険運転致死傷罪は，前述のとおり，「正常な運転が困難な状態」（以下「正常運転困難状態」といいます。）で自動車を走行させる行為が実行行為ですので，主観的要件である故意の内容としても同状態で自動車を走行させることについての認識を必要としていますが，3条危険運転致死傷罪では，「正常運転困難状態」で自動車を走行させることは実行行為ではなく，よって，主観的要件である故意の内容としてもその認識を必要とせず，同罪の実行行為である「正常な運転に支障が生じるおそれがある状態」（以下「正常運転支障状態」といいます。）で自動車を運転したことについての認識があれば足りるという点です（なお，危険ドラッグを服用したケースに関しては，341頁参照。）。この構成要件の緩和が，法定刑の差となっているのです（2条は，致傷の場合で15年以下の懲役，致死の場合で1年以上の有期懲役であるのに対し，3条は，致傷で12年以下の懲役，致死で15年以下の懲役。）。

4　最高裁判例の検討

　先ほど，「正常運転困難状態」とは，アルコール又は薬物の影響により道路及び交通の状況等に応じた運転操作を行うことが困難な心身の状態（アルコール等の影響により前方を注視してそこにある危険を的確に把握して対処することができない状態を含む）を意味すると説明しましたが，このような状態で事故を起こしたと認定するためには，どのような点に留意して捜査する必要があるのでしょうか。

　この点を考える上で，必ず知っておかなければならない最高裁判例があります。飲酒運転中の死傷事故について危険運転致死傷罪（旧法）を認定した最決平23.10.31です。

　非常に重要な判例ですので，少し長くなりますが，事案の概要と決定要旨を多数意見のほか補足意見（多数意見を補足した裁判官の意見）を含め紹介します。

　なお，この事案では不救護・不申告罪も認定されていますが，こちらは割愛します。また，この決定には反対意見（多数意見に異を唱えた裁判官の意見）もありますが，その内容については，必要に応じて解説のところで触れることにします。

判例㊳　　　　　　　　　　　　　　　　　　**最決平23.10.31**

＜事案の概要＞
　被告人は，平成18年8月25日午後10時48分頃，福岡市内の道路（海の中道大橋の上）において，運転開始前に飲んだアルコールの影響により，正常な運転が困難（前方注視が困難）な状態で普通乗用自動車を時速約100キロメートル（指定最高速度時速50キロメートル）で走行させ，折から前方を走行中の被害車両右後部に自車左前部を衝突させ，その衝撃により，被害車両を左前方に逸走させて橋の上から海に転落・水没させ，その結果，被害車両に同乗していた3名（当時1歳，3歳，4歳）をそれぞれ溺水により死亡させたほか，同車の運転者（当時33歳）及び同乗者（当時29歳）に傷害を負わせたという事故。

＜要　旨＞多数意見
　（旧）刑法208条の2第1項前段における「アルコールの影響により正常な運転が困難な状態」とは，アルコールの影響により道路交通の状況等に応じた運転操作を行うことが困難な心身の状態をいうと解されるが，アルコールの影響により前方を注視してそこにある危険を的確に把握して対処することができない状態も，これに当たるというべきである。そして，このような状態であったか否かを判断するに当たっては，**事故の態様のほか，事故前の飲酒量及び酩酊状況，事故前の運転状況，事故後の言動，飲酒検知結果等を総合的に考慮すべきである。**

　被告人は，本件事故前に，自宅や2軒の飲食店において，焼酎ロックを合計8，9杯のほか，ブランデーやビールを飲酒し，身体のバランスを崩して平衡感覚を保ち得ないなどの状態を示していた。被告人は，自ら酔っている旨の発言もし，本件事故前の運転中においても，同乗者からふだんとは違う高速度の運転であることを指摘されるなどした。本件事故後に臨場した警察官等も，被告人が相当に酩酊していた状況を現認した。

　これらの事実によれば，本件事故後の飲酒検知結果等からは被告人の本件事故当時の血中アルコール濃度は血液1ミリリットル中0.5ミリグラムを上回る程度のものと認定できるにとどまること，また，被告人は，本件事故現場に至るまでは，約8分間にわたり道路状況等に応じた運転をしていたこと等を考慮しても，本件当時，被告人が相当程度の酩酊状態にあったことは明らかである。

　そして，本件道路上においては，被告人が自車を走行させた条件の下では，前方を向いている限り，先行する被害車両を遅くとも衝突の約9秒前（車間距離としては約150メートル）からは認識できる状況にあったにもかかわらず，被告人は，被害車両の直近に至るまでの8秒程度にわたり，その存在に気付かないで自車を走行させて追突し，本件事故を引き起こしたというのである。

　被告人が，自車を時速約100キロメートルで高速度走行させていたにもかかわらず8秒程度にわたって被害車両の存在を認識していなかった理由は，その間終始前方を見ていなかったか，前方を見ることがあっても被害車両を認識することができない状態にあったかのいずれかということになる。認識可能なものが注意力を欠いて認識できない後者の場合はもちろんのこと，前者の場合であっても，約8秒間もの長い間，特段の理由もなく前方を見ないまま高速度走行して危険な運転を継続したということになり，被告人は，いずれにしても，**正常な状態にある運転者では通常考え難い異常な状態で自車を走行させていた**というほかない。そして，被告人が前記のとおり飲酒のため酩酊状態にあったことなどの本件証拠関係の下では，被告人は，飲酒酩酊により上記のような状態にあったと認定するのが相当である。

　そして，前記のとおりの被告人の本件事故前の飲酒量や本件前後の被告人の言動等によれば，被告人は自身が飲酒酩酊により上記のような状態にあったことを認識していたことも推認できるというべきである。

　追突の原因は，被告人が被害車両に気付くまでの約8秒間終始前方を

見ていなかったか又はその間前方を見てもこれを認識できない状態にあったかのいずれかであり，いずれであってもアルコールの影響により前方を注視してそこにある危険を的確に把握して対処することができない状態にあったと認められ，かつ，被告人にそのことの認識があったことも認められるのであるから，被告人は，アルコールの影響により正常な運転が困難な状態で自車を走行させ，よって人を死傷させたものというべきである。被告人に危険運転致死傷罪の成立を認めた原判決は，結論において相当である。

＜補足意見＞

「正常な運転が困難な状態」かどうかの判断においては，まずは，事故態様自体から推認される被告人の心身の状態が，客観的評価になじむものでもあり，重視されるべきものと考える。

この点，本件道路は，ほぼ直線の海上の一本道路で信号も交差点もなく，当時は夜間で交通量も閑散であり，被告人としては専ら先行車両の有無，動静に注意すればよい状況にあった。また，本件道路は被告人の自宅から勤務先に向かう道路であり，被告人は毎日本件自動車で通行しているものであり，気をひかれる光景もなかった。このような本件道路で，被告人は，本件事故時，暗いとはいえ，衝突の約9秒前には発見できたはずの被害車両を約8秒間発見せず，追突の約1秒前に気付いて急ブレーキを掛け，右転把するも，ほとんど制動などの効果もないまま衝突に至っている。これは単なる「よそ見」や「考え事」では説明がつかないのであって，著しいというべき程度の注意能力の弛緩，判断能力の鈍麻を認めないわけにはいかない。

また，被告人は，事故直後，同乗者から何が起きたのか尋ねられて分からない旨答えたり，そのすぐ後に友人に電話で「事故を起こしちゃったん。事故した相手がおらん」と言うなど，事故直後は，衝突時の状況やその後の被害車両の状況すら把握できていなかったのであって，このことも，上記の認定を裏付けるものといえる。

そして，被告人の当日の飲酒状況やこれによる酩酊状態をみると，長時間にわたり多量の飲酒をしており，居酒屋を退店する際，腰掛けて靴を履いているときにバランスを崩すように肩を揺らしたり，店員に対して「酔うとります」と言ったりもしている。スナックでも，従業員の女性に対して「今日は酔っぱらっとるけん」などと言ったり，同店の丸椅子に座ろうとした際，バランスを崩して後ろに倒れそうになったりするなど，高い酩酊状態の様相を示している。このような状況からみて，前

記の著しい注意能力の弛緩等の原因は，多数意見のとおり，アルコールによる影響以外には考え難い。

　事故前の状況について，被告人は，スナックから本件道路まで約8分間，距離にして約6キロメートル，中には幅員約2.7メートルの狭い道路を，接触事故などを起こすことなく通り抜けてきている。しかし，この点については，被告人が当夜運転した前記道路は，被告人の自宅付近の道路であることを考慮すべきであろう。すなわち，実況見分調書等によれば，スナックから本件道路に至るほぼ中間に被告人の自宅があるから，自宅から本件道路までは毎日通勤のため通行している道路であり，最も幅員が狭い部分もこれに含まれる。スナックから自宅までは，通勤経路ではないが，本件当日も自宅付近の駐車場から車で向かった道路であって，その道路状況は被告人の熟知しているところであろう。**このような道路を，狭いが故に緊張感を持って運転して事故を起こさなかったことは，理解できないわけではなく，「正常な運転が困難な状態」かどうかの判断に当たり，過大に評価することは相当でないと考える。**

　事故後の被告人の言動，すなわち友人に身代わりを依頼したこと，水を持ってくるよう頼んだこと，また同乗者に累が及ばぬようにその場から立ち去らせたことをもって相応の判断能力があるとし，「正常な運転が困難な状態」になかったことの証左とする見方については，逆に，正常な判断能力があれば，被告人車両は大破しているのであるから，まずは事故の状況を確認するはずであるのに，被告人はこれを全く確かめていないのであるから，相当ではないと考える。事故状況を確認せず，飲酒運転の発覚を免れることだけを考え，運転の身代わりを頼んだり，水を大量に飲もうともくろんだことは，むしろ正常な判断能力が損なわれていたことを示すものといえよう。

　また，被告人は，飲酒検知後警察官から質問を受けた際，質問事項には答えており，完全に倒れ込むことはなかったものの，肩や頭が左右に揺れたり，腰が徐々に前にずれてきて座っている姿勢が崩れることもあったのであるから，事故後の被告人の言動は，被告人が「正常な運転が困難な状態」になかったことをうかがわせるものではないと考える。

　上記のとおり，最決平23.10.31の多数意見は，「アルコールの影響により正常な運転が困難な状態であったか否かを判断するに当たっては，事故の態様のほか，事故前の飲酒量及び酩酊状況，事故前の運転

状況，事故後の言動，飲酒検知結果等を総合的に考慮すべきである。」
としていますが，被告人がこの状態にあったと認定した結論部分にお
いて，「追突の原因は，被告人が被害車両に気付くまでの約8秒間終
始前方を見ていなかったか又はその間前方を見てもこれを認識できな
い状態にあったかのいずれかであり，いずれであってもアルコールの
影響により前方を注視してそこにある危険を的確に把握して対処する
ことができない状態にあったと認められ」ることを理由としています。
そして，補足意見においても，「『正常な運転が困難な状態』かどうか
の判断においては，まずは，事故態様自体から推認される被告人の心
身の状態が，客観的評価になじむものでもあり，重視されるべきもの
と考える。」としており，最高裁は，アルコールの影響により正常な
運転が困難な状態にあったか否かを判断する上で，外形的な事故態様
を最も重視していると考えられます（当然，薬物運転の場合も同じに
なるでしょう。）。

　もちろん，その前提として，多数意見は，事故前の飲酒状況（酒の
種類及び飲酒量），被告人の言動から推認できる酩酊状況を総合考慮
して，本件当時，被告人が相当程度の酩酊状態にあったことを認定し
ており，また，同時に，かかる事実関係をもって，被告人が飲酒酩酊
によってこのような状態にあったことを自らも認識していたと推認で
きると判示しています。

　そして，多数意見は，消極事情である2点（飲酒検知の結果がそれ
ほど高くなかったこと，本件事故現場に至るまでの間，道路状況等に
応じた運転ができていたこと）は，本件当時，被告人が相当程度の酩
酊状態にあったとの認定を排斥しないとしており，補足意見も，前者
については，「飲酒検知の結果は，体内のアルコール保有度を示す重
要な数値ではあるが，事故時点に接着し，人為的な操作のない状況下
で行われてこそ，正確で信頼度が高いといえるのであって，本件にお

ける飲酒検知の結果は，事故後約50分が経過していることや，少量とはいえない水を飲んだ上のものであることが考慮されなければならない。」とし，後者については，「前記経路は，被告人の自宅付近の道路であることを考慮すべきであろう。このような道路を，狭いが故に緊張感を持って運転して事故を起こさなかったことは，理解できないわけではなく」とし，いずれも「正常運転困難状態」かどうかの判断に当たっては，過大に評価すべきではないとしています。

　他方，反対意見は，「正常運転困難状態」であったかどうかは客観的状況から認定すべきとする点では多数意見と同じですが，「被告人の事故に至る迄の運転状況，事故態様，事故前後における態様及び言動，飲酒検知の結果等，事故時の運転状況を推認し得るに足る諸事情から認定すべき」としており，事故態様を特に重視すべきとの見解は示しておらず，むしろ，多数意見が重視しなかった本件事故に至るまでの運転状況を重視し，本件事故現場に至るまでの間，道路状況等に応じた運転ができていたことを理由に，「正常運転困難状態」にあったとは到底認められないとし，飲酒検知の結果についても，「微酔」（後ほど説明します。）に過ぎないとして，その数値の低さを相当程度重視しています。

　そして，反対意見は，多数意見が最重要視した本件事故態様について，「8秒間というのは若干長きに過ぎると言えるがあり得ない時間ではない。全く酒気を帯びていない場合であっても，『考え事をしていた』等の前方不注視による追突事故は日常的に生起しているのであって，8秒間，被害車両に気付かなかったとの事実から，多数意見が述べるように，それは酩酊の影響により気付かなかったものであるということが，経験則上当然に推認されるとは到底言い得ない。」としています。

　なお，この最決平23.10.31では特に触れられていませんが，本件の

第一審である福岡地方裁判所の判決（危険運転致死傷罪の成立を否定）は，被告人が，本件事故直前，被害車両を間近に迫って初めて発見するや，急制動や急転把といった衝突回避措置を講じていること，本件事故直後，自車が反対車線に進出していることに気付き，急転把して自車線に戻したことなどを指摘した上，これらの事実は，いずれも被告人が現実に道路及び交通の状況等に応じた運転操作を行っていたことを示すものであって，本件事故当時，正常な運転が困難な状態にはなかったことを強く推認させる事情といえると判示しています（岩﨑邦生『最高裁判所判例解説』法曹時報65巻8号221頁）。

5 「正常運転困難状態」で自動車を走行させたか否かを判断するための捜査事項

　アルコール又は薬物の影響による危険運転致死傷罪は，「正常運転困難状態」で自動車を走行させることの危険性に着目した犯罪類型ですので，最決平23.10.31の多数意見及び補足意見が指摘するように，同状態であったか否かの判断をするに当たって，まさに実際に事故を起こした状況，すなわち，「事故態様」を最も重視すべきなのは，むしろ当然であると思います。

　よって，この類型の危険運転致死傷罪の成否を検討するに当たっては，各種捜査を通じて，「事故態様」を解明し，それが，この後説明するように，「正常な状態にある運転者では通常考え難い異常な状態で自車を走行させていた」と評価できるかどうかを判断し，他方で，運転開始前の飲酒状況・服薬状況や事故前後の運転状況等を解明して，本件事故時における被疑者が「酩酊状態」（あるいは服薬によって意識障害が生じた状態）にあったかどうかを判断し，これらを総合して，「飲酒や服薬の影響で異常状態に陥った」と認定できるかを判断することになります。

　そこで，次に，これを踏まえた捜査事項について，順に説明します。

(1)　事故態様

　前記最高裁決定の多数意見が判示した，「<u>正常な状態にある運転</u><u>者では通常考え難い異常な状態で自車を走行させていた</u>」と評価できるような事故態様といえるかということです。

　その一例が，まさに最決平23.10.31の事案のような場合であり，見通しのよい直線道路であって，前方を普通に注視して運転していれば，かなり手前から先行車両等の存在及び状況が確認できたにもかかわらず，相当時間（よって相当距離）にわたってこれに気付くことなく走行して事故を惹起したような場合です。具体的にどの程度の時間や距離を走行すればこれに当たるかどうかは，ケースバイケースでしょうが，最決平23.10.31事案の「8秒」というのは，一つの目安になるのではないかと思います。

　よって，この種の事故が発生した場合，見通し見分を行って被害車両等の発見可能地点を特定する必要があり，事故当時の被疑車両の走行速度に照らし，衝突の何秒前から被害車両等の存在及び状況を認識し得たかを解明する必要があります。逆に言えば，数秒間（8秒よりも明らかに短い時間）の発見遅滞があるに過ぎない場合，事故態様自体から「正常運転困難状態」であったと認定するのは難しいでしょう。また，道路の湾曲や勾配，遮蔽物の存在等により，被害車両等にある程度接近しないと同車の存在等を認識できないような場合，長時間の発見遅滞という状況は生じ得ませんので，事故態様自体から「正常運転困難状態」か否かを判断するのは極めて困難であり，そもそも，このような状況下における事故の場合，正常な状態でも事故を惹起していた可能性があったということで，「正常運転困難状態」と結果との間の因果関係が否定されてしまう場合もあると思います。

　もっとも，別のケースで，それほどの高速度ではないにもかかわ

らず，自車を進路に沿って走行させることができずに路外や反対車線に逸走させて事故を惹起したような場合，「異常な状態で自車を走行させていた」と認定することができる場合が多いでしょう。このような事案では，被疑車両の走行速度や道路の湾曲状況等を明らかにし，また，必要に応じて限界旋回速度の算出を行うなどの捜査を通じて，正常な状態ではおよそ起き得ないような事故であったか否かを検討することになります。

(2) 飲酒状況，運転開始前の状況等（飲酒運転の場合）

> ① 被疑者の日頃の飲酒量，酒癖，酒に強いか弱いか等
> ② 本件事故前の飲酒場所，飲酒時間（飲酒開始時間〜終了時間），飲酒した酒の種類及び量，呼気ないし血中のアルコール濃度
> ③ 運転開始前の酩酊の有無及び程度

　これらの事実は，被疑者自身や飲酒時に同席していた者，飲食店従業員，家族からの事情聴取，飲酒先のレシート，被疑者の様子が撮影された防犯カメラの画像等によって明らかにします。

　最決平23.10.31の事案では，「被告人が，本件事故前に，自宅や2軒の飲食店において，長時間にわたり，焼酎ロックを合計8，9杯のほか，ブランデーやビールといった多量の飲酒をしており，居酒屋を退店する際，腰掛けて靴を履いているときにバランスを崩すように肩を揺らしたり，店員に対して『酔うとります』と言った。スナックでも，従業員の女性に対して『今日は酔っぱらっとるけん』などと言ったり，同店の丸椅子に座ろうとした際，バランスを崩して後ろに倒れそうになったりするなどした」点を総合して，高い酩酊状態の様相を示していたと認定しています。

(3) 服薬状況，薬効の発現状況等（薬物運転の場合）

> ① 被疑者の日頃の当該薬物の服用状況，当該薬物の症状（薬効）及

> びこれに関する被疑者の体験や知識
> ②　服用時間，服用場所，服用量，服用後，薬効が発現し，ピークを
> 経て消失に至るまでに要する時間，血中や尿中の薬物成分
> ③　薬効の発現の有無及び程度

　これらの事実は，被疑者や服用時に同席していた者，家族，当該薬物を処方した医師からの事情聴取，車内や被疑者方の捜索，採血や採尿，被疑者の様子が撮影された防犯カメラの画像等によって明らかにします。その他，危険ドラッグの場合は，吸引具（パイプやタバコ）から検出した唾液のＤＮＡ型鑑定，購入先の解明，専門家からの事情聴取，被疑者のインターネットの閲覧履歴の解明も必要となります。

　酒を飲めば酔っぱらうことは誰でも分かりますが，薬物のうち，特に，いわゆる危険ドラッグの場合，多種多様なものが出回っており，被疑者においてその薬効を認識しないまま服用し，意識喪失状態に陥ってしまったような場合，危険運転致死傷罪の犯意の立証等に支障を来すことになりかねませんので，①が重要になってきます。そこで，被疑者の丹念な取調べのほか，購入先を解明して被疑者の購入状況や購入時における店員の説明内容を調べたり，あるいは，被疑者のインターネットの閲覧履歴を見て当該危険ドラッグの薬効に関するサイトを開いていないかを調べることが重要になってくるのです。また，②に関しては，飲酒後，長時間にわたって酩酊状態が継続するアルコールとは異なり，薬物，特に危険ドラッグの中には，吸引してから薬効が現れピークに達するまで数分，薬効が消失するまで１時間程度といった物もありますので，服用した時刻及び場所を解明する必要があることに注意してください。つまり，運転開始後，すぐに事故を起こしたような場合を除き，運転開始前ではなく運転中に吸引していることが多く，よって，車内に危険ドラッ

グ自体や吸引具が残されていることが多いのです。タバコの中に危険ドラッグを詰めて吸引するといった方法で使用することがありますので，吸殻入れの中もきちんと確認してください。また，薬物の成分が血中や尿中から検出された場合，重要な証拠ですので，薬物運転の疑いがある場合，検挙後，直ちに採血や採尿をするようにしてください。

　なお，危険ドラッグの中には，代謝物の化学成分が解明されていないものが多く，全ての事案で尿鑑定が可能だとは限りませんし，前記のとおり即効性のある危険ドラッグの場合，事故後間をおかずに行われた採尿の結果，危険ドラッグ成分が検出されたとしても，それは本件以前に吸引したものである可能性があります（山口敬之『危険ドラッグによる危険運転致死傷事件の捜査』警察学論集第68巻 6 号94頁）。しかし，鑑定の可否等は，鑑定を実施してみないと分かりませんので，採血や採尿自体は必要です。そして，今申し上げたように，危険ドラッグの場合，採血や採尿による吸引の立証が困難なケースが多いことから，被疑者が事故前に危険ドラッグを吸引していたことを立証するため，車内捜索による危険ドラッグの発見や吸引具からの被疑者のＤＮＡ型の検出が必要不可欠になってくるのです。

> **Check Point**　睡眠薬を服用した上で運転中に事故を起こした被疑者に関し，検挙後，直ちに採尿しないと，その後，代謝により全て体外に排出されてしまったり，また，同じ成分を含んだ薬物を追服用されてしまうといった事態になり，採尿によって睡眠薬服用の事実を客観的に裏付けることができなくなってしまうおそれがありますので，薬物運転の疑いがある場合は，直ちに採尿することが必要です。

(4)　事故前の運転状況

　最決平23.10.31の多数意見と反対意見が，危険運転致死傷罪の成

否を分けたのが，被告人の事故前の運転状況であったことは先ほど
説明したとおりです。

　この点，確かに多数意見は，被告人が，本件事故現場に至るまで
の間，道路状況等に応じた運転ができていたことをもって，本件事
故時，「正常運転困難状態」であったとの認定を排斥しないと判断
しており，補足意見において，その理由が明らかにされています。

　しかし，これはあくまで事例判断に過ぎず，私は，事故前の運転
状況は，事案によっては，かなり重要な判断要素になると考えてお
り，よって，次に述べるような事項に着目して，被疑者の引当り等
の捜査を行う必要があります。

---

①　運転開始地点から事故地点に至るまでの走行距離及び走行時間の
　長短
②　前記走行経路における右左折の回数，通過した信号交差点の回数
③　前記走行経路における道路の幅員，湾曲，勾配，交通量
④　前記走行経路の知悉度（初めて通る道か，頻繁に通る道か）
⑤　前記走行経路の運転状況（蛇行していないか，ガードレールや路
　肩，駐車車両等に接触していないか）
⑥　時間帯や天候（晴れた日中であったか，雨の夜間であったか等）
⑦　運転車両の車種（小回りのきく小型車か，右左折時等に慎重な運
　転を要する大型車か等）
⑧　その他（運転開始場所の有料駐車場できちんと料金を支払ってい
　るか，途中でコンビニ等に寄ったりしていないか等）

　以上の項目を捜査によって解明した結果，例えば，運転開始直後
に事故を起こしている，あるいは，ある程度の時間と距離を走行し
ているが，運転開始場所の有料駐車場出入口のゲートを強行突破し
て道路に進出し，走行経路も，ほぼ直線経路で幅員が広く，交通閑
散で，右左折回数は少なく，他方で，蛇行運転をしたり，ガードレー
ルに接触したりといった運転をしていたことが明らかになれば，事

故時，「正常運転困難状態」であったと認定するための重要な間接事実（同状態であったことの主観的認識の立証においても大いに役立ちます。）となります。逆に，初めて通る道であるにもかかわらず，それなりの距離と時間にわたって，何度も右左折を繰り返し，信号交差点では信号に従って停止し，特段の問題なく事故現場まで運転できたといった場合，事故態様の異常性がよほど際立っていない限り，「正常運転困難状態」にあったとの認定を行うことが難しい場合が多く，仮に事故態様の異常性がある程度認められても，同状態であったことの主観的認識を立証することは困難な場合が多いでしょう。

⑸　事故後の状況

　アルコールや薬物の影響は，事故後も相当時間継続して残存しますので，事故直後はもちろん，事故後，警察官等が臨場した際の被疑者の言動は，事故時に「正常運転困難状態」であったとの認定をするに当たって，積極にも消極にも働く事情となります。

　事故直後の事情としては，例えば，事故を起こしたにもかかわらず，停止せずに運転を継続し，事故現場先の電柱に激突して停止したといった事情があれば，積極に働きますし，直ちに車を止めて下車し，倒れている被害者に駆け寄って安否を確認したりといった事情があれば，消極に働きます。

　次の事案は，実際にあった事故です。

Case59　危険ドラッグを吸引して運転していた被疑者が，信号で停止していた車両に追突した後，アクセルをふかし続けて2度3度と被害車両にぶつかった上，ようやく停止した事故（被害者が下車して運転席に座った被告人に声をかけてもしばらく反応が

なく，その後下車した被告人が，フラフラと歩きながら意味不明
な言葉を発した。）

　これが，当時，被疑者が危険ドラッグの影響で意識障害が出た状
態であったことを如実に表す言動であることは明らかでしょう。
　警察官が臨場した後の事情としては，飲酒検知時の警察官とのや
り取りや歩行・直立能力の程度が重要視されます。また，危険ドラッ
グの事案では，テレビ報道などでご覧になった方もいらっしゃると
思いますが，合成カンナビノイド系などの危険ドラッグを吸引する
と，意識障害や過剰な唾液分泌等の特異な症状が出ますので，そう
いった様子を観察しておくことも大切です。

(6)　飲酒検知結果

　飲酒検知の結果，判明した呼気１リットル当たりのアルコール含
有量は，科学的検査方法に基づく客観的証拠ですので，含有量の高
低は，当然，「正常運転困難状態」であったか否かの認定において
重要な要素となります。
　アルコールの含有量と酩酊の関係は，一般的には，下表のとおり
です（東京地方検察庁交通部研究会編『三訂版道路交通法辞典（上）』
（昭63）788頁）。

血中濃度（mg/ml）	呼気濃度（mg/l）	酩酊の程度
0.5〜1.5	0.25〜0.75	微　酔
1.5〜2.5	0.75〜1.25	軽　酔
2.5〜3.5	1.25〜1.75	深　酔
3.5〜4.5	1.75〜2.25	泥　酔

　ちなみに最決平23.10.31の事案における被告人の飲酒検知の結果
を基に推計した事故当時の血中アルコール濃度は，血液１ミリリッ

トル中0.5ミリグラムを上回る程度のものでしたから,「微酔」に当たります。つまり,アルコール含有量としては低い部類であり,反対意見は,「正常運転困難状態」であったことを否定する事情として,この点も重視しています。

　実際の事案において,「正常運転困難状態」にあったか否かを判断する上では,客観証拠である飲酒検知の結果は,それ相応に重視せざるを得ず,確かに前記数値は,低いと言わざるを得ません。しかし,アルコール摂取量と酩酊の度合いは,個人的な事情（酒に強いか弱いか,体調,空腹時の飲酒か否か等）によって様々ですので,私は,この数値にあまりとらわれすぎない方がいいのではないかと思います。要するに事故態様を中心に据えた総合評価によって判断すべきということです。

　この点,補足意見において,「アルコールの影響に個人差が大きいことは周知のとおりである。アルコールの体内への吸収速度に差があれば,そのアルコールの精神的,身体的能力への影響やその発現態様も個人によって多様である。したがって,『正常運転困難状態』は,あくまで当該個人について,そのアルコールの心身への影響の程度,これによる前記の注意能力,判断能力等の低下の程度などを評価,判断しなければならない。この場合,多数意見のとおり,事故の態様のほか,事故前の飲酒状況及び酩酊状態,事故前の運転状況,事故後の言動,飲酒検知結果等を総合考慮すべきであることは特に異論がないものと思われ,多数意見と反対意見の相違は,上記の各事情の評価の相違によるものと思われる。」と述べられていますが,まさに正鵠を得ていると思います。

⑺　事故回避行動の有無及び程度

　前述のとおり,最決平23.10.31の中では触れられていませんが,一審の福岡地裁は,被告人が衝突回避措置を講じていることをもっ

て，「正常運転困難状態」であったとの認定を否定する消極事情と評価しています。

　そして，私は，実際の事案において，被疑者が衝突回避措置を講じたかどうかは，やはり考慮に入れなければならないと考えています。とは言っても，急ハンドルを切ったり急ブレーキをかけたりする行為は，比較的単純な行動であり，運動能力がある程度減退した状態でも行い得るものといえますので（前掲『最高裁判所判例解説』221頁），消極事情としては，それほど過大視する必要はないと思います（それ故，最決平23.10.31で触れられていないのではないでしょうか。）。

⑻　主観的認識の有無

　前述のとおり，「正常運転困難状態」の認識は，運転の困難性を基礎付ける事実を認識していれば，故意としては十分であるとされており，最決平23.10.31の多数意見も，「前記のとおりの被告人の本件事故前の飲酒量や本件前後の被告人の言動等によれば，被告人は自身が飲酒酩酊により正常な運転が困難な状態にあったことを認識していたことを推認できる。」と判示しています。

　この点，立証上問題となるのは，被疑者が，酩酊や薬物の影響により，あるいは事故時の衝撃によって事故当時の記憶がなかったり曖昧だったりした場合です。本当に思い出せない場合もあるでしょうが，中には，危険運転致死傷罪の罪責を免れようとして，「覚えていない。」などと虚偽の弁解を弄する被疑者がいることも否定できません。

　しかし，事故当時のことを覚えていないからといって罪を科せられないわけではなく，いやしくも自動車の運転ができていた以上，少なくとも事故当時は，自己の行っていることを認識した上で行動しており，それを事後的に想起できない（思い出せない）に過ぎな

いと考えるべきです。もちろん，他の罪種の犯行と同様，飲酒や薬物服用の影響で事理弁識能力や行動制御能力が著しく減弱したり喪失したりするケースがあり，責任能力の有無及び程度が問題となる場合もないではないですが，本書では，責任能力が問題とならない単純酩酊であったことを前提に解説します。

　すなわち，基本的には，被疑者に事故当時の記憶がない（あるいは，ないと弁解している）場合であっても，飲酒量や運転開始前の酩酊状況，事故前の運転状況，事故態様，事故後の状況，飲酒検知の結果等を総合考慮し，被疑者に，運転の困難性を基礎付ける事実の認識があったことを推認することになります。

　ただし，これらの事実が乏しく悩ましいケースもあります。被疑者が，事故前飲酒していた場所が，接客系の飲食店であったり，一緒に飲んでいた人がいる場合は，こういった人たちから被疑者の飲酒量や飲酒時の状況，酩酊状態（被疑者の言動）や自動車を乗り出す際の状況を聴取することが可能なのですが，例えば，被疑者が自宅で一人で飲み，その後，何らかの理由で自動車で出発した直後に事故を起こしたような場合，被疑者に，「家にあった大きなペットボトル入りの焼酎を水で割って飲んだのは確かだが，どのくらい飲んだのかまでは覚えていない。事故のショックで事故前後の記憶がなく，何で飲んだ後車で外出したのか分からない。」などと弁解されてしまうと，事故態様，事故後の言動及び飲酒検知の結果，という限られた情報のみで「正常運転困難状態」の客観面と主観面を判断せざるを得ず，かなり苦労します。そして，その結果，辛うじて客観面は認定できるが，主観的認識の存在まで認定するには証拠不足で，2条危険運転致死傷罪ではなく3条危険運転致死傷罪の限度でしか起訴できないといったこともあります。立証責任を負うのは我々検察官ですので，やむを得ないのですが，以前は，旧刑法208

条の2第1項前段の危険運転致死傷罪の認定ができない場合，運転
中止（避止）義務違反の自動車運転過失致死傷罪でしか処理できま
せんでした。新法では，3条危険運転致死傷罪で処理することが可
能になりましたので,処断上の不均衡はかなり改善されたと思います。

　もう1つ立証上問題となるのは，被疑者が危険ドラッグを服用し
た上で自動車を運転し，人身事故を惹起した場合で，当該危険ドラッ
グが極めて即効性の高いものであったため，正常運転支障状態から
短時間で意識障害等の正常運転困難状態に陥り，よって，自己の正
常運転困難状態を認識できないケースです。そのような場合，3条
危険運転罪での処断は可能ですが，危険ドラッグの薬理作用が即効
性であればあるだけ，2条危険運転罪の成立を認めることが困難に
なってしまい，危険性の高い薬物を用いた方が軽く処罰されてしま
うことになり，妥当性を欠くのではないかとの考えがあります（橋
爪隆『最近の危険運転致死傷罪に関する裁判例について』法律のひ
ろば第70巻5月号39頁）。

　この点，大阪地判平25.12.18は，危険ドラッグを服用し，その薬
理作用による幻覚，妄想に支配された状態で運転を継続し，人身事
故を惹起した事案において，運転継続中及び当該事故時，客観的に
は「正常運転困難状態」にあったと認定しましたが，その時間帯に
おいては，被告人は妄想に支配されており，周囲が異常な状態にあ
ると認識して焦燥感に駆られて逃走行為に出ており，幻覚，妄想を
それとして認識しておらず，自身が異常な精神状態にあったことを
認識していなかった可能性が高いとして，この時間帯における，
「正常運転困難状態」の認識を認めることはできないと判示した上
で，被告人が当該危険ドラッグの薬理作用を十分に認識しており，
また，幻覚，妄想に支配されるに至る前の段階において，既に一定
の薬理作用を体感し自覚していたことから，その段階において，
「被告人は，過去の薬物の使用歴等から，通常では考えられない行

動をとる可能性があることを認識していたのであるから，このまま
運転を続ければ本件薬物の影響により，異常行動に及ぶなどして，
正常運転困難状態に陥るかもしれないことを未必的に認識したにも
かかわらず運転を継続したことが認められる。」として，危険ドラッ
グを服用（ハーブの吸引）後，本件薬物の薬理作用を体感した段階
での前記のような認識を故意の内容とした上で，2条危険運転致傷
罪の成立を認めました（同旨の裁判例として，京都地判平24.12.6
及びその控訴審判決である大阪高判平25.4.17）。

　これらの裁判例は，危険運転罪における故意の認定時期を実行行
為に先行する段階に求めているという点で，「原因において自由な
行為」をめぐる問題と共通する側面を有しているとされています
（橋爪隆『危険運転致死傷罪の解釈について』法曹時報69巻3号26
頁）。

　「原因において自由な行為」と言われても，ぴんと来ない方もい
らっしゃるかもしれませんので，簡単に説明しますと，この理論は，
本来的には刑事責任能力の有無及び程度の判断時期に関するもので
あり，「ある違法行為が責任無能力又は限定責任能力の状態でなさ
れた場合であっても，その責任無能力等の状態が行為者の責任能力
ある状態における行為（原因行為）によって自ら招いたものである
ときは，当該違法行為（結果行為）に対し，完全責任能力を問うこ
とができるという法理」です（『刑法総論講義案（四訂版）』司法協
会・274頁）。実行行為は，あくまで結果行為ですが，十分な責任能
力の下にある原因行為時の行為者の意思決定を重視し，責任無能力
等の下での結果行為を，その意思決定の実現過程として把握しよう
とするものです（同276頁）。要するに，事前の最終的意思決定が，
その後，そのまま実現された場合には，原因行為時における故意の
存在によって，故意犯の罪責を問えるようにするための理論であり，
最高裁も認めています（最決昭43.2.27等）。分かりやすい例を挙げ

ますと，酒を飲むと必ずといっていいほどあたりかまわず暴力を振るう酒癖のある人物が，自己のこのような酒癖を認識した上で，酒を飲み，その途中で訳が分からなくなり，誰かに暴力を振るったような事案で，「俺は酒を飲んでベロンベロンになっていた時のことなんか覚えていない。酒が悪いのであって俺は悪くない。」と強弁した際，「それじゃあ仕方ないね。」と言わずに済ますための理論です。

　　ただし，この理論を危険運転罪に適用するためには，単に行為者が事故発生時に「正常運転困難状態」に陥っているだけでは足りず，およそ適切な運転操作が「不可能」な心身の状態に陥っていることが必要であり，かつ，そのような状態に陥ることについて予見していることが必要であって，事前に行動制御能力を実質的に喪失することまでの予見が認定できない場合か，あるいは，行為者が「正常運転困難状態」に陥った段階においても，なお一定の範囲で自己の行動を制御する能力を有していた場合は，2条危険運転罪ではなく，3条危険運転罪が成立するにとどまるとされています（前掲「危険運転致死傷罪の解釈について」28頁〜29頁）。

　　ですから，この種事案の捜査においては，運転者の取調べを丹念に行うなどして，これまでの危険ドラッグの服用歴やその時の薬効に関する体験，本件事故前の服用状況やその後の心身の状況を明らかにし，先ほど申し上げたような状態になることを予見していたかどうか，適切な運転操作が不可能な状態に陥っていたかどうかを解明することになります。

6　運転者において自己が「正常運転支障状態」で自動車を走行させたと認識していたかを判断するための捜査事項

　　「正常運転支障状態」の定義は先程申し上げたとおりであり（322頁），飲酒運転についていえば，道路交通法違反の酒気帯び運転罪は，血液1ミリリットルにつき0.3ミリグラム，呼気1リットルにつき0.15ミリグラム以上のアルコールを身体に保有した状態で自動車を運転し

た場合に成立するところ（同法65条1項，117条の2の2第1項第3号，同法施行令44条の3），同罪に該当する程度のアルコールを身体に保有している状態にあれば，通常は，「正常運転支障状態」に当たると解されています（前掲『捜査研究』760号10頁）。つまり，この部分の構成要件の立証方法は，酒気帯び運転罪の立証方法とほぼ同じということになり，同罪の故意の認定に必要な程度の認識（例えば，飲酒終了からそれほど時間が経過しておらず，体が火照り，ボーッとするなど，まだ体にアルコールが残っていることを自覚しているような場合）があれば，主観的要件も充たすことになります。

　なお，同罪と異なり，3条危険運転致死傷罪は，客観的に一定量以上のアルコールを身体に保有していること自体は要件とはなっていませんので，客観的に先程の定義に該当するような心身の状態になっていれば，酒気帯び運転罪の規定するアルコール量に達していることは必ずしも必要ありません。

　他方，薬物運転の場合，薬物及び薬理作用は多種多様であるため，個別に判断することを要しますが，例えば薬理作用によって手足の動作に支障を来したり意識が鈍磨するなど，自動車を運転するのに必要な注意力などが相当程度減退して危険性のある状態にあるか，そのような危険性のある状態になり得る具体的なおそれがある場合には，「正常運転支障状態」に当たると考えられており（森本宏『研修』806号22頁），「意識障害をもたらす薬理作用のある薬物であると認識した上で当該薬物を摂取したこと」及び「自動車の運転をしたこと」の認識があれば，通常，「正常運転支障状態」であるとの認識が認められると考えられています（前掲『研修』23頁，前掲山口敬之『危険ドラッグによる危険運転致死傷事件の捜査』警察学論集第68巻6号93頁）。

　それ故，先程も申し上げたように，特に様々な薬効がある危険ドラッグの影響による事故の場合，被疑者が，当該危険ドラッグの薬効に関し，どのくらいの知識と経験を有していたかを解明するための捜査が

非常に重要になってきます。

　そして，例えば，合成カンナビノイド系の危険ドラッグの場合，喫煙使用すると，1分以内に多幸感等の初期症状（ほろ酔いの状態），さらに，動機，めまい，目がまぶしく感じる等の自覚症状（酩酊の状態）が出て，5分以内に血中濃度がピークに達し，運動失調（運転操作の遅れ，自分の意思で筋肉を動かすことができなくなる「カタレプシー」と呼ばれる症状）や記銘傷害（意識して行動しているが記憶ができない状態）等の中毒症状が，必ず段階を踏んで現れてくるのであって，使用直後に，いきなり意識障害が生じたりカタレプシー等の症状が現れるわけではなく，事故時の記憶がなかったとしても，その原因は意識障害ではなく記銘障害の場合があります（前掲『研修』18頁）。よって，危険ドラッグ吸引等による薬物運転の場合，被疑者を丹念に取り調べる必要があることはもとより，事故時の記憶が残っていない場合もありますので，事故前の被疑車両の動きを防犯カメラ映像や目撃者供述等により，できうる限り明らかにしていく必要があります。この捜査を通じて収集した証拠によって，危険ドラッグを使用した後，意識障害のない状態で運転の認識をもって自動車を運転したことを立証することになるからです（前掲『研修』24頁）。

7　2条危険運転致死傷罪と3条危険運転致死傷罪の成否

⑴　2条危険運転致死傷罪

　これまで申し上げてきたような捜査を遂げた結果，被疑者が本件事故時，アルコール又は薬物の影響により，客観的に，「正常運転困難状態」で自車を走行させていたと認定でき，かつ，被疑者自身においても，自己がこのような状態であったことを認識していたと認定できた場合，このような状態で自車を走行させた結果（因果関係あり），死傷事故を起こしたと認定できれば，2条危険運転致死

傷罪が成立します（危険ドラッグを服用したケースに関しては，前記のとおり。）。

(2) 3条危険運転致死傷罪

他方，客観的には，「正常運転困難状態」にあったと認定でき，このような状態で自車を走行させた結果（因果関係あり），死傷事故を起こしたとの認定もできるが，被疑者において，自己がこのような状態であったことを認識していなかった場合，あるいは，認識していたとの立証ができなかった場合，次に，その前段階において，客観的に，「正常運転支障状態」で自動車を運転しており，被疑者において，自己が同状態であることを認識していたかを検討することになります。

先程も申し上げたように，事故時，「正常運転困難状態」に陥っていたと認められれば，特段の事情がない限り，その前段階において，「正常運転支障状態」になっていたはずであり，また，その場合，比較的容易に，同状態の認識があったと認定できるでしょうから（前掲山口敬之『危険ドラッグによる危険運転致死傷事件の捜査』警察学論集第68巻6号100頁），特段の事情がない限り，3条危険運転致死傷罪が成立することになります。

(3) 過失運転致死傷罪

飲酒運転や薬物運転中の事故が常に危険運転致死傷罪になるわけではなく，例えば，飲酒量が少なく，あるいは飲酒後時間が経過していたため，事故前に「正常運転支障状態」にすらなっておらず，あるいは，「正常運転支障状態」にはなっていたが，事故時，「正常運転困難状態」に陥っていなかった場合は（かかる状態になったとの立証ができなかった場合を含む。），単なる過失運転致死傷罪が成立するにとどまります。

なお，過失運転致死傷アルコール等影響発覚免脱罪が成立するた

めには，客観的に，「正常運転支障状態」で自動車を運転中の事故
であること，主観的にもこのような状態であることの認識が必要で
すので，この要件を充たさない場合，事故後に飲酒運転の発覚を免
れるための行為をしたとしても，過失運転致死傷罪しか成立しませ
んので注意してください（もちろん，現場から逃走するなどすれば，
道路交通法違反の不救護・不申告罪は成立します。）。また，過失運
転致死傷アルコール等影響発覚免脱罪は，「アルコール又は薬物の
影響によりその走行中に正常な運転に支障が生じるおそれのある状
態で自動車を運転した者が，運転上必要な注意を怠り，よって人を
死傷させた場合において」とあり，「運転上必要な注意を怠」った
ことが，アルコール又は薬物の影響によることは要件とされていま
せんので，アルコール又は薬物の影響とは無関係な過失でも構わな
いことにも注意してください。

8　飲酒による居眠り運転と危険運転致死傷罪について

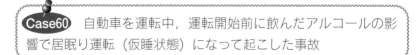

Case60　自動車を運転中，運転開始前に飲んだアルコールの影
響で居眠り運転（仮睡状態）になって起こした事故

　最後に，危険運転致死傷罪の成否について考えてみましょう（薬物
の場合も，基本的には同じです。）。
　このような事故が起きた場合，自動車運転死傷処罰法が新設される
前は，まず，旧刑法208条の2第1項前段の危険運転致死傷罪（現行
の2条危険運転致死傷罪と同じ。）の成否を検討し，同罪の認定が困
難な場合，次に，運転中止義務違反の過失による過失運転致死傷罪の
成否の検討に移っていました。
　これに対し，自動車運転死傷処罰法新設後は，まず，2条危険運転

致死傷罪の成否を検討し，これが無理なようなら，次に，3条危険運転致死傷罪の成否を検討することになりますが，同罪の新設により，同罪にも当たらず，運転中止義務違反の過失による過失運転致死傷罪が成立するに留まるといったケースは，事実上，なくなったと思います。なぜそう言えるのでしょうか。

　もう少し詳しくお話ししますと，アルコールの影響で仮睡状態に陥った場合，この状態が，客観的に「正常運転困難状態」であることは明らかですが，過労等による居眠り運転の場合の運転中止義務違反の過失のところで説明したように（272頁），このような状態に陥った後の運転は，運転者の意思に基づく刑事法上の「行為」とは認められませんから（常識的に考えても，寝ている間の行為を罰するなんてできませんよね。），2条危険運転致死傷罪の「実行行為」にもなり得ません。よって，同罪が成立するためには，仮睡状態に陥る前の段階で，既に「正常運転困難状態」になっており，かつ，運転者がその認識を有していたことの立証が必要となります。

　そのための捜査事項や立証の仕方については，通常のアルコールの影響による危険運転致死傷罪の場合と異なりませんので，ここで改めて説明することはしませんが，捜査の結果，仮睡状態になる前の段階において，今にも眠り込みそうな強い眠気を感じており，遅くともこの時点で「正常運転困難状態」になったと認定できるようなケースでは，運転者の引当り捜査や取調べを通じて，そのような状態に陥った地点を特定した上，その地点における運転行為をもって2条危険運転致死傷罪の実行行為とします。

　さらに，飲酒量が多く，運転開始の時点で既にかなり酩酊していて，この段階で「正常運転困難状態」に陥っていたとの認定ができる場合には，運転開始地点付近の運転行為をもって同罪の実行行為とすることもできます。仮睡状態に陥る前から蛇行運転を繰り返したり，ガー

ドレール等に接触する物損事故を起こしているようなケースでは，この認定がしやすいと思いますが，いずれにせよ，どの段階で「正常運転困難状態」になったと認定すべきかは，状況証拠や運転者の供述等を総合し，個別に判断することになります。

　他方，捜査の結果，仮睡状態に陥る前の段階で，「正常運転困難状態」になったとまでの認定ができない，あるいは，客観的には認定できても運転者の主観的な認識を立証するのが困難であるといった場合（アルコールではありませんが，即効性のある危険ドラッグを吸引し，急激に意識障害を生じて事故を起こしたようなケースは，これに当たるでしょう。）であっても，少なくとも「正常運転支障状態」には陥っており，運転者もその認識を有していたと認定することはできるでしょう。先ほど申し上げたように，道路交通法違反の酒気帯び運転罪に該当する程度のアルコールを身体に保有している状態にあれば，通常は，「正常運転支障状態」に当たると解されているからです（344頁）。もちろん，もっと軽度の飲酒運転もありますが，そのようなケースでは，アルコールの影響だけで仮睡状態に陥ることはないでしょうから，実際に仮睡状態に陥ったのだとしたら，それは，過労などアルコール以外の事情が主な原因であると考えられ，むしろ，通常の運転中止義務違反の過失運転致死傷罪で処断すべきです。

　以上のとおり，仮睡状態になった主な原因がアルコールであると認定できる場合，最終的に事故の直前で仮睡状態という典型的な「正常運転困難状態」に陥っている以上，その前段階で，少なくとも「正常運転支障状態」であったことは通常明らかですから，更に認定落ちして過失運転致死傷罪になることはないといえます。それで，私は，先ほど，3条危険運転致死傷罪の新設により，同罪にも当たらず，過失運転致死傷罪が成立するに留まるといったケースは，事実上，なくなったと述べたのです。

2 病気に起因する交通事故について

　自動車運転死傷処罰法3条2項は，「自動車の運転に支障を及ぼすおそれがある病気として政令で定めるものの影響により，その走行中に正常な運転に支障が生じるおそれがある状態で，自動車を運転し，よって，その病気の影響により正常な運転が困難な状態に陥り，人を死傷させた者」について，同じく危険運転致死傷罪が成立すると規定しています。

　旧刑法時代，病気に起因する交通事故は，危険運転致死傷罪の類型に含まれていませんでしたので，自動車の運転を医師から止められていながら運転を開始したとか，運転中に頭痛やめまいといった予兆を感じたにも関わらず運転を中止せずに継続し，その結果，意識がもうろうとなったり意識を喪失して交通事故を起こした場合，従来は，運転中止（避止）義務違反による自動車運転過失致死傷罪で処理してきましたが，新法施行後は，同法3条2項の危険運転致死傷罪として処理することになります。

　なお，同法施行令で定める病気でない場合は，従来どおり，過失運転致死傷罪で処理することになります。

1　成立要件

(1)　自動車運転死傷処罰法施行令3条で定める病気にり患していること

　政令で定めている病気は，次のとおりです。

　　① 自動車の安全な運転に必要な認知，予測，判断又は操作のいずれかに係る能力を欠くこととなるおそれがある症状を呈する統合失調症

② 意識障害又は運動障害をもたらす発作が再発するおそれ
　があるてんかん（発作が睡眠中に限り再発するものを除く。）

③ 再発性の失神（脳全体の虚血により一過性の意識障害を
　もたらす病気であって，発作が再発するおそれのあるもの
　をいう。）

④ 自動車の安全な運転に必要な認知，予測，判断又は操作
　のいずれかに係る能力を欠くこととなるおそれがある症状
　を呈する低血糖症

⑤ 自動車の安全な運転に必要な認知，予測，判断又は操作
　のいずれかに係る能力を欠くこととなるおそれがある症状
　を呈するそう鬱病（そう病及び鬱病を含む。）

⑥ 重度の眠気の症状を呈する睡眠障害

⑵ **前記病気の影響により，その走行中に正常な運転に支障が生じ
るおそれがある状態で，自動車を運転し，よって，その病気の影
響により正常な運転が困難な状態に陥り，人を死傷させたこと**

　　この部分の成立要件は，原因がアルコール等か病気かの違いだ
けであって，アルコール又は薬物の影響による危険運転致死傷罪
（同法３条１項）と同じです。すなわち，「正常な運転に支障が生
じるおそれがある状態」とは，❶自動車の運転に支障を及ぼすお
それがある病気として政令で定めるものの影響により自動車を運
転するのに必要な注意力，判断能力又は操作能力が，そうでない
ときの状態と比べて相当程度減退して危険のある状態のほか，❷
そのような危険性のある状態になり得る具体的なおそれがある状
態の両者を含みます。単に「病名」に該当するだけでこの要件を
満たすものではなく，自動車の運転に支障を及ぼすおそれがある
「病気」の症状がある「病名」に該当することが必要であること
は，条文の規定から明らかでしょう（城祐一郎『ケーススタディ

352

危険運転致死傷罪』東京法令出版・142頁）。例えば，病気の症状が発現しつつある場合（❶）のほか，意識喪失や急性の精神病状態に陥る具体的なおそれがある場合（❷）が，「正常運転支障状態」に当たり，実際に意識喪失や精神病状態に陥れば，「正常運転困難状態」に当たります。

　また，「正常運転支障状態」の主観的認識については，具体的な病名の認識までは不要であり，自動車の運転に支障を及ぼすような何らかの病気のために，正常な運転に支障が生じるおそれがある状態にあることを認識していれば足り（前掲『捜査研究』760号12頁。神戸地判平29.3.29），例えば，突然意識を失ったり眠りについたりしてしまうなどの経験から症状を自覚していたり，家族等から注意されるなどして症状を認識し，そのような病気の症状の影響により，走行中に正常な運転に支障が生じる状態になり得るおそれがある状態にあることを認識していれば故意が認められます。

　このような認識があれば，事故前，前記❶の状態になりそうな「予兆」の存在及びその認識までは必ずしも必要ありません。例えば，てんかんにり患し，以前，意識喪失状態に陥ったことがあったため，その後，投薬治療を受けるようになったものの，医師からは自動車の運転を差し控えるよう注意を受けていた被疑者が，最近発作が起きていないことに油断をして投薬を怠った結果，運転中，明確な予兆もなくてんかんの発作を起こして意識喪失状態（正常運転困難状態）に陥り，事故を惹起したような場合，前記❷の要件を満たし，主観的認識としても十分ですので，3条危険運転致死傷罪が成立します（前掲『ケーススタディ危険運転致死傷罪』140頁以下）。

2　捜査事項

　病気に起因する交通事故が発生した場合の捜査事項は，次のとおり
です。

---

① 　病歴や病識の有無
② 　入通院先病院，病名，治療期間，投薬の有無及び種類・量
③ 　当該病気の症状，日頃の発現状況，予兆（めまい，頭痛，冷や汗，
　　手足の震え等）の有無
④ 　医師からの注意事項（自動車運転を禁止されていないか等）
⑤ 　事故前の服薬状況（服薬を怠ったりしていないか）
⑥ 　運転経路（運転開始地点～事故地点）
　　予兆が発現した地点，意識喪失等になった地点，各区間における
　　走行速度，交通状況（交通量，停止した信号交差点，その間に物損
　　事故等を起こしていないか等）
⑦ 　事故状況（病気の症状が出ていなければ事故回避が可能だったか。
　　正常な状態にある運転者では通常考え難い異常な状態で自車を走行
　　させていたか）
⑧ 　事故直後の状況
⑨ 　病気以外に原因がないこと

---

　①の「病識」とは，「自己が自動車の運転に支障を及ぼすおそれが
ある病気にり患しているという認識」のことであり，突然意識を失っ
たり眠りについたりしてしまうなどの自己の経験，例えば，てんかん
の場合で，「お父さん，時々ボーッとして食事中に箸を落としたりす
ることがあるわよ。」などといった家族等からの注意，あるいは実際
に通院しており，医師から病気とその症状に関する説明を受け，自動
車の運転を差し控えるよう指示されていたといったことから認定する
ことができます。
　③で予兆の有無を捜査事項としているのは，例えば，適切な治療を
受けており，事故前，相当期間にわたって発作が起きておらず，医師
からも運転を差し控えるようにといった指導がなされていなかったて

んかんの患者が，ある日，運転中にてんかんの発作を起こして意識喪失状態に陥り，事故を惹起したような場合には，予兆の存在及びその認識がないと，「正常な運転に支障が生じるおそれがある状態」であったと認定するための前記❶，❷の要件を満たさないからです。

　これらの事実を解明するため，まずは，とにかく被疑者の取調べを丹念に行います。特に，病識，通院歴，服用していればその薬の種類や量，事故前の服用の有無（服用を怠ったりしていないか），事故前に同じような症状になったことがあるか，医師から自動車の運転を差し控えるよう注意を受けていたか，事故前に予兆（めまいや頭痛，手足の震え，冷や汗等）があったか等を聴取する必要があります。

　そして，被疑者立会いの引き当たり捜査が必要不可欠である点は，飲酒運転等の場合と同じです。その他，被疑者の治療に当たっている医師，被疑者の日常生活をよく知っている家族等からの事情聴取も必要でしょう。事故直後の被疑者の様子を目撃した人（事故直後に現場に臨場した警察官や救急隊員を含む）から，そのときの被疑者の様子を詳細に聴き取ることも必要です。

　なお，食事療法とインシュリン療法，定期的な血糖値測定によって自己の血糖値を適切に管理しないと，低血糖状態に陥って意識障害を起こすおそれのあるⅠ型糖尿病に罹患した被告人が，自動車運転中にこのような状態になって事故を起こしたケースで，危険運転罪で起訴後，同罪の故意（自動車運転中に低血糖症の影響による意識障害になる具体的なおそれの認識）の有無が争点となり，故意が認められないとして同罪の成立が否定され，過失運転致死傷罪（運転避止義務違反）が成立するにとどまるとされたり（大阪地判令元.5.22等），更に過失（このような状態になることに関する予見可能性）も否定されて無罪になること（大阪地判令元.5.30等）があります。病状（血糖コントロールが難しい不安定型の糖尿病や無自覚性低血糖症等様々な病状が

ある。）や食事の状況だけでなく事故当日の体調，一次的に血糖値を上げるための補食の有無，低血糖症の前駆症状の有無等について，関係各証拠を総合して事実認定し，そこに医学的所見を加味した上で，「血糖値管理の適否」及びこれに関する被告人の主観的認識を判断しなければならないという点で，極めて詳細かつ慎重な捜査が必要となる，やっかいな事故類型です。

3　問題点

　ところで，先程も申し上げましたが，被疑者が病識を欠いており，よって医師の治療を受けていなかった場合，あるいは病識はあっても医師から一定の条件下での運転を許可されていたような場合で，予兆なく突然意識喪失状態に陥ったような場合には，やっかいな問題が生じます。実際，旧法時代ですが，一過性脳虚血発作により意識障害に陥って自車を暴走させて歩行者に衝突した事故において，被告人に病識がなく，よって異常な明るさやまぶしさを感じることが同疾患の予兆的症状であることも知らなかったとして，結果予見可能性を否定し，これを前提にした運転中止義務の存在を否定した裁判例（大阪高判昭54.4.17）や，睡眠時無呼吸症候群にり患していた被告人（同じく病識がありませんでした。）が，予兆なく急激な睡眠状態に陥って自車を暴走させて対向車両に衝突した事故において，同様の判断を行った裁判例（大阪地判平17.2.9）があります。このようなケースでは，新法3条2項の危険運転致死傷罪の成立も否定されることになると思います。「その走行中に正常な運転に支障が生じるおそれがある状態」であったと認定するための前記❶，❷の要件を客観的に欠き，あるいは主観的認識がとれないからです。

　睡眠時無呼吸症候群が自動車運転死傷処罰法施行令3条6号の「重度の眠気の症状を呈する睡眠障害」に含まれるかどうかは必ずしも明

確ではないようですが（前掲『ケーススタディ危険運転致死傷罪』159頁），この後説明するように睡眠時無呼吸症候群の患者と寝不足等の健常者との間で仮睡状態に陥る機序に本質的な違いがないことに鑑み，仮に含まれるとしても，本人に病識がない場合や，病識はあっても自分なりに十分な睡眠をとったと思って運転を開始したが，運転中，明確な予兆がないまま仮睡状態に陥って事故を惹起した場合，「正常な運転に支障が生じるおそれがある状態」であったと認定するための前記❶，❷の要件の立証が困難な場合が多いと思います（前同165頁）。

　もっとも，睡眠時無呼吸症候群に関していえば，同症候群の患者は，睡眠中に気道の閉塞によって繰り返し呼吸が停止する結果，中途覚醒を繰り返し，深い睡眠を得られず，夜間の睡眠の質が悪いため，慢性的な睡眠不足状態になっているのですが，健常者であっても疲労や寝不足によって日中に眠気を感じることがままあり，両者の間で，仮睡状態に陥る機序に本質的な違いはないとされています（東京地判平26.7.4）。よって，睡眠時無呼吸症候群は，眠気という予兆を全く感じないまま突然仮睡状態に陥ってしまう病気であるといった認識は誤りであって，むしろ仮睡状態に陥る前には眠気を感じるのが通常のようです（前記東京地判）。しかし，重度の睡眠時無呼吸症候群の患者の中には，眠気等の予兆を感じることなく仮睡状態に陥ってしまう人がいることも否定できず，旧法時代，前記大阪地判以外にも被告人の過失を否定した裁判例があります（千葉地判平25.10.8等）。

　そのため，この種の事案を捜査する場合，被疑者の取調べを丹念に行い，

㋐これまで予兆なく仮睡状態に陥ったことがあったか

㋑事故前の運転状況（例えば，長距離トラックの運転手で，仮眠をとりながら運転を継続していたのであれば，運転中，眠気を催していたことが推認できます。）

㈡事故前の記憶の保持状況（例えば，実際に仮睡状態に陥る前から記
　憶が不鮮明になっていたのであれば，同じく，その段階で眠気を催
　していたことが推認できます。）

といった点について確認するとともに，

㈢事故現場に至るまでの道路の状況（比較的眠気を催しやすく，かつ，
　眠気を抑制しにくい交通閑散な直線道路か，あるいは，緊張した走
　行が要求され，眠気を抑制する必要が高い交通頻繁で左右に湾曲し
　た道路か。後者であれば，眠気を感じながらも抑制しながら運転し
　ており，眠気を感じてから仮睡状態に陥るまで相当の時間経過があっ
　たと推認できます。）

㈣事故前の運転状況（意識的な運転行為がなされていたと認められる
　か。例えば，被疑者が事故前の記憶が曖昧である旨供述している場
　合で，事故前に左右に湾曲した道路を通過している場合，少なくと
　もその段階では仮睡状態に陥っておらず，しかし，眠気は感じてい
　たと推認できます。）

を解明する必要があります。こういった捜査を遂げることで，仮睡状
態に陥る前に予兆（眠気）があり，かつ，被疑者がそのことを認識し
ていたことを認定できる場合があるからです。

　そして，この類型の事故において，何よりも大切なのは，「ただの
居眠り運転だろう。」などと軽信することなく，少しでも睡眠障害等
の疑いを感じたら，それを意識した捜査を行う必要があるということ
です。睡眠時無呼吸症候群や加齢に伴って後発的に発症するタイプの
てんかん等については，被疑者本人や家族が病気に気付いておらず，
よって治療も受けてもいない場合が少なくないのです。

最後に

　本講では，アルコール又は薬物，病気に起因する危険運転致死傷罪について解説しました。新法（自動車運転死傷処罰法）の施行に伴い，飲酒運転等は，過失犯である過失運転致死傷罪と故意犯である危険運転致死傷罪にまたがる犯罪類型となりました。両罪の法定刑の違いは大きいですし，２条危険運転致死罪は裁判員裁判対象事件ですので，裁判員に分かりやすい立証という観点も考慮に入れなければならず，検察官から警察の皆さんに対する補充捜査の内容も質・量的に増えてしまうかもしれません。しかし，この講の中で諸々申し上げたことから既にお分かりだと思いますが，新法の施行によって，捜査事項や捜査手法に大きな違いが生じたわけではなく，これまでと同様に，地道な捜査を淡々とこなすことで真相を解明するという手法には何の変わりもありません。

判　例　索　引

【大審院・最高裁判所】

昭4．9．3判決…………………… 4

昭42.10.13判決 …………………134

昭43．2．27決定 …………………342

昭44．5．22決定…………………94

昭45．3．31判決 …………………133,136

昭45．9．24判決 ………130,131,134

昭45.11.10決定…………………85

昭45.11.17判決 …………………19,20

昭46．6．17判決 …………………257

昭46．6．25判決 …………130,134

昭47．1．21判決…………………85

昭47．4．7判決 ………105,110,114

昭47．4．21決定 …………………295

昭47.11.16判決 …………………134,153

昭48．5．22判決 …………………94,97

昭48.12.25判決…………………96

昭49．4．6決定 ………132,134,150

昭49.10.14決定…………………43

昭50．9．11決定 …………………85,95

昭52.12．7決定 …………………106

昭54．7．24判決 …………………159

昭57.12.16決定…………………19,262

昭60．4．30決定 …………………282

昭63．4．28決定…………………84

平2.11.20決定 …………………257,260

平5.10.12決定 …………………294

平13．4．11決定 …………………168

平15．1．24判決 …………………97,99

平18．3．14決定…………………65

平20.10.16決定…………………63

平23.10.31決定 …321,324,327,329～
　　　　　　　　　　339

【高等裁判所】

大　阪　　　昭29. 6 .10判決 ……257
名古屋　　　昭34. 3 .16判決 ……242
名古屋　　　昭37. 2 .12判決 …247, 248
東　京　　　昭42. 9 .21判決

……………………19, 21, 241

高　松　　　昭42.12.22判決 ……282
東　京　　　昭46. 5 .31判決 ……187
仙台・　　　昭46. 6 . 1 判決 ……282
秋田支

東　京　　　昭46.12.22判決 ……100
広　島　　　昭47. 3 .28判決 ……297
東　京　　　昭47. 5 . 1 判決 ……248
大　阪　　　昭47. 5 .12判決 ……299
福　岡　　　昭47. 6 .13判決 ……151
大　阪　　　昭47. 7 .26判決 ……242
東　京　　　昭48. 7 .10判決 ……100
札　幌　　　昭48. 8 .16判決 ……178
札　幌　　　昭50. 2 .13判決 ……189
大　阪　　　昭50.11.13判決 ……145
東　京　　　昭51. 2 .26判決………90
高　松　　　昭51. 3 .30判決 ……241
東　京　　　昭51. 4 . 8 判決 ……190
札　幌　　　昭52. 3 .17判決 ……108
福　岡　　　昭52. 4 .26判決 ……205
福　岡　　　昭52. 9 .14判決 ……185
東　京　　　昭54. 4 .11判決

……………………247, 248, 249

大　阪　　　昭54. 4 .17判決 ……355
東　京　　　昭54.11.15判決………90
東　京　　　昭55. 6 .12判決 ……282
東　京　　　昭56. 6 .10判決 ……202

東　京　　　昭56. 7 .15判決 ……104
福岡・　　　昭61. 2 . 6 判決 ……120
那覇支

大　阪　　　昭63. 7 . 7 判決 …189, 190
仙　台　　　平 5 . 2 . 1 判決 ……106
東　京　　　平 5 . 4 .22判決 …41, 53
東　京　　　平 9 . 1 .23判決 ……299
東　京　　　平11.12.27判決 ……115
東　京　　　平13.10.24判決 …104, 106
東　京　　　平14.12. 3 判決 ……232
東　京　　　平15. 4 .10判決 ……218
名古屋　　　平17. 1 .11判決………55
高　松　　　平18.10.24判決………59
東　京　　　平20. 7 .16判決 ……222
福　岡　　　平21.10.20判決 ……305
東　京　　　平22. 5 .25判決 ……207
東　京　　　平22. 9 .28判決 ……306
東　京　　　平22.12.10判決

……………………304, 305, 314

名古屋　　　平23. 5 .16判決………37
東　京　　　平23.12.22判決………13
大　阪　　　平24.11.16判決 ……223
東　京　　　平25. 2 .22判決 …280, 286
大　阪　　　平25. 4 .17判決 ……342
東　京　　　平25. 6 . 7 判決 ……225
東　京　　　平25. 6 .11判決 ……292
東　京　　　平26. 3 .26判決 ……61, 78
大　阪　　　平28.12.13判決 ……280
東　京　　　平29. 7 .13判決 ……255
福岡・　　　平29. 9 . 7 判決 ……153
宮崎支

東　京　　　令元.12. 6 判決 ……288

東　京	令2.11.25判決 ………267		広　島	令3.9.16判決 ………174	
名古屋	令3.2.12判決 ………313		東　京	令4.2.22判決 ………321	

【地方裁判所】

奈良・葛城支	昭46.8.10判決 ………284		札　幌	平24.3.2判決………69	
富山・高岡支	昭47.5.2判決 ………119		東　京	平24.3.23判決 ………171	
東　京	昭47.8.12判決 ………204		宮　崎	平24.10.29判決 ………313	
東　京	昭47.8.22判決 ………296		神　戸	平24.11.8判決………76	
東　京	昭47.11.11判決 ………138		富　山	平24.11.29判決 ………307	
横　浜	昭61.9.9判決………84		京　都	平24.12.6判決 ………342	
千　葉	平7.7.26判決 ………219		千　葉	平25.10.8判決 ………356	
長　野	平16.3.17判決 ………305		大　阪	平25.12.18判決 ………341	
神　戸	平16.4.16判決 ………206		東　京	平26.7.4判決 ………356	
千　葉	平16.5.7判決 ………304		横　浜	平27.2.17判決 ………309	
宇都宮	平16.8.3判決………69		千　葉	平28.1.21判決 ………312	
大　阪	平17.2.9判決 ………355		大津・彦根支	平28.3.8判決………50	
釧路・北見支	平17.7.28判決 …301,317		神　戸	平29.3.29判決 ………352	
静　岡	平18.8.31判決 ………286		那　覇	平30.6.20判決 ………313	
大　分	平18.11.29判決 ………234		神　戸	平30.10.24判決 …226,227	
松　山	平20.1.17判決 ………304		横　浜	平30.12.14判決 ………288	
さいたま	平22.4.28判決 ………308		大　阪	令元.5.22判決 …266,354	
			大　阪	令元.5.30判決 ………354	

著者略歴

互　敦史（たがい　あつし）

平成元年 4 月　司法修習生
平成 3 年 4 月　検事任官，東京地方検察庁
平成23年 4 月　名古屋地方検察庁交通部長
平成24年 4 月　東京地方検察庁交通部副部長
平成25年 4 月　横浜地方検察庁交通部長
平成26年 4 月　千葉地方検察庁公判部長
平成28年 1 月　広島高等検察庁刑事部長
平成29年 1 月　千葉地方検察庁次席検事
平成30年 6 月　徳島地方検察庁検事正
令和元年11月　公証人（東京法務局所属）

二訂版（補訂）
基礎から分かる
交通事故捜査と過失の認定

平成27年 3 月15日　初　　版　　発　　行
平成29年 5 月15日　二　訂　版　　発　　行
令和 5 年 4 月15日　二 訂 版（補訂）発　行
令和 6 年11月 1 日　二 訂 版（補訂）2 刷発行

著　者　　互　　　　　敦　　史
発行者　　星　沢　卓　也
発行所　　東京法令出版株式会社

112-0002	東京都文京区小石川 5 丁目17番 3 号	03(5803)3304
534-0024	大阪市都島区東野田町 1 丁目17番12号	06(6355)5226
062-0902	札幌市豊平区豊平 2 条 5 丁目 1 番27号	011(822)8811
980-0012	仙台市青葉区錦町 1 丁目 1 番10号	022(216)5871
460-0003	名古屋市中区錦 1 丁目 6 番34号	052(218)5552
730-0005	広 島 市 中 区 西 白 島 町 11 番 9 号	082(212)0888
810-0011	福岡市中央区高砂 2 丁目13番22号	092(533)1588
380-8688	長 野 市 南 千 歳 町 1005 番 地	

〔営業〕TEL　026(224)5411　FAX　026(224)5419
〔編集〕TEL　026(224)5412　FAX　026(224)5439
https://www.tokyo-horei.co.jp/

ISBN978-4-8090-1459-8